早稲田現代中国研究叢書
5

中国の教科書に描かれた日本

教育の「革命史観」から「文明史観」への転換

松田麻美子 著

国際書院

WICCS Research Series 5

Japan Depicted in School Textbooks of China :
The Historical Perspective from
Revolution to Civilization
by
MAMIKO MATSUDA

Copyright Ⓒ 2017 早稲田大学現代中国研究所
ISBN978-4-87791-280-2 C3031 Printed in Japan

目　　次

中国の教科書に描かれた日本：
教育の「革命史観」から「文明史観」への転換

目　次

はじめに……………………………………………………………………9
  第1節　問題の背景　9
    第1項　中国における愛国主義教育の強化　9
    第2項　日本における中国の愛国主義教育に対する懸念　11
  第2節　教科書を研究する意義　11
    第1項　共産党、社会主義体制維持のための思想教育　12
    第2項　テレビ番組、報道、映画などのベースとなる教科書の内容　16
    第3項　日中関係の文脈での教科書の研究の必要性　17
  第3節　既存の研究との関連　18
    第1項　中国の教科書の対日記述の変遷に関する研究　18
    第2項　中国の教科書の対日記述への指摘　20
  第4節　分析の枠組み　21
    第1項　研究の仮説　21
    第2項　分析の方法　22
    第3項　添付資料　23

第1章　中国の教科書をめぐる状況……………………………………31
  第1節　中国の教科書制度の変遷：
        「一綱一本」から「一綱多本」、「一標多本」へ　31
  第2節　中国の教科書の内容の変遷　34
    第1項　「革命史観」から「文明史観」へ　34
    第2項　教科書に関する議論　35
    第3項　多様化する教科書　36

第2章　中国の教科書に描かれた日本：
　　　歴史、地理、語文、政治……………………………………………41
　第1節　歴史　41
　　第1項　歴史科目の教育内容の変遷　41
　　第2項　中学の「中国歴史」教科書　47
　　第3項　中学の「世界歴史」教科書　51
　　第4項　高校の歴史教科書　56
　第2節　地理　62
　　第1項　地理科目の教育内容の変遷　62
　　第2項　中学の地理教科書　64
　　第3項　高校の地理教科書　68
　第3節　語文　71
　　第1項　語文科目の教育内容の変遷　71
　　第2項　中学の語文教科書　74
　　第3項　高校の語文教科書　78
　第4節　政治　85
　　第1項　政治科目の教育内容の変遷　85
　　第2項　中学の政治教科書　86
　　第3項　高校の政治教科書　91
　第5節　第一の仮説の検証：
　　　　抗日戦争の位置づけ　96
　　第1項　91年の近代現代史・国情教育の強化は江沢民のイニシアチブか　96
　　第2項　抗日戦争の位置づけの低下　97

第 3 章　記述内容の変化とその背景：
　　　　抗日戦争を題材に……………………………………………… 113
　第 1 節　1983 年版　中学『中国歴史』　113
　第 2 節　1986 年版　中学『中国歴史』　118
　第 3 節　1994 年版　中学『中国歴史』　126
　第 4 節　1993 年版　高校『中国近代現代史』　134
　第 5 節　2006 年版　中学『中国歴史』　139
　第 6 節　2006 年版　高校『中国近代現代史』　141
　第 7 節　2014 年版　高校『歴史Ⅰ必修』　147
　第 8 節　第二の仮説の検証：
　　　　日本に対する悪感情を利用する意図の有無　152

第 4 章　多様化する教科書：
　　　　各地の歴史教科書に描かれた抗日戦争と戦後の日本……… 161
　第 1 節　歴史科目の新カリキュラム改革　161
　第 2 節　地方版教科書：
　　　　上海市の歴史教科書に描かれた日本　163
　　第 1 項　使用停止となった上海市の高校の歴史教科書　163
　　第 2 項　現在上海市で使用されている高校の歴史教科書　173
　第 3 節　全国版教科書：
　　　　民間出版社の教科書に描かれた日本　183
　　第 1 項　「革命史観」から「文明史観」へ　183
　　第 2 項　人民出版社版、岳麓書社版の教科書に描かれた抗日戦争　185
　　第 3 項　人民出版社版、岳麓書社版の教科書に描かれた戦後の日本
　　　　　　193
　第 4 節　第三の仮説の検証：
　　　　中国の教科書は共産党のコントロール下にあるか　196

第 5 章　中国の人々の記憶の中の教科書に描かれた日本：
　　　　30 名の在日中国人へのインタビュー調査……………………201
　第 1 節　はじめに　201
　第 2 節　分析の準備　203
　第 3 節　分析結果　207
　　第 1 項　入試対策のため、3 年分の内容を 2 年間で詰め込む中学と
　　　　　　高校　207
　　第 2 項　中学：日中の戦争や残虐行為は重点ではない　207
　　第 3 項　高校：日中の戦争は中学と同様に重点ではない　210
　　第 4 項　記憶に残る教科書に描かれた日本　213
　　第 5 項　教科書以外の要因の対日イメージへの影響　217
　　第 6 項　教科書の役割と影響力　220
　第 4 節　第四の仮説の検証：
　　　　　　教科書の対日観形成への影響力　人々の教科書への反感　224

最終章　教育の「革命史観」から「文明史観」への転換……………231
　第 1 節　教科書作成者の意図　党の「正しい歴史観」からの脱却　231
　第 2 節　国の発展、全人類の利益に向けた教育へ　233
　　第 1 項　史実の尊重、教科書の内容の安定化に向けた努力　233
　　第 2 項　教育の「革命史観」から「文明史観」への転換　237

補論　14 年間の抗日戦争：
　　　　歴史学のあり方をめぐる軋轢………………………………………243
　第 1 節　中国教育部の指示　243
　第 2 節　中国の高校の歴史教科書における 1931 年から 1937 年までの
　　　　　対日記述　243
　　第 1 項「教学大綱」及び「課程標準」が求めた内容　243
　　第 2 項　記述量の減少　244

第3項　記述内容の簡略化　245
　　第3節　抗日戦争の期間が14年へと変更とされた背景　252
　　　第1項　共産党の功績の強調と日本の歴史政策への牽制　252
　　　第2項　党の「正しい歴史観」を覆す実証的な歴史研究の進展に
　　　　　　　対する恐れ　254
　　第4節　改定中の「課程標準」から見える歴史学のあり方をめぐる軋轢
　　　　　　261
主要参考文献　267

付録　インタビュー調査の集計　285

あとがき　345

索引　349

著者紹介　355

はじめに

　日本では、中国で「反日教育」が行われていると指摘されている[1]。中国で起こる日本に対するデモは、「反日教育」の結果だと指摘されている。これに対し、中国政府は愛国主義教育を行っているが、「反日教育」は行ったことはないと主張している[2]。また、中国には「反日教育」を受けた覚えはないとする学生もおり[3]、更に、子供のころは日本を憎んでいたが大人になってから逆になった[4]、文化大革命以来、多くの中国人を惨殺してきたのは日本人ではない、中国の教科書は嘘つきだと考える中国人もおり、「反日教育」の崩壊も指摘されている[5]。

　実際に中国の学校では、日本についてどのように教えられているのだろうか。中国の教科書には、日本はどのように描かれているのだろうか。そして、それは中国の政策の影響をどの程度受けているのだろうか。また、教科書に描かれた対日観は、実際に中国の人々にどのように受け止められたのだろうか。これが、本書の問題意識である。

第1節　問題の背景

　教科書問題は、長期にわたり日中両国間の問題となってきた。1980年代から2000年頃までは、中国側が日本の教科書を非難する状況だったが、2000年以降、日本側でも中国の愛国主義教育が結果的に「反日教育」になっていると指摘する動きが現れてきた。

第1項　中国における愛国主義教育の強化

　1980年代に中国共産党と政府から出された愛国主義運動関連の指示によ

ると、当時の愛国主義運動は日本の侵略を強調するより、共産党及び社会主義の正統性を全面的に強調する内容だった[6]。

しかし、1989年の天安門事件の後、鄧小平自身が「この10年で最大の失敗は教育であった、これは思想政治教育について言っている」と語り[7]、党・国家の指導により、愛国主義教育が強化される。1989年以降、党から一連の指示が出され、愛国主義教育は、中国の「和平演変」を企む敵対勢力の存在を前提に、アヘン戦争以降の帝国主義列強による陵辱を強調するものに変わっていく[8]。1991年には、江沢民が、「小学生（幼稚園の子供でも良い）、中学生から大学生まで、中国近代史、現代史及び国情教育を行うべき」であり、「1840年のアヘン戦争以降の百年にわたり、中国人民が列強から陵辱を受けたことを、史実を挙げて説明」すること、「五四運動以降、中国共産党が誕生し、各族人民を指導して土地革命戦争、抗日戦争、解放戦争を経験し、新中国を建国し、中国人民が立ち上がったこと」を教育するよう求めた[9]。これをうけて国家教育委員会から、「小中学校の中国近代、現代史及び国情教育強化のための全体綱要」が出され、歴史、地理、語文、思想政治を関連科目として指定し[10]、各科目に対してそれぞれ近現代史、国情教育強化のための指示が出された[11]。

こうして実施された近現代史教育における「帝国主義列強」の中で、日本は「日中戦争で独立存亡の危機に中国を直面させ、他方でその日中戦争の中から中国共産党が覇権を握っていく」という「『正しい歴史』に密接にかかわる必要不可欠なキャラクター」であるといわれている[12]。そして、中国は、日本政府は明治維新から終戦まで一貫して、資源が乏しい中で近代化を実現するため中国を侵略する計画を持っており、戦争は周到に計画されていたとする「戦争必然論」の立場を取っており[13]、こうした思想が教科書にも貫かれている。1990年代に入り、こうした観点から近現代史教育が強化されることになった。

第 2 項　日本における中国の愛国主義教育に対する懸念

このような中国国内の動きに対し、日本では 2000 年頃から中国の愛国主義教育が「反日教育」ではないかと指摘されてきた。これに対し、日本政府は、中国は青少年の愛国主義教育を行っているのであり、必ずしも反日をあおるためのものではないと説明してきた[14, 15]。

しかし、2004 年 8 月のサッカーアジアカップの際の中国の若者の抗議行動や、2005 年春の日本の国連安保理常任理事国入りに反対するデモにより、日本政府の立場も変化する。日本政府は 2004 年以降、外務大臣、総理レベルで中国側に対し、歴史教科書の記述内容や抗日戦争記念館の展示のあり方につき、事実関係に疑問のあるもの、過度に刺激的なものがあり、愛国主義教育は行きすぎである旨指摘し[16, 17, 18]、「南京大虐殺」記念館の具体的展示物の内容について申し入れを行った[19]。また、日本側として、「平和と自由、民主主義を守り、世界の平和に貢献してきた戦後の日本の歩みを理解」して欲しいとの希望を中国側に伝えてきている[20]。

2006 年 12 月に日中歴史共同研究がスタートし、歴史教科書や抗日戦争記念館の展示物に関する議論は、共同研究にゆだねられた。2010 年に報告書が発表されたが、戦後部分は公開されず、中国側は愛国主義教育には反日の意図はないとするが、結果として反日の効果を持つという日本側の意見は公開されなかった[21]。歴史共同研究に外部執筆委員として参加した川島真は、日中の歴史認識は「戦後部分にもより根源的な問題が残されている」との感想を述べている[22]。

第 2 節　教科書を研究する意義

愛国主義教育は、教科書のみで行われているわけではない。愛国主義教育は、マスメディアによる報道、ドラマ、映画、雑誌、新聞、インターネットなど、様々な媒体を通じて行われており、最近は特に、日本に対するマイナスの報道や「抗日神劇」といわれる抗日戦争に関するドラマや映画が問題視

されている。かかる状況で、教科書を研究する意義は何だろうか。

第 1 項　共産党、社会主義体制維持のための思想教育

以下では、中国における教育及び教科書の役割を、中国国内で出された各種の指示、法令から見ていきたい。

改革開放が始まった 1980 年代以降、教育改革が求められ、遅れていた教育の制度化が進められていく[23]。1983 年には、鄧小平が北京の景山学校に「教育は現代化に向かい、世界に向かい、未来に向かうべきだ」（中文：教育要面向現代化，面向世界，面向未来）と揮毫し、これをきっかけに中国の教育界では教育改革に関する議論が始まった[24]。

1985 年には、「中共中央の教育体制改革に関する決定」[25] が出され、教育は社会主義の建設に奉仕すべきことが記載された。また、教科書に関連しては教育課程が古く、実践が伴っていないことが指摘された。1986 年には、「中華人民共和国義務教育法」[26] により、9 年義務教育制度が定められた。同法には、義務教育は国の教育の方針を貫徹し、児童、青少年の徳、智、体の全面的な成長を確保し、社会主義建設のための人材の育成を行うべきであることが規定された（3 条）。また、教科書について初めて法律上の規定が設けられ、国務院の教育主管部門が社会主義現代化建設の必要性に基づき義務教育制度、教育内容、課程の設置を決定し、教科書検定を行うとされた（8 条）。

また、第一節で指摘したとおり、1991 年の小学生から大学生まで近現代史教育を強化すべきとの江沢民の指示を受け、語文、歴史、地理、政治に対して近現代史教育強化のための具体的な指示が出された。1992 年には国家教育委員会より「九年義務教育全日制小学、初級中学課程計画（試行）と 24 の学科の教学大綱（試用）の制定の通知」[27] が出された。これには、教育の目標は、子供たちが「徳、智、体などの方面で活発かつ主体的に発達し、全民族の教養を高め、社会主義現代化建設の各レベル、各種の人材育成のために基礎を固める」とされ、初級中学の目標として、「祖国を愛し、人民を

愛し、労働を愛し、社会主義思想と感情を愛し、弁証唯物主義、歴史唯物主義の基本的観点を初歩的に理解し、人民のために奉仕し、集団主義思想を初歩的に持つ」ことを挙げている。更に、政治、語文、歴史、地理において愛国主義教育を強化するとして、思想政治科目は「学生に中国共産党の指導を堅持し、社会主義の道を堅持する信念を初歩的に持たせること」、語文は「言語の理解と運用能力を高め、観察力と思考能力を高め、深い政治教育、思想教育、審美教育を受ける」、歴史は、「中国近現代史の重要事件と主要人物を重点的に学ぶことにより、学生に愛国主義教育、社会主義教育、国際主義教育を受けさせ、歴史唯物主義の基本的観点の初歩的な運用能力を持たせる」、地理は、「我が国地理に関する基本的な国情を理解し、人口、資源、環境等の基本的な国策を理解し、弁証唯物主義と愛国主義教育を受ける」とし、いずれも唯物主義や社会主義イデオロギーを身に着ける政治教育を教育の目標に挙げている。

1993年には、中共中央・国務院から「中国の教育改革と発展に関する綱要」[28]が発表された。同「綱要」は、「中国の社会主義教育システムの主要な原則」として、第一に、「教育は社会主義現代化建設の基礎」であること、第二に、「党の教育に対する指導を堅持」すること、「徳、智、体を備えた社会主義の建設者と継承者を育成」すること、第三に、「教育が社会主義現代化に奉仕」すること、を列挙している。また、「正しい政治的方向を一番重要な位置」に置き、「社会主義の新人を育成し、愛国主義、集団主義、社会主義思想教育を拡大」し、「近現代史教育、国情に関する教育を強化」し、「中華民族の優秀な文化を継承・発揚」し、「学生に一切の搾取階級の腐った思想への抵抗」を強めさせ、中国の特色ある社会主義に対する信頼をはぐくませる、と記されている。教科書については、「国家が課程の設置と課程標準を定め、省、自治区、直轄市政府は教育計画と教材の選択及び地方が編集した教材の検定を行う権利を持つ」とされた。

1995年には、「中華人民共和国教育法」[29]が制定された。同法には、「国家はマルクス・レーニン主義、毛沢東思想、中国の特色ある社会主義理論の堅

持という指導」のもと、「社会主義の教育事業を発展」させる（3条）、「教育は社会主義現代化建設に奉仕」し、「徳、智、体等が全面的に発展した社会主義事業の建設者と継承者を育成」する（5条）、「国は被教育者に対し愛国主義、集団主義、社会主義の教育」を行い、「理想、道徳、規律、法制、国防、民族団結」に関する教育を行う（6条）、「教育は中華民族の優秀な歴史文化の伝統を継承・発揚」し、「人類の文明の発展のすべての優秀な成果を吸収」すべき（7条）と規定し、社会主義的イデオロギーを改めて強調するとともに、世界文明から学ぶ姿勢も示した。

1996年には、「全日制高級中学課程計画（試行）」が制定され、教育の目標は、「祖国を熱愛し、人民を熱愛し、中国共産党を熱愛し、社会主義を熱愛し、正しい政治的方向を向き、正しい世界観、人生観と価値観を初歩的に持たせ、（中略）祖国の社会主義現代化建設に奉仕する精神を持たせる」とされた[30]。

1999年の「中国国務院の教育改革の全面的深化と素質教育の促進に関する決定」[31]においても、教育の目的として「中華人民共和国教育法」と同様の内容が繰り返されている。

また、2000年の「全日制普通高級中学課程計画」においては、本「計画」が各教科の教学大綱と教科書を編纂するための基本的根拠となるとしたうえで、教育目標を「社会主義祖国を熱愛し、中国共産党を守り、中国歴史と国情を理解し、国家と民族に責任感を持ち、正しい世界観、人生観、価値観を持たせる」としている。

以上から総括すると、教育の目標は、江沢民が2001年に述べたとおり、「社会主義現代化事業」に奉仕する人材の育成、「青少年に対する愛国主義、集団主義、社会主義思想教育の強化、青少年の正しい世界観、価値観、人生観の保持」であり[32]、教科書は、そのための思想工作のツールに他ならない。

なお、胡錦濤政権の時代には、教育における思想工作の要素は薄められている。2010年に中共中央及び国務院が「国家の中長期にわたる教育改革と

発展に関する計画綱要」33 を発表したが、思想工作に触れた部分は全70項目のうち1項目しかなく、教育改革の目標を社会の進歩、国力の強化、人材の強化とし、教育に対する国の投資の強化、システムの充実化等の実務的な内容が主であった。学生への思想工作に触れた1項目の内容は、社会主義の核心的価値34 の教育システムへの浸透、マルクス主義の中国化の成果の強調、正しい世界観、価値観の樹立、党の指導、社会主義制度への信頼の樹立、愛国主義を核心とする民族精神と改革・創造を核心とする時代の精神を育成する、とこれまでの内容を踏襲している。同綱要に関する温家宝のスピーチも極めて実務的な内容であり、思想工作的内容はほとんど無い35。胡錦濤の同綱要に関するスピーチも思想工作に触れているものの、これまでの教育における党の指導と思想工作に関する既定路線を提起したのみであった36。後述するが、この時期の教科書の内容も、こうした政権の流れを受けて、思想工作的な要素は薄まってきている。

　また、2012年の習近平政権成立後、教育に関する大きな政策は出されていない。2013年11月の第18期中央委員会第3回全体会議のコミュニケでは、教育については、民間資本の投入、規制緩和等の実務的な内容が主となっていた37。しかし、2014年5月、教育部長の袁貴仁は「社会主義の核心的な価値観を教材、授業、頭に入れ込む」38 と発言した。また、2014年5月、習近平国家主席は、「少年、児童のころから社会主義の核心的な価値観の種を彼らの心に育てなければならない」39 と述べ、更に同年9月には「経典となる古代の詩と散文が教科書から削除されるのに賛成しない、『脱中国化』は悲しいことである。これらの経典を子供たちの頭に埋め込み、中華民族の文化的な遺伝子としなければならない」とし、上海の小学校1年生の教科書から古代詩8首が削除されたことを批判した40。更に、2015年には「中華人民共和国教育法」が改定され、第5条に「教育を受ける者に対し社会主義の核心的価値観に関する教育を強化する」との文言が加えられた41。また2015年には改定作業中の高校歴史教科書の「課程標準」の初稿がインターネット上に掲載されたが、これは唯物史観、思想工作がより強調されて

いる[42]。今後、習近平政権の下で教科書の内容がどのように変化するのか注目される。

共産党の指導を維持し、愛国心をもち、社会主義の現代化を実現するための人材を育成する教科書において、日本はどのような位置づけなのだろうか。

第2項　テレビ番組、報道、映画などのベースとなる教科書の内容

前述のとおり、90年代に入り、一連の指示が出され、教育の現場において近現代史、国情教育が強化されていくが、宣伝部門、新聞、出版、映画、文化関連部門も、中国の近現代史、国情教育を主な任務とするように指示が出されている。

たとえば、前述の1991年8月27日の「小中学校の中国近代、現代史及び国情教育の強化に関する全体綱要」は、「宣伝部門、新聞、出版、映画、文化等関連部門も中国の近現代史、国情教育を主な任務」とし、「歴史記念館を建設して学生に開放」し、「図書、写真集、歌、演劇、映画、テレビ番組など、学生の需要に合うものを計画的に製作」するよう求めた[43]。同時に、文物を通じて愛国主義と革命の伝統に関する教育を行うよう通知も出されている[44]。1993年9月には、優秀な映画を使って全国の小中学校で愛国主義教育を実施するよう通知が出され、小中学生が見るべき映画も指定された[45]。

1994年8月20日には、党中央から「愛国主義教育実施綱要」[46]が制定された。同「綱要」制定に際し、党中央では1993年4月から調査を行い、広範な議論を行っている[47]。調査を受けて、同「綱要」制定前の4月に開催された党中央宣伝部と統一戦線部による意見調整のための座談会では、本「綱要」は、「拝金主義、西洋崇拝の思想が蔓延」し、「特に青少年の近現代史に対する理解が不足」している状況に対するもので、「綱要」は「愛国主義教育を各方面に広げ、実行力を上げ、ルートを多様化させるもの」であると指摘されている[48]。すなわち、党中央は、1991年以降に各教科で強化された近現代史教育の効果が不十分であると考え、学校の授業以外の場へ近現代史

教育の場を拡大させようとしたのである。他方で、同「綱要」が求めた愛国主義教育の内容は、前述の「小中学校の中国近代、現代史及び国情教育の強化に関する全体綱要」とほぼ同じであり、国防教育、国家安全教育が加えられた程度であった[49]。「綱要」は、学校教育に対しては、91年の「小中学校の中国近代、現代史及び国情教育の強化に関する全体綱要」の内容の実施を求めたに過ぎなかったが、愛国主義教育の実施の場を学校以外の社会全体へ、各機関、企業、郷村、基層単位、居民委員会、工会、共青団、婦女連、家庭に広げ、さらに、愛国主義教育基地の建設や、新聞、出版、ラジオ、テレビなどの様々なメディアで愛国主義教育を宣伝するように求めた。愛国主義教育の実施主体が、学校から社会全体に拡大された。

これを受けて、前述の1995年に制定された「中華人民共和国教育法」は、学校のみならず、図書館、博物館、歴史文化の古跡、革命記念館は学生を優遇すべきであり、ラジオ、テレビ局も教育的番組を編集し、思想、文化、科学的な教養を深めさせるよう求めている（50条）。

江沢民も、「教育部門のみならず、思想宣伝部門、政治法律部門、全党、全社会も努力しなければならない」[50]と述べている。こうして、1990年代以降、教科書のみならず、テレビ、新聞、映画等の全分野において、青少年に対して愛国主義教育が展開されるようになった。すなわち、教科書に要求された内容を基礎とする報道、ドラマ、映画等の作成が求められており、教科書の内容が報道、ドラマ、映画のベースを提供しているといえる。教科書に描かれた対日観が党・政府の原則的な対日観を代表しているといえる。

第3項　日中関係の文脈での教科書の研究の必要性

前述のとおり、2004年から2006年にかけて、日本の国会においても抗日戦争記念館の展示物や中国の教科書の記載内容について議論され、過度な愛国主義教育の弊害を中国側に指摘するよう求められた[51]。日本政府も、中国の教科書の調査の必要性を認めている[52]。また、そうした中で2006年に日中歴史共同研究が立ち上げられ、2010年に報告書が発表された。日韓の歴

史共同研究では、教科書に関する議論が行われた。日中の歴史共同研究の第二期がスタートするならば、教科書の具体的な内容に関する議論も検討されるだろう。本稿は、中国の教科書が 80 年代以降日本をどのように描いてきたのかという議論の基礎を提供することができる。

第 3 節　既存の研究との関連

日本において、中国の教科書の対日記述に関する研究は相当の蓄積がある。

第 1 項　中国の教科書の対日記述の変遷に関する研究

古代史については、唐の時代の中国文化の日本への影響、元、明の倭寇が記載されるのみであった、近代以前の日本は中国から大きな影響を受けて国家を形成したとの位置づけがなされていると指摘されている[53]。

近現代史については、王雪萍は、歴史のみならず、語文、政治も含めた教科書の対日記述を文字数、項目数、全体の割合をもって分析し、次のとおり指摘している。80 年代は日本に関する戦争等のマイナスの記述が量的に減少し、戦後の日中友好、経済発展等が紹介され、最もバランスのとれた対日記述であった。90 年代に入り、戦争関連の記述が増え、厳しい内容となった。7、80 年代は、抗日戦争は、国共内戦にいたるまでのものとの位置づけで、国民党による統治に対する批判が主であった。86 年までの歴史教育において、日本の侵略行為に対する批判はあまり前面には出ていなかったが、87 年以降、90 年代に入り、日本の具体的な侵略行為、占領地の統治に対して詳細な説明が行われるようになった[54]。

90 年代に入り教科書において日中の戦争が強調された原因については、日本における教科書問題や総理の靖国神社参拝、政治家の発言の影響とする意見から[55,56,57]、日中戦争は中国の「政治カード」となり、共産党の正統性、一党独裁堅持の理論的根拠となったことを指摘する意見がある[58,59]。

他方で、詳細な説明は中国を侵略、圧迫した帝国主義全体に対するもので、日本だけを対象としていない[60]、文字数は増えているが割合は下がっており、日本の存在は相対化され、「反日教育」を目指したものではない[61]、反日感情の高揚に危機感を覚えた中国政府は90年代に入ってから極力反日感情を抑える政策をとっている[62]等の指摘がなされている。また、抗日戦争における国民党の役割が再評価されるようになり、中国国民が一致団結して残虐な日本軍と戦ったように描かれるようになった。「南京大虐殺」も、「国民党の片面抗戦の失敗」との位置づけから、日本の戦争犯罪の中心的な存在として取り上げるようになったとも指摘されている[63]。

　2000年以降は、教育における負担軽減の流れを受け、日本軍の暴行に関する記述は減り、内容は簡略化されたと指摘されている[64]。これをもって、中国の教科書は、日本でイメージされている日本軍による残虐行為のオンパレードではないとの意見もある[65]。また、予想に反して中国の教科書が「従軍慰安婦」と「731部隊」をほとんど取り上げていないとも指摘されている[66]。一方で、「南京大虐殺」等の写真が掲載され、実証性を強調するようになったのも事実である[67]。また、歴史認識問題が現在の問題として教科書化されはじめ、中学の歴史教科書には日本の中学生宛に「南京大虐殺」に関する手紙を書かせ、日本の軍国主義の罪状をあばき、中国が侵略に反対し、平和を熱愛していることを説明するよう求める記載もあり、戦争中の日本の残虐行為を認めない現在の日本という取り上げ方が始まっているとも指摘されている[68]。

　他方で、2000年以降は、古代の日本と戦後に関する割合が増え、古代から現代までの日本をバランスよく紹介し、対日世論の悪化を歴史教育から歯止めをかけようとする政府の方針が示されているとも指摘される[69]。

　任意学習項目で日本の戦後の発展について触れる教科書もあるが、「課程標準」に規定がないため、全く取り上げていない教科書から簡単に取り上げているもの、日本による謝罪、和解の努力、経済協力まで取り上げたもの、戦後の民主化、日本の規律、犠牲的精神、学習意欲の高い労働者をたたえる

もの、政治的影響を拡大する戦後日本の戦略と軍事費の増大を描く教科書もあり、幅があると指摘される[70,71]。02 年の上海教育出版社の教科書は、日本の戦後の歩みを特に詳しく紹介しており、地方でのこうした取り組みが全国に広がるのかどうか、注目されている[72]。

また、05 年の「反日デモ」の原因について、教科書の記述内容の変化に原因を求める分析もある。王雪萍は、日本の対中侵略の説明について、80 年代までは資本主義と封建勢力が結合した権力集団が責任を持つとしてきたが、90 年代以降、階級を分けて日本国内の矛盾を説明する内容がなくなり、戦争責任を日本という国全体に帰するようになり、一部の軍国主義者と一般国民を区別する方法をやめた。よって、「反日デモ」の矛先は日本政府、資産階級のみならず、一般国民にも向けられたと分析する[73]。

第 2 項　中国の教科書の対日記述への指摘

日中双方の学者より、中国の教科書の対日記述について、以下のとおり指摘されている。

1. 戊戌の変法のように、中国の革命に日本の影響があったこと、辛亥革命における日中の交流等、日中関係の多面性に着目することが必要[74]。
2. 日本を過小に位置づけ、いかに残虐でいかに悪いことばかりやってきたかということを強調することによって、共産党のイメージをアップさせることを目的としている[75]。日本の侵略戦争の後に、戦後日本社会の発展を紹介している。戦後の日本の各界で戦争を反省したこと、平和憲法、民主化、国内の政党、国民間の意見対立は記述されず、平和のための努力の過程についての紹介が少なく、戦前と戦後の日本の重要な相違が明らかでない。こうした紹介がもっと必要[76,77]。また、政治大国指向、軍事費増大、国際協力名目の軍事費膨張、右翼勢力の台頭、閣僚の靖国参拝、歴史教科書問題が強調され、日本が「危険な国家」との認識を与えてしまう[78]、戦後の日本や対中 ODA の紹介がない現状では、「反日教

育」と受け止めざるを得ない[79]。
3 日本による中国侵略の起因について、経済危機とファシズムの台頭で説明したが、当時の主要国は同じ危機にあったのに、なぜ日本だけが軍国主義・ファシズムに乗り出したのか説得力がない[80]。
4 戦争の被害の事実は単に対日に限定されたものではなく、反日を目的としたものではなかった。しかし、歴史的事実における日本の占める重さと80年代以降歴史認識問題をめぐって中国側で蓄積された日本による被害の事実は、愛国主義教育における日本の比重を高め、日本は共産党の正統性を主張する最も効果ある存在となった。現在では、日本に対する悪感情を利用しようとする政権の意図を否定することはできない[81]。

以上のとおり、これまでの先行研究のほとんどは、一部の歴史教科書の日本に関する一部の記述しか分析していない。例外は王雪萍であり、王は1950年代以降の歴史、語文、政治の教科書における対日記述の全ての内容につき、文字数という量的な面から分析を行ったが、分類は古代史、近現代史、戦争に関するもの、友好交流に関するものといった簡潔な分け方を行っており、具体的に日本についてどのように記述されているのか詳細は明らかではない。

第4節　分析の枠組み

第1項　研究の仮説
以上より導き出された本稿の仮説は、以下のとおりである。

第一の仮説：中国の教科書の対日記述は、共産党が抗日戦争を戦って新中国を建設し、初めて人民を国の主人にしたという党の「正しい歴史観」を強調し、共産党の正当性を維持するための思想工作である。中国の教育において、日本は重要なキャラクターで、日中の戦争の記述の分量も多い。

第二の仮説：中国の教科書は、日本に対する悪感情を利用しようとする政権の意図のもとに、日本を悪く描いている。

第三の仮説：中国の教科書は、共産党のコントロールの下で作成されている。

第四の仮説：価値観の形成される多感な青少年の時期に学ぶ教科書の対日記述は、中国の人々の対日観の形成にとり、大きな影響力を持つ。

第2項　分析の方法

第1章においては、教科書における対日記述の背景として、中国の教科書をめぐる現状を整理する。

第2章においては、中国の中学・高校の教科書における対日記述の文字数及び内容がどのように変化してきたのか分析を行う。91年の江沢民の近現代史、国情教育強化に関する指示を受けて、実際にその対象とされた科目、すなわち、歴史、地理、政治、語文の教科書を対象にした。年代は、日本で入手可能な80年代以降とした。具体的には、教科書の目次、索引、絵、写真、注釈などを除いた本文部分（要約、本文の小文字を含む）の中で、日本に関する部分を抽出し、その文字数を算出し、記述の内容を分類した。文字数を数える際に、数字は1桁で1文字とし、符号も1文字とした。第一の仮説、日中の戦争の分量の多さを検証する。

第3章においては、年代別の歴史教科書の抗日戦争の記述内容の変遷を整理し、内容の変化がどのような背景で起こったのか分析し、第二の仮説である日本に対する悪感情を利用する政権の意図の有無を検証する。

第4章においては、地方の歴史教科書の抗日戦争及び戦後の日本の記述量及び内容を分析し、第三の仮説，教科書が党のコントロール下にあるかどうか検証する。

第5章においては、中国の人々へのインタビュー調査の結果を整理し、教科書が意図した「対日観」が実際に、中国の人々にどのように受容されたのか、どの程度影響力があったのか、第四の仮説である教科書の大きな影響力

が成立するか検証する[82]。

第3項　添付資料

インタビュー調査の結果の詳細については、別添資料を添付する。

〈注〉

1　たとえば、「日本人小学生の放った言葉に中国人家族が絶句、『われわれの愛国主義教育は間違っていた！』―中国メディア」『レコードチャイナ』2014年1月13日配信 http://www.recordchina.co.jp/a81672.html（2014年9月19日アクセス）

「小学校から刷り込まれる中国『反日教育』の驚愕現場」『東スポweb』2014年9月19日　http://www.tokyo-sports.co.jp/nonsec/social/313572（2014年11月8日アクセス）

石平「『日本で稼いだ金はいらない』政府の洗脳はここまで浸透した〜中国共産党の反日・愛国教育」『SAPIO』2006年12月13日

「中国反日教育のスゴすぎる教科書内容『日本は野蛮な怪獣』」『女性自身ホームページ』2012年9月27日配信 http://jisin.jp/news/2556/4809/（2014年11月8日アクセス）

2　2004年11月9日　参議院外交防衛委員会　西宮外務省アジア大洋州局審議官発言 http://kokkai.ndl.go.jp/SENTAKU/sangiin/161/0059/16111090059005.pdf（2015年9月20日アクセス）

3　「反日教育？う〜ん、受けた覚えがないんですが…　日中若者ディスカッション」『日経ビジネスオンライン』　2012年12月10日　http://business.nikkeibp.co.jp/article/opinion/20121205/240617/?rt=nocnt（2014年11月8日アクセス）

4　「子供のころは骨の髄まで日本を憎んでいたけど、大人になってからはまったく逆になった―中国ネット」『レコードチャイナ』　2014年4月16日 http://www.recordchina.co.jp/group.php?groupid=86589（2014年11月8日アクセス）

5　石平「ほころびはじめた反日教育」『産経新聞』2013年8月15日　http://sankei.jp.msn.com/world/news/130815/chn13081508040000-n1.htm　（2014年11月8日アクセス）

6　木下恵二「中国の愛国主義教育」『岐路に立つ日中関係』（晃洋書房　2012年）

122 頁
7 鄧小平「在接見首都戒厳部隊軍以上干部时的讲话」1989 年 6 月 9 日『党建』（1989 年 Z1 期）
8 前掲木下「中国の愛国主義教育」126 頁
9 「江泽民总书记致信李铁映何东昌强调 进行中国近代史现代史及国情教育使小学生中学生大学生认识人民政权来之不易，提高民族自尊心和自信心」『人民日報』（1991 年 6 月 1 日）
10 国家教育委員会「中小学加強中国近代、現代史及国情教育的総体綱要」（1991 年 8 月 27 日）课程教材研究所『20 世纪中国中小学课程标准 教学大纲汇编；历史卷』（人民教育出版社 2001 年）
11 「中小学語文学科思想政治教育綱要（試行）」1991 年 8 月 课程教材研究所『20 世纪中国中小学课程标准 教学大纲汇编 课程（教学）語文卷』（2001 年 人民教育出版社）

「中小学思想政治学科国情教育綱要」1991 年 10 月 『思想政治科教学』（1991 年第 10 期）

「中小学歴史学科思想政治教育綱要」1991 年 8 月 课程教材研究所『20 世纪中国中小学课程标准 教学大纲汇编 课程（教学）歴史卷』（2001 年，人民教育出版社）

「中小学地理学科国情教育纲要（試用）」1991 年 8 月 课程教材研究所『20 世纪中国中小学课程标准 教学大纲汇编 地理卷』（2001 年、人民教育出版社）
12 川島真「日中間の歴史共同研究みた歴史教科書問題」『歴史認識共有の地平——独仏共通教科書と日中韓の試み』明石書店、2009 年、173-174 頁
13 「日中歴史共同研究 中国側報告書」『外務省ホームページ』〈http://www.mofa.go.jp/mofaj/area/china/pdfs/rekishi_kk_c.pdf〉（2014 年 12 月 20 日アクセス）
14 2000 年 4 月 12 日 参議院国際問題に関する調査会 中江元中国大使発言
『国会議事録検索システム』〈http://kokkai.ndl.go.jp/cgi-bin/KENSAKU/swk_dispdoc.cgi?SESSION=10380&SAVED_RID=1&PAGE=0&POS=0&TOTAL=0&SRV_ID=8&DOC_ID=3608&DPAGE=1&DTOTAL=2&DPOS=2&SORT_DIR=1&SORT_TYPE=0&MODE=1&DMY=15020〉 （2014 年 12 月 21 日アクセス）
15 2002 年 5 月 31 日 衆議院外務委員会 川口外務大臣発言 『国会議事録検索システム』
http://kokkai.ndl.go.jp/cgi-bin/KENSAKU/swk_dispdoc.cgi?SESSION=10380&SAVED_RID=2&PAGE=0&POS=0&TOTAL=0&SRV_ID=8&DOC_ID=5985

&DPAGE=1&DTOTAL=1&DPOS=1&SORT_DIR=1&SORT_TYPE=0&MODE=1&DMY = 18081　（2014 年 12 月 21 日アクセス）
16　2004 年 11 月 9 日　参議院外交防衛委員会　町村外務大臣発言　『国会議事録検索システム』http://kokkai.ndl.go.jp/cgi-bin/KENSAKU/swk_dispdoc.cgi?SESSION = 10380&SAVED_RID = 5&PAGE = 0&POS = 0&TOTAL = 0&SRV_ID = 9&DOC_ID = 323&DPAGE = 1&DTOTAL = 3&DPOS = 3&SORT_DIR = 1&SORT_TYPE = 0&MODE = 1&DMY = 18913　（2014 年 12 月 21 日アクセス）
17　「日中外相会談」（2005 年 5 月 7 日）『外務省ホームページ』
　　〈http://www.mofa.go.jp/mofaj/kaidan/s_abe/cn_kr_06/china_gaiyo.html〉（2014 年 12 月 20 日アクセス）
18　「日中首脳会談」（2006 年 9 月 28 日）『外務省ホームページ』
　　〈http://www.mofa.go.jp/mofaj/kaidan/g_machimura/asem7_05/jc_gai2.html〉（2014 年 12 月 20 日アクセス）
19　2007 年 5 月 11 日　衆議院内閣委員会　伊原アジア大洋州局参事官発言　『国会議事録検索システム』http://kokkai.ndl.go.jp/cgi-bin/KENSAKU/swk_dispdoc.cgi?SESSION = 10380&SAVED_RID = 3&PAGE = 0&POS = 0&TOTAL = 0&SRV_ID = 9&DOC_ID = 3282&DPAGE = 1&DTOTAL = 1&DPOS = 1&SORT_DIR = 1&SORT_TYPE = 0&MODE = 1&DMY = 18534　（2014 年 12 月 21 日アクセス）
20　2006 年 10 月 11 日　参議院予算委員会　安倍総理発言　『国会議事録検索システム』
　　http://kokkai.ndl.go.jp/cgi-bin/KENSAKU/swk_dispdoc.cgi?SESSION = 10380&SAVED_RID = 6&PAGE = 0&POS = 0&TOTAL = 0&SRV_ID = 9&DOC_ID = 2763&DPAGE = 2&DTOTAL = 25&DPOS = 21&SORT_DIR = 1&SORT_TYPE =0&MODE = 1&DMY = 21413　（2014 年 12 月 21 日アクセス）
21　北岡伸一「『日中歴史共同研究』を振り返る」『外交フォーラム』261 号、2010 年 4 月
22　川島真「日中間の歴史共同研究から見た教科書問題」『歴史認識共有の地平──独仏共通教科書と日中韓の試み』（明石書店、2009 年）174 頁
23　陳如行『中国普通高中教育発展報告』（中国教育研究院　2012 年）83 頁
24　「按照"三个面向"　改革高等教育」『人民日報』 1984 年 5 月 6 日
　　「全国教育学术讨论会认为 要以"三个面向"为指导加速普通教育改革」『人民日報』 1984 年 8 月 2 日

25	「中共中央关于教育体制改革的决定」『人民日报』1985 年 5 月 2 日
26	「中华人民共和国义务教育法」『人民日报』1986 年 4 月 12 日
27	「关于印发《九年义务教育全日制小学，初级中学课程计划（试行）和 24 个学科教学大纲（试用)》的通知」1992 年 8 月 6 日课程教材研究所『20 世纪中国中小学课程标准 教学大纲汇编 课程（教学）计划卷』人民教育出版社、2001 年
28	「中共中央国务院印发《中国教育改革和发展纲要》」『人民日报』1993 年 2 月 27 日
29	「中华人民共和国教育法」『人民日报』1995 年 3 月 22 日
30	「关于印发全日制普通高级中学课程计划的通知」1996 13 号 国家教委基础教育司 1996 年 3 月 26 日『20 世纪中国中小学课程标准 教学大纲汇编 课程（教学）计划卷』课程教材研究所 2001 年
31	「中共中央国务院 关于深化教育改革全面推进素质教育的决定」『人民日报』（1999 年 6 月 17 日）
32	「关于教育问题的谈话（2000 年 2 月 1 日）江泽民」『人民日报』（2000 年 3 月 1 日）
33	「国家中长期教育改革和发展规划纲要（2010-2020)」『人民日报』(2010 年 7 月 30 日)
34	『新華網』によると、社会主義の核心的価値とは、国家レベルでは富強、民主、繁栄、和諧、社会レベルでは自由、平等、公正、法治、公民レベルでは愛国、敬行、誠信、友善。http://www.xinhuanet.com/politics/hxjzg/ （2016 年 8 月 12 日アクセス)。日本では、イデオロギー分野の引き締めは強まっており、掲げられた民主や自由も、党を脅かさない範囲での「中国式」であり、中国社会の反応はおしなべて冷ややかと指摘されている（「中国、「価値観」キャンペーン「富強」「愛国」12 項目、機関紙一斉に掲載」『朝日新聞』朝刊、2014 年 2 月 14 日)。
35	「强国必强教 强国先强教」『人民日报』（2010 年 9 月 1 日）
36	「在全国教育工作会议上的讲话」『人民日报』（2010 年 9 月 9 日）
37	「授权发布 中共中央关于全面深化改革的若干重大问题的决定」『新华网』http://news.xinhuanet.com/politics/2013-11/15/c_118164235.htm （2014 年 1 月 17 日閲覧）
38	「语文教材也是德育蓝本」『人民日报』（2014 年 5 月 22 日）
39	「习近平：让社会主义核心价值观种子在少年儿童心中生根发芽」『人民日报』（2014 年 5 月 31 日）

40 「人民日报评论 习近平批评去中国化是在批评谁」『人民日報』（2014 年 9 月 10 日）
41 「全国人大常委会关于修改《中华人民共和国教育法》的决定」『人民日報』（2015 年 12 月 28 日）
42 普通高中歴史研制組『最新普通歴史課程標準（初稿）』2015 年 10 月 21 日 http://blog.sina.com.cn/s/blog_9312d2890102w79g.html （2016 年 7 月 3 日アクセス）ただし、歴史資料の尊重、歴史の事実と歴史の叙述は異なることを理解させることも、目標に掲げている。詳細は補論を参照ありたい。
43 前掲「中小学加强中国近代，现代史及国情教育的总体纲要」
44 「中共中央宣传部，国家教委，文化部，民政部，共青团中央，国家文物局关于充分运用文物进行爱国主义和革命传统教育的通知」『法律教育網』1991 年 8 月 28 日 http://www.chinalawedu.com/news/1200/22598/22615/22800/2006/3/ma69301443351213600222836-0.htm （2015 年 1 月 2 日アクセス）
45 「中宣部，国家教委，广播电影电视部，文化部关于运用优秀影视片在全国中小学开展爱国主义教育的通知」1993 年 9 月 13 日　『法易網』http://law.148365.com/267981.html （2015 年 1 月 2 日アクセス）
46 「中共中央关于印发爱国主义教育实施纲要的通知」『中国改革信息庫』1994 年 8 月 20 日　http://www.reformdata.org/content/19940822/5814.html （2015 年 1 月 2 日アクセス）
47 「中宣部邀请有关部门负责人座谈 征求对《爱国主义教育实施纲要》意见」『人民日報』1994 年 5 月 8 日
48 「爱国主义教育要落到实处　中宣部统战部召开座谈会，就《爱国主义教育实施纲要》征求党外人士意见」『人民日報』1994 年 4 月 13 日
49 「愛国主義実施綱要」の「三、愛国主義教育的重点是青少年 16」
50 「关于教育问题的谈话（2000 年 2 月 1 日）江泽民」『人民日報』 2000 年 3 月 1 日
51 2004 年 11 月 9 日　参議院外交防衛委員会、2005 年 2 月 24 日衆議院安全保障委員会、2005 年 3 月 4 日参議院予算委員会等
52 2006 年 4 月 25 日　衆議院決算行政監視委員会　町村外務大臣発言　『国会議事録検索システム』http://kokkai.ndl.go.jp/cgi-bin/KENSAKU/swk_dispdoc.cgi?SESSION = 34507&SAVED_RID = 1&PAGE = 0&POS = 0&TOTAL = 0&SRV_ID = 9&DOC_ID = 1174&DPAGE = 1&DTOTAL = 5&DPOS = 2&SORT_DIR = 1&SORT_TYPE = 0&MODE = 1&DMY = 34851　〔2014 年 12 月 23 日ア

クセス〕

53 並木頼寿「中国教科書の世界・日本像」『日本の教育と社会　第 6 巻　歴史教科書問題』（日本図書センター、2007 年）284 頁

54 王雪萍「教科書から見る対日認識―中国と台湾の教科書の比較」（慶應大学修士論文、2001 年）

55 家近亮子「歴史認識問題」『岐路に立つ日中関係―過去との対話・未来への模索』（2007 年、晃洋書房）21 頁

56 弓削俊洋「『大虐殺』という記憶の証明―歴史教科書における南京事件」『中国・台湾における日本像』（東方書店、2011 年）67-69 頁

57 斎藤一晴「歴代の歴史教科書における記述内容の変化」『中国歴史教科書と東アジア歴史対話』（花伝社、2008 年）218-221 頁

58 前掲　家近亮子　「歴史認識問題」21 頁

59 川島真「日中韓の歴史共同研究からみた教科書問題」『歴史認識共有の地平―独仏共通教科書と日中韓の試み』（明石書店、2009 年）174 頁

60 王雪萍「時代とともに変化してきた抗日戦争像　1949-2005　中国の中国歴史教科書の『教学大綱』と教科書を中心に」『軍事史学』45 号　（2011 年）34-35 頁

61 王雪萍「中国の教科書から見る分断した日本像と日中関係」『東亜』（2006 年）5 頁

62 劉傑「歴史認識はいかに国境を超えるのか」近藤孝弘編『東アジアの歴史政策―日中韓　対話と歴史認識』（明石書店、2008 年）180-181 頁

63 斎藤一晴「中国の歴史教科書の変遷とその方向性」『中国歴史教科書と東アジア歴史対話』（花伝社、2008 年）179 頁

64 武小燕「中国の学校教育における愛国主義教育の変容―政治・歴史・語文に見られる価値志向の分析―」『中国研究月報』第 65 巻 12 号　2011 年 12 月　7 頁

65 斎藤一晴「歴代の歴史教科書における記述内容の変化」『中国歴史教科書と東アジア歴史対話』（花伝社、2008 年）210 頁

66 別冊宝島編集部編『中国・韓国の歴史教科書に書かれた日本』（株式会社宝島社、2005 年）

67 前掲　弓削俊洋「『大虐殺』という記憶の証明―歴史教科書における南京事件」78-79 頁

68 茨木智志「歴史教科書にみる日中の相互認識」劉傑他編『国境を超える歴史認識　日中対話の試み』（東京大学出版会 2006 年）242-243 頁

69　前掲　王雪萍「時代とともに変化してきた抗日戦争像」6頁
70　クラウディア・シュナイダー「改革開放以降の中国における歴史教育」近藤孝弘編『東アジアの歴史政策―日中韓　対話と歴史認識』（明石書店、2008年）114頁
71　波多野澄雄「日中歴史共同研究―成果と課題」黒沢文貴、イアン・ニッシュ編『歴史と和解』（平文社、2011年）203頁
72　前掲　王雪萍「時代とともに変化してきた抗日戦争像」9頁
73　王雪萍「中国の歴史教育課程における階級闘争史観の変容―『教学大綱』と歴史教科書を手掛かりに」加茂具樹他編『中国　改革開放への転換―「1978年」を越えて』（慶応義塾大学出版会、2011年）94-95頁
74　前掲　並木頼寿「中国教科書の世界・日本像」285頁
75　井沢元彦　金文学『逆検定　中国国定教科書―中国人に教えてあげたい本当の中国史』（祥伝社　2005年）19-20頁
76　歩平「中国の歴史教科書における戦争の歴史のとらえ方」『歴史学研究』899号（青木書店、2012年）71頁
77　前掲　王雪萍「中国の教科書から見る分断した日本像と日中関係」7、8頁
78　菊池一隆『東アジア歴史教科書問題の構図』（法律文化社、2013年）122頁
79　鳥海靖『日中韓露歴史教科書はこんなに違う』（扶桑社、2005年）198-199頁
80　王智新　「中国の歴史教育と歴史教科書―『反日』教育は事実か」『季刊中国』No80　季刊中国刊行委員会　2005年春季号31-32頁
81　前掲　木下恵二「中国の愛国主義教育」『岐路に立つ日中関係』128頁
82　本書の目的は、中国の教科書の記述内容の変化とその背景を検証することにあり、教科書の記述内容が歴史的事実に基づくか否かは検討の対象にしない。歴史的事実か否かの検証は、歴史の専門家の検証に委ねたい。また、中国の教科書の記載内容については、様々な議論があると承知するが、教科書の記載内容を忠実に表すため、日本の「侵略」、「ファシズム国家」としての日本、「中国を侵略する帝国主義国」としての日本など、そのまま用いた。中国の教科書の記述の中に天皇陛下に言及する箇所があるが、原文に忠実に訳出するためそのまま天皇と記載した。また、南京事件等についても、原文に忠実に訳出するため、「南京大虐殺」、○○における「虐殺」と記載する。いずれにせよ、筆者が中国側の記載内容を肯定しているわけではない。

第 1 章　中国の教科書をめぐる状況

　以下では、教科書における対日記述を検討するための背景として、中国の教科書制度及び中国国内の教科書をめぐる議論について整理しておきたい。

第 1 節　中国の教科書制度の変遷：
「一綱一本」から「一綱多本」、「一標多本」へ

　中国では 1950 年から 1985 年にかけて、「教学大綱」に基づき編纂された全国統一の国定教科書が使われ、「一綱一本」の状態であった[1]。1950 年に設立された人民教育出版社が、1951 年から「教学大綱」の作成、教科書の編集と発行を行ってきた[2]。

　1986 年に「義務教育法」が制定され、教科書制度の根本的な改革が始まった。同法は、「国務院の教育主管部門が社会主義現代化建設の必要性に基づき義務教育制度、教育内容、課程の設置を決定し、教科書検定を行う」[3] とした。これに先駆けて 1985 年 1 月、国家教育委員会は「全国中小学教材審定委員会工作条例（試行）」を制定し、小学校、中学校及び高校の教材は、編纂と検定を分け、人民教育出版社のみならず省、直轄市、自治区の教育部門、また、学校、教師、専門家も教科書を編纂できるようにした。また、全国の小中高の教材検定委員会が検定の責任を負い、検定後の教材は国家教育委員会の推薦で各地の選抜に供されるとした。これにより、教科書は「国定制」から「検定制」（中文：審定制）へ移行し[4]、「一綱多本」の時代になった[5]。統一された要求と検定のもとで、教材の多様化に基礎を提供したといえる[6]。1987 年 10 月には、国家教育委員会により「全国中小学教材審定委員会工作章程」、「中小学教材審定標準」、「中小学教材審定弁法」が制定さ

れ、具体的な検定作業も定められた[7]。こうした教科書の多様化は、全国的な義務教育の普及、経済格差のある地方への対応を目的としたもので[8]、各地域の特徴と都市と農村の格差に着目し、更に、検定制度を取っている外国の経験から学ぼうとしたため[9]と説明されている。

1988年8月には、国家教育委員会が「九年制義務教育教材編写計画方案」[10]を発表し、教科書の多様化への姿勢を明確にした。国家教育委員会は人民教育出版社などの10あまりの機関と地域に教科書の編纂を委託し、異なる風格の、異なる階層に対する、異なる地域に提供するもので、異なる条件の学校が使用するものを編纂するよう要求した。これが、「8.5セットの教科書」（中文：八套半教材）といわれ、人民教育出版社、北京師範大学、広東省教育委員会・華南師範大学、四川省教育委員会・西南師範大学、河北省教育科学研究所、上海市教育委員会、浙江省教育委員会がそれぞれ教科書を作成し、90年代より使用が始まった[11]。しかし、これは「トップダウンの反応」で、「市民社会団体からの意思決定プロセスにおける発言権拡大の要求」を受けたものでなく、「大きな経済格差に対応するため」[12]のもので、「教科書の内容は同一性を保ったままである」[13]と指摘されている。

2001年6月、教育部により「中小学教材編写審定管理暫行弁法」が制定された。これは教科書の検定機構の設置、検定の原則、教科書の持つべき条件、検定の結論、検定を通過した教材の選択と評価などにつき詳しい規定を設けている[14]。教科書は、教育部に申請し、資格の審査を通過して初めて編纂することができるとされている。検定は、国家レベルと省レベルに分けて管理され、全国で使用する教科書ならば国家レベルの行政部門が認可し、一地方でのみ使用するのであれば、省レベルの行政部門が認可する。公務員も行政部門も教材の編纂に参加できず、検定を依頼された人は任期の間は、教材の編纂には参加できない[15]。また、同年6月に「基礎教育課程改革綱要」[16]が制定され、これまでの「難、繁、偏、旧」という「必死に教科書の知識を暗記」する現状を変え、「学習内容と生活、現代社会、科学技術の発展を結びつけ」、「学生が主体的に参加」し、「情報を集め」、「問題を分析・

解決し、人と協力する」能力を育む、とした。また、「国家の課程標準が教材の編纂、教育、評価、試験問題の根拠となる」、「国家の基本的要求のもと、教材の多様化のための政策を実行する」とされた。教科書はこれまで詳細に内容が指定された「教学大綱」に別れを告げ、暗記ではなく学生の情報収集、問題解決の能力の向上を目指す「課程標準」の時代、すなわち「一標多本」の時代に入っていく。

同「改革綱要」の制定を受け、各教科では「課程標準」作成のプロセスに入った。これまでの「教学大綱」は、国家教育委員会（現在の教育部）の委託に基づき、教育部の直属機関である人民教育出版社が作成[17]していた。しかし、「課程標準」は、90年代以降の教科書編纂の経験を持つ地方の学者が作成に参加している。中国教育部は「課程標準」研究・策定グループのメンバーを明らかにしていないが、学術論文などから調べたところ、例えば、歴史の「課程標準」研究・策定グループは、北京師範大学歴史学部教授がグループ長[18]を、華東師範大学歴史学部教授が副グループ長[19]を務めており、更に、各地の大学の教員、中央党校、党中央文献研究室、中学高校の教員の意見を照会している[20]。現在使用されている「課程標準」はこれまでの「教学大綱」よりも教科書を編纂する各地の学者の意見を反映しているといえるだろう。そして、記載内容も項目のみの指定で、どのように記述するか、どの人物、どのように出来事を取り上げるかは、教科書編纂者に委ねられたのである。これは、教科書編纂の「権力の下放」であると評価されている[21]。

歴史の「課程標準」研究・策定グループ長を務めた北京師範大学教授の朱漢国は「これは一目見ただけで、新世紀の教科書で、10年前、20年前の教科書と違うと分かる」、「内容は時代の進歩を反映すべき」、「研究の新たな成果を適時に吸収すべき」、「学生の経験、生活とリンクさせるべき」、「開放改革につれて、世界各国との連携が密になり、人々は世界を理解したいと思っている」、「時代の需要に応えるため、世界史の内容を増加させた」と誇らしげに語っている[22]。また、四川省で教科書編纂を担当した専門家の龔奇柱[23]も、「歴史教科書は歴史の真実を再現」し、「学術研究の最新の成果を盛り込

むべき」、「編纂者は自らの価値判断と時代に対する理解」を内容に反映させるべきとしている[24]。地方で教科書の編纂に携わる学者は、これまでの内容が細かく指定されていた「教学大綱」と教科書に不満を感じていたのであろう。現在使用されている教科書は「課程標準」版に移行している。

他方で、これまで教科書編纂に携わった人民教育出版社は、こうした流れを不快に感じている。人民教育出版社で歴代の歴史教科書の編纂に携わった李偉科は、1996年の「教学大綱」版の教科書が、新中国成立以来最も良い教科書であったと評価し[25]、中国教育部画属の課程教材研究所も、現在のようなやり方は、「多くの学者が非科学的だと認識している」[26]と指摘している。実際に人民教育出版社のホームページは、「課程標準」版と「教学大綱」版の両方の教科書の電子版を掲載しており[27]、「教学大綱」版の教科書をいまだ諦めていないことを示している。これは、当初は地方の実情に合わせた教科書を編纂するために行ったトップダウンの「検定制」への移行が、地方の学術界の研究を活性化させ、教科書の内容が当局にコントロールできなくなりつつあることを示している。

第2節　中国の教科書の内容の変遷

第1項　「革命史観」から「文明史観」へ

中国の教科書は政治の影響を受けやすい。たとえば、少数民族との関係について、1980年代以前は「民族抗争」として記述されていたのに、1990年代以降は「民族融合」の記述へと変化していることが指摘されている[28]。また、近隣諸国との関係においても、改訂するごとに対外戦争の記述を極力回避し、善隣友好を強調する傾向にある[29]。

1980年代、学校教育では、マルクス主義、唯物史観が教育の一義的目標とされた。しかし、改革開放の深化に伴い、1985年以降教育改革が始まり、「近代化、世界に向けた」教育への転換を開始した。1985年以降、教科書から唯物史観、革命闘争の記述が減り、思考力、変革力を持ち、社会の発展に

貢献する人材の育成が目標とされた。教科書には、法や経済、社会の変化に対応する内容が増えた。1994年の「愛国主義教育実施綱要」発表以降は、愛国主義教育がすすめられ、体制の維持と経済発展への貢献が強調された。

語文は、1980年代以降、教師、研究者から政治教育の束縛からの解放が求められた。1997年には『中国青年報』で、プロパガンダに満ちた語文教科書に対する教師からの不満が報じられ、人々の共感を呼んだ。現在では、語文の教科書からは政治的イデオロギーの作品が減少し、人文的な価値観のテーマが増加している[30]。

歴史学界では国の近代化や文化の発展に重きを置く「文明史観」から歴史をとらえ、革命闘争が歴史の進歩をもたらす原動力であるとする「革命史観」では否定的な評価だったものが肯定されるようになった。教科書からも革命的事件が減少し、文化史・経済史が充実するようになった[31]。歴史学界においても、歴史資料と歴史事実の重要性が強調され、学術雑誌に掲載される研究論文の多くに、従来の公式見解との違いが見られるようになってきた[32]。

第2項　教科書に関する議論

中国においても教科書に関する議論が始まっている。2006年1月、『氷点週刊』は、中国の歴史教科書が人々に真実を教えていないと批判する論文「現代化と中国の歴史教科書問題」を掲載した。同刊停止事件に際し、論文執筆者の袁偉時中山大学教授に対して、知識人、学生を含む中国の人々から支援と同情が寄せられた[33]。

外国の研究者からも中国の教科書に対し、歴史家の間で広く合意された史実に基づかない主張が展開されている、客観性に欠ける感情的記載や、感覚的形容詞が多いと指摘されている[34]。また、ナショナリズム性が高く、科学技術の世界最古を強調し、自国の優越性を強調しすぎであるとも指摘されている[35]。

また、中国国内でも、行き過ぎた愛国主義教育に対する指摘がある。武小

燕は、90年以降、社会主義イデオロギーに代わって愛国主義教育が重視されているが、これはグローバル化とジレンマが生じる、愛国心で社会統制をはかるなら、ナショナリズム暴走の危険性があると指摘する[36]。方明正は、「革命史観」は、共産党の正統性を証明できるが、労働者階級の権利の主張、暴力的な犯行を正統化し、政権安定、社会安定を脅かす、と指摘する[37]。

第3項　多様化する教科書

このように、現在の教科書は次第に、近代化や生産力の視点の挑戦を受け、マルクス主義、唯物主義から開放されつつある。外国勢力への抵抗を強調するものがある一方で、国際協調を説くものもある。2001年の新「課程標準」制定以降は、教科書の出版社間の競争が拡大され、内容も暗記ではなく創造、主体的な思考、対立する資料の比較・分析が求められるものになった。歴史教科書は、従来の年代別の記述から、政治史、社会・経済史、思想史に分類されるようになった[38]。地方の教科書は更に内容が多様化し、自国史を問い直そうとするものが多く見られており、研究や教育をめぐる現在の状況を反映しており、自国史の問い直しがどの程度進んでいるのか知るうえで貴重な素材だと指摘されている[39]。

上海は1990年代から独自のカリキュラム制定、教科書の編纂を行ってきた。1998年から始まった上海市カリキュラム改革は二期目に入り、2001年の「上海市中学歴史課程標準」制定を経て、2003年からの試験使用の後、2006年から市全体の中学・高校で新たな教科書が使用された。2006年の上海師範大学の歴史教科書は「文明史」の観点から中国のことを考える歴史観を身につけさせるための努力の結実であった。しかし、NYタイムズの報道が中国国内の保守派を刺激し、同教科書の使用は停止された[40,41]。

しかし、上海においては、歴史教育で先進的な取り組みが行われている。高校と大学が連動し、教師が学術界の最新の成果をフォローするため、一流大学の研究者による研修や大学教授との対話、座談会が実施されている。歴史教師が学術の最前線となり、歴史研究者の一員となるための取り組みがな

されている[42]。中国では教科書の記述の政府による統制が困難になりつつあるといえよう。

〈注〉

1　石欧『中国基礎教育 60 年（1949 年—2009 年）』（湖南師範大学出版社、2009 年）422 頁

2　課程教材研究所『新中国中小学教材建設史（1949-2000）研究丛书 出版管理卷』（人民教育出版社、2010 年）39 頁

3　『中華人民共和国義務教育法』8 条

4　前掲『新中国中小学教材建設史（1949-2000）研究丛书　出版管理卷』（人民教育出版社　2010 年）40 頁　同工作条例を中国知網データベース等で検索したが、原本は見当たらなかった。

5　前掲『中国基礎教育 60 年（1949—2009 年）』416 頁

6　前掲『新中国中小学教材建設史（1949-2000）研究丛书 出版管理卷』40 頁

7　前掲『中国基礎教育 60 年（1949—2009 年）』416 頁、「全国小中学教材審定委員会工作章程」、「中小学教材審定標準」、「中小学教材送審弁法」『課程、教材、教法』（1988 年第 1 期）

8　前掲『中国基礎教育 60 年（1949—2009 年）』415 頁

9　課程教材研究所編『新中国中小学教材建設史（1949-2000）研究丛书 历史卷』（人民教育出版社、2010 年）289 頁

10　本件「方案」と後述の「中小学教材編写審定管理暫行弁法」は、中国の報道、論文データベース「中国学術情報データベース」で検索してみたが、本文は見当たらなかった。

11　前掲課程教材研究所編『新中国中小学教材建設史（1949-2000）研究丛书 历史卷』　417 頁

12　Alisa Jones, *Toward pluralisim? The politics of history textbooks in South Korea, Taiwan, and China*, History Textbooks and the Wars in Asia Divided Memories （Roueledge Contemporary Asia Series, 2011）220 頁

13　同上 223 頁

14　前掲『中国基礎教育 60 年（1949—2009 年）』422 頁

15　同上 421-422 頁

16　「教育部关于印发　《基础教育课程改革纲要（试行）》的通知」　2001 年 6 月

8日　『教育部政報』2001 年 Z2 期
17　人民教育出版社は、「教育部の直属機関として新中国成立以降」、「6 つの教学大綱の起草を主催もしくは参加」したとしている。そして、「教学大綱」の作成は、教育部の指示で人民教育出版社が主催し、北京市教育局、北京師範大学、北京教育学院、北京市の中学教師、中央民族学院、山東大学の教師が参加したとし、地方大学の参画はほとんど行われていない。課程教材研究所編『新中国中小学教材建設史（1949-2000）研究丛书　出版管理卷』（人民教育出版社、2010 年）前言 1 頁、290-291 頁
18　「新在课程目标，课程体系，课程内容」『中国教育報』（2006 年 4 月 28 日）
19　「"中学历史课程 教材学术讨论会"纪要」『歴史教学』（2003 年 9 期）
20　同上
21　前掲『中国基礎教育 60 年（1949—2009 年）』437 頁
22　前掲「新在课程目标，课程体系，课程内容」
23　同氏は、中国教育学会歴史教育研究会副理事長、重慶市教育科学研究所研究員を務めている。
24　前掲「"中学历史课程 教材学术讨论会"纪要」
25　「中小学历史教科书六十年建设之路」『中華読書報』（2010 年 11 月 10 日）
26　中国教育部課程教材研究所『新中国中小学教材建設史（1949-2000）研究丛书・歴史巻』（人民教育出版社、2010 年）556 頁
27　『人民教育出版社ホームページ』　http://www.pep.com.cn/gzls/js/tbjx/kb/dzkb/（2014 年 11 月 24 日アクセス）
28　張紹哲ほか「中国」中村哲編『東アジアの歴史教科書はどう書かれているか』（日本評論社、2004 年）54-56 頁
29　張紹吉「多民族国家・中国の歴史教科書と歴史教育」中村哲編『東アジアの歴史教科書はどう書かれているか』（日本評論社、1994 年）96 頁
30　武小燕「中国の学校教育における愛国主義教育の変容―政治・歴史・語文にみられる価値志向の分析」『中国研究月報』65 巻（2011 年）
31　同上　武小燕「中国の学校教育における愛国主義教育の変容―政治・歴史・語文にみられる価値志向の分析」
32　劉傑「歴史はいかに国境を越えるのか」近藤孝弘編『東アジアの歴史政策』（2008 年、明石書店）186 頁
33　袁偉時「私の『氷点』停刊と嵐の中の境遇と反省」『中国の歴史教科書問題「氷点」事件の記録と反省』（株式会社僑報社、2006 年）25-38 頁

34 マーク・ピーティー「中国歴史教科書の特徴と問題点」『軍事史学』45号（2011年）17頁
35 井上達郎「中国の自国史教科書」中村哲編『歴史はどう教えられているか　教科書の国際比較から』（日本放送出版協会、1994年）138-139頁
36 前掲　武小燕　「中国の学校教育における愛国主義教育の変容―政治・歴史・語文にみられる価値志向の分析」
37 方明正「中国歴史教育：文明史観からの課題―上海市高校歴史教科書事件をめぐって」『名古屋大学大学院発達科学研究科紀要（教育科学）』第55巻第2号（2008年）97頁
38 前掲クラウディア・シュナイダー「改革開放以降の中国における歴史教育」107-112頁
39 前掲　斉藤一晴『中国教科書と東アジア歴史対話』272-273頁
40 前掲　方明正「文明史観からの課題　上海市高校歴史教科書事件をめぐって」91-99頁
41 'Where is Mao? Chinese Revise History Books' 'New York Times' 2006,9,1（上海の高校の新たな歴史教科書において、毛沢東は一度しか登場せず、戦争、王朝、共産党による革命に関する記述が減り、経済、科学技術、社会風習、グローバル化等の内容が増えたと指摘する内容。）
42 孔繁剛ほか「モデルチェンジする社会と上海の歴史教育」『歴史地理教育』807号（2013年7月）125-129頁

第 2 章　中国の教科書に描かれた日本：
歴史、地理、語文、政治

　それでは、かかる背景の中で、中国の教科書の対日記述はどのように変化してきたのだろうか。ここでは、第 1 の仮説「教科書の対日記述は、共産党が抗日戦争を戦って新中国を建設し、初めて人民を国の主人にしたという党の『正しい歴史観』を強調し、共産党の正当性を維持するための思想工作である。中国の教育において、日本は重要なキャラクターで、日中の戦争の記述の分量も多い。」が成立するのか検討したい。なお、本章における分析に使用した教科書は人民教育出版社版[1]である。

第 1 節　歴史

第 1 項　歴史科目の教育内容の変遷

　1980 年の歴史の「教学大綱」は歴史科目の目標を、「マルクス・レーニン主義、毛沢東思想を指針とし」、「無産階級革命の先達の歴史に関する科学的理論を正確に理解し、歴史に対して正しい叙述と分析を行う」こと、また、「学生に階級闘争と、人民大衆が歴史を作り、歴史は規則に基づき発展する」という「歴史唯物主義の基本的観点を樹立させる」こととしていた。そして、「学生に社会の発展の規律に関する教育、革命の伝統に関する教育、愛国主義教育、国際主義に関する教育を行い」、学生の「共産党、人民、祖国を熱愛する感情」を培い、「社会主義、共産主義事業に奮闘」する決心をさせる、としている。そして、「階級闘争が社会の発展の直接の<u>原動力</u>（下線：筆者）であり、歴史教科書はこの原理を体現しなければならない」と指摘した[2]。このように、当時の歴史教科書は人民が革命を起こすことにより歴史が発展してきたという「革命史観」に基づいて作成されており、それが

党の「正しい歴史観」であったことがわかる。授業時間は、中学では2年生、3年生で「中国歴史」が週に2時間、高校では「世界歴史」が1年生の前期に週に2時間、後期に3時間教えられた。また、「中国歴史」の教科書は1949年の中華人民共和国の成立までを、「世界歴史」は1945年の第二次世界大戦終了までを扱っていた[3]。

　第1章第1節で述べたとおり、1980年代中ごろには改革開放の中で教育改革が求められ、教科書の内容も時代に即したものへの変化が要求された。1985年より教科書の検定制度への移行、多様化が進められた。1986年には、「教学大綱」が改訂された。同「大綱」は、「歴史科目の社会主義精神文明建設における重要な地位」を強調した。また、歴史科目の目標は、基本的に1980年の「教学大綱」を継承しているが、一部は簡素化され、「マルクス主義の指導のもとで、歴史に正しい叙述と分析を行う」こと、「歴史唯物主義の基本的観点を運用して問題を分析する能力を培う」とされ、学生には「社会主義現代化建設に献身する精神の樹立」が求められた[4]。また、中学に「世界歴史」が増設され、改革開放の時代の中で、中学生に世界史に対する初歩的な理解が求められた。その結果、「中国歴史」は中学1年生は通年で週に3時間、2年生は前期に週に2時間教えられた。増設された「世界歴史」は、2年生の後期に週に2時間教えられた。高校の「世界歴史」は1年生に週に3時間教えられた。こうして、中学と高校で歴史の授業時間が増やされた[5]。内容面の調整としては、漢民族中心の歴史記述を改め、少数民族の歴史を強調し、また、古代の事実関係の疑われる奴隷の反乱の記述を減少させ、抗日戦争における国民党の役割に対する再評価を行った。課程教材研究所は、これを「左」の影響を取り除くためと説明している[6]。「教学大綱」においても、階級闘争の位置づけが低下し、「階級闘争は社会と歴史の発展の直接の原動力の<u>一つ</u>」（下線：筆者）とされている[7]。

　また，80年、86年の「教学大綱」に基づく教科書は、唯物主義の観点を貫き、その歴史の発展の規則に基づき、原始社会、奴隷社会、封建社会、半植民地・半封建社会（世界史では、資本主義社会、共産主義社会）という時

代区分で書かれていた[8]。

　88 年には、再度「教学大綱」が改訂された。教育の目標は、86 年版と同様で、唯物主義教育、社会の発展の規律に関する教育、愛国主義教育、国際主義教育、革命の伝統の教育を実施するとしているが、「社会主義現代化建設とともに人類の平和と進歩のために献身する歴史観」を身につけるとし、世界各国との友好交流や重要な戦争とともに、社会主義制度の優越性、中国共産党の誕生と革命運動の記述を重視しなければならないと指摘し、人類の平和と共産党の功績を重点として掲げた。

　1989 年の天安門事件を経て、1990 年には、再度「教学大綱」が改訂され、高校の歴史の授業数が増やされた。これは、高校のカリキュラムの文系科目と理系科目のバランスが悪く、理系科目の方が重視されている状況を改善するためだと言われている。高校 1 年生では「中国近代現代史」が新たに必修とされ 1 年生の前期で週に 2 時間学ぶこととなり、「世界歴史」は 1 年生の後期と 2 年生の通年で週に 2 時間教えられるようになった。また、選択科目として新たに「中国古代史」が設けられ、高校 3 年生の文系選択の学生が学ぶこととなった[9]。ここから、91 年 3 月に江沢民が近現代史教育を強化するよう指示を出す前に、既に高校で「中国近代現代史」、「中国古代史」が教えられるようになり、歴史教育を強化する流れが生じていたことがわかる。さらに、1991 年 7 月には、国家教育委員会から意見が出され、1992 年から高校 1 年生は「世界歴史」に代えて「世界近代現代史」を学ぶことになった[10]。また、教科書の農民一揆、人民の反抗などの階級闘争の記述が引き続き削除された。なお、90 年版の「教学大綱」に記載された歴史科目の目標は、基本的に 86 年の「教学大綱」から大きな変化はないが、簡略化され、引き続き「歴史唯物主義の基本的観点」を培い、「発展の規律に関する教育、革命の伝統の教育、愛国主義教育」、「国際主義教育」を行い、「社会主義現代化建設に献身する」精神を培うとしている[11]。また、教科書は新中国成立後の 1982 年の第 14 回党大会までの現代史も扱うようになった[12]

　なお、はじめにの第 1 節第 1 項で述べたとおり、1991 年 3 月の江沢民国

家主席の中国近現代史及び国情教育強化の指示の後、国家教育委員会は「小中学校における歴史政治思想教育綱要（試用）」を制定し、翌92年に「教学大綱」を修正したものの、教科書の修正は微調整にとどまっている。課程教材研究所は、「強化すべきとされた内容は、すでに歴史教学大綱と教科書に記載済みの内容であった」としている[13]。また、課程教材研究所は、1992年の初級中学版の歴史教科書は、実質上は1988年版の中学の歴史「教学大綱」に基づいて作成したと指摘している[14]。これも、江沢民の近現代史及び国情教育強化の指示で、学校教育における近現代史、古代史の教育が強化されたわけではなく、教育界では江沢民の指示より前に、既に歴史教育を強化する流れが生じていたことを意味している。

　92年に再改訂された中学の「教学大綱」は、基本的に88年の「教学大綱」の教育目標と教育内容を継承している。西側資本主義国は国内外の人々に対する搾取により発展しており、これが発展途上国の貧困の重要な原因であると指摘しているのが新たな点である[15]。これは、天安門事件を受け、西側諸国による中国の「和平演変」の企みを警戒しての記述であろう。更に、これまでの歴史唯物主義による原始社会から奴隷社会、封建社会を経て資本主義社会、社会主義社会へとの時代区分を改め、古代、近代、現代という時代区分を取るようになった。また、史学界の最新の成果を取り入れ、かつてはアヘン戦争から中国共産党誕生のきっかけとなる1919年の五四運動までを近代史とし、それ以降を現代史としていたが、近代史をアヘン戦争から新中国成立までとし、新中国成立以降を現代史として扱うこととした[16]。

　1996年の高校の「教学大綱」は、教育の目標を、国情の理解、社会主義祖国への愛、中国の特色ある社会主義への信念を深め、世界の平和と正義に献身する精神を樹立するとした。これまでの「教学大綱」よりも、社会主義制度への信頼をはぐくむことが強調されている。また、歴史的事件の分析がさらに強化され、歴史事件が生じた環境、原因、その事件の影響、意義などの記述がさらに強化され[17]、学生には歴史の「理論」的解釈、すなわち党の「正しい歴史観」に対するこれまで以上の理解が求められた。たとえば、人

民解放戦争の勝利の項目では歴史的事実以外に、国民党の急激な敗退の原因として、政治的孤立、人心の喪失、経済崩壊、物価上昇、軍隊の士気の低下、腐敗、米軍の支援の断絶が挙げられている[18]。第5章で詳述するが、こうした「理論」的解釈、党の「正しい歴史観」の強要は、人々から反感を持たれるようになり、これが21世紀の歴史科目のカリキュラム改革へとつながっていく。

　なお、課程教材研究所は1980、1990年代の「教学大綱」及び教科書の改訂を通じて、経済史、文化史、生活史、科学技術史を絶えず充実させてきた[19]、教科書は史学界の研究の成果と考古学的発掘の成果を取り入れてきた[20]と繰り返し指摘している。中国の史学界で80年代以降、政治革命史以外の経済史、文化史などが注目され、また教科書編集者が史学界の最新の成果を取り入れることを重視し始めていたことが伺われる。これは、21世紀の歴史教育改革、すなわち第1章第2節第1項で述べた教科書の「革命史観」から「文明史観」への転換の布石となっていく。

　第1章第1節で述べたとおり、21世紀に入り教育改革が加速し、歴史科目も「教学大綱」に別れを告げ、「課程標準」の時代に入った。高校の歴史科目の「課程標準」は、「前言」部分で、21世紀の現代化の急激な進展、科学技術、文化思想の前進、国際化、国際競争の激化という背景のもとで、総合国力は国民の教育レベルに左右されるとし、更なる教育改革の必要性を指摘した。そして、高校の歴史カリキュラムは「歴史唯物主義の観点で人類の発展のプロセスを解釈する」とした一方で、「重大な歴史事件、人物、現象を通じて人類の発展のプロセスの中の豊富な歴史文化遺産を示す」とし、社会主義的イデオロギーを堅持しつつ、記述の視角を「全人類の発展のプロセス、文化遺産」、「人と人、人と社会、人と自然の関係」、「中華民族と全人類の歴史的運命」へと拡大させた[21]。そして、「歴史の尊重、真実の追及、人類の文明の成果の吸収」、「中国と世界の発展の大勢」の理解を理念として掲げ、中学のカリキュラムとの安易な重複を避けるとした[22]。また、目標として「歴史唯物主義の基本理論と方法をある程度理解し（注：下線は筆者、中

文は『有所了解』)」、「科学的理論と方法で歴史と現実の問題を認識」し、「祖国の社会主義現代化建設に貢献し、民族と人類の運命の理想に注目する」と掲げている。また、「様々な角度から問題を発見し、独立した思考を養成」し、「他人と、特に異なる見解を持つ人と協力、学習、交流することを身に着ける」とした[23]。これは、歴史科目の目標はこれまで通り「社会主義現代化建設への貢献」であることは変わらないが、「社会主義現代化建設」を実現する方法は、史実を尊重し、科学的な方法で歴史を分析し、異なる意見の存在を認め、中華民族のみならず「世界の人類の平和と進展」[24] に着目した歴史教育を通じてであることを示しており、歴史教育は、これまでの歴史唯物主義に基づく「革命史観」すなわち、党の「正しい歴史観」から脱却しつつあることを示している。

　教科書の書き方もこれまでの古代史、近代史、現代史とされた編年体の、世界史と中国史とを分けていた記述方法から大きく変わった。高校の歴史課程は必修課と選択課から構成される。必修課は『歴史（Ⅰ）』、『歴史（Ⅱ）』、『歴史（Ⅲ）』の3冊の教科書からなり、古代史と近現代史、中国史と世界史の両方が一つの教科書に書かれ、それぞれ政治文明史、経済文明史、思想文化・科学技術史との3つのテーマから人類文明の発展の歴史を描いている[25]。また、選択課の6冊は、『歴史上の重大な改革の回顧』、『近代社会の民主思想と実践』、『20世紀の戦争と発展』、『国内外の歴史的人物の評価』、『歴史の神秘さの探求』（筆者注：古代文明等）、『世界文化遺産』の6つのテーマに分かれている[26]。「課程標準」はこの選択課の導入の理由を、「学生に選択学習の内容を提供し、学習に対する興味を刺激」し、「学生の個性化」を促進するためとしている[27]。また、第1章第1節で述べたとおり、「課程標準」は「教学大綱」のように、教科書の内容を詳細に規定しておらず、簡潔に項目を指定したに止まり、教科書執筆者に比較的大きな裁量を与えている。

　21世紀に入り、歴史教科書はこうして「教学大綱」から「課程標準」版へと大きな変貌を遂げた。

では、かかる歴史科目の教育内容の変化の中で、対日記述は具体的にどのように変化してきたのだろうか。以下では、記述内容と文字数につき、量的な分析を行いたい。

第2項　中学の「中国歴史」教科書

1. 文字数による分析

　入手できた1983年から現在までの中学の教科書「中国歴史」の対日記述を内容で分類し、その文字数を数えた。内容の分類は、①古代日本と中国の文化交流（筆者注：遣唐使等）、②古代日本と中国の闘争（筆者注：倭寇等）、③尖閣（筆者注：「釣魚島とその付属島嶼」が「中国領」であるとの記述）、④中国の革命の場としての日本（筆者注：辛亥革命等の革命指導者の日本での活動）、⑤中国を侵略する帝国主義国の一つとしての日本[28]（筆者注：義和団事変等の際の列強の一国としての日本）、⑥日本の侵略（日清戦争、山東出兵、満州事変、抗日戦争等）[29]、⑦近代の文化交流、⑧現代の交流（筆者注：日中国交正常化等）に分類した（図1）。また、⑥日本の侵略についてさらに細分化し、a日本の侵略行為（具体的な会戦、「経済侵略」等）、b日本の残虐行為[30]（日清戦争時の旅順における「虐殺」、済南事変における「虐殺」、「南京大虐殺」、「三光政策」[31]、「強制連行」、細菌兵器等）、c消極抗戦をとる蒋介石に対する非難、d抗日戦争における共産党の功績の強調、e国民政府軍に対する評価に分類した（図2）。

　図1から、対日記述のうち日本の侵略が大部分を占めていることがわかる。日本との交流などの前向きな記述は非常に少ない。また、尖閣（中国の「領有権」の主張）については83年版、86年版には記載がなかったものの、92-94年版以降一貫して23から35文字程度の記載がある。

　対日記述の文字数は86年版で増加するものの、それ以降は一貫して減少している。86年版教科書の最初の説明部分に、抗日戦争部分を改訂したと記されており[32]、抗日戦争に関する記述が増加した。増加した内容は、具体的な会戦、日本軍の「経済略奪」、七三一部隊や毒ガス兵器の使用、「南京大

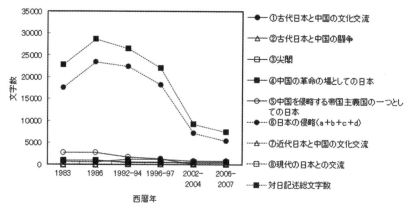

図1 中学「中国歴史」対日記述文字数

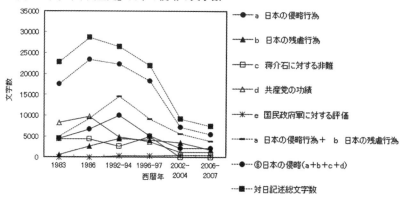

図2 中学「中国歴史」日本の侵略の文字数

虐殺」、「三光政策」等の日本の残虐行為、外国からの抗日戦争への支援、英領ビルマにおける中国と外国との共同作戦等である[33]。

また、前述のとおり、90年代に入り近現代史教育が強化されたが、92-94年版の教科書改訂において、対日記述全体及び日本の侵略に関する記述は、微減している。また、日本の侵略のうち、日本の残虐行為の文字数は、92-94年版までは増えるが、その後は減少していく。また、80年代の教科書では、日本の侵略に関する記述において、共産党の功績と蒋介石に対する非難が重要な構成要素となっているが、90年代以降、抗日戦争における共産党の功績と蒋介石に対する非難の分量は減少していく。

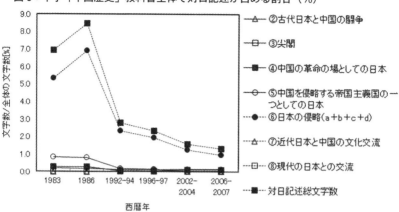

図3:中学「中国歴史」教科書全体で対日記述が占める割合（%）

　2000年代に入り、教育改革が行われ、学生の負担を軽減するため、教科書の文字数はこれまでの3分の2に減らされた[34]。これを受けて対日記述全体の文字数も、日本の侵略の文字数も減少していく。また、対台湾政策の影響を受けて、抗日戦争における蒋介石に対する非難はなくなり、逆に、日本と戦った国民政府軍へのプラスの評価が現れてくる。

2. 教科書総文字数における対日記述文字数が占める割合
　教科書全体における対日記述が占める割合についても分析する。対日記述の文字数を教科書全体の文字数で除し、対日記述が教科書全体でどの程度の比重を占めているのか分析する（図3、図4）。
　図3、図4から、80年代の対日記述は教科書全体の7～8%を、特に日本の侵略の割合は5～7%を占め、高い割合を保っていたことがわかる。他方で、92-94年版では、教科書全体の文字数がこれまでの3倍近くに増えた[35]。90年代の対日記述の総文字数としては微減であったが、教科書全体における対日記述、日本の侵略の割合は共に大きく減少し、2%台まで下がっている。
　さらに、2000年代に入り、学生の負担軽減の流れの中で教科書全体の文字数が約3分の2に減少するとともに、対日記述全体、日本の侵略の記述の

図4 中学「中国歴史」教科書全体で日本の侵略が占める割合(%)

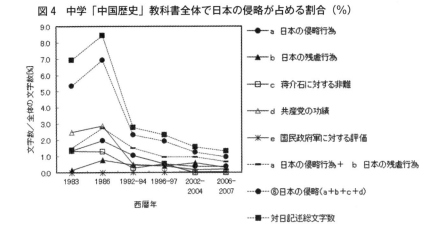

文字数は更に減少しその割合も減少した。

3. 対日記述の構成の変化

対日記述の構成を示すため、対日記述の具体的内容の文字数を対日記述総文字数で除した（図5、図6）。

上述のとおり対日記述の総文字数、教科書に占める割合は減少しているものの、対日記述の内容の構成については、やはり日本の侵略が大部分を占めている。中でも86年から90年代までは80%を大きく越え、83年版、2000年以降も70%を大きく超えている。特に、日本の残虐行為に関する割合は02-04年版までは一貫して増加し、また、具体的な会戦や「経済侵略」といった日本の侵略行為も一定の割合を維持し、現在も使われている2006年版ではこの二つを加えたものが、対日記述の約半分を占めている。また、古代日本と中国の文化交流や、現代の日本との交流といった両国の友好交流の割合は低く、ここから、はじめにの第1節第2項で前述した日本政府による中国が「反日教育」を進めているとの指摘や、日中歴史共同研究における日本側委員による愛国主義教育は結果として反日の効果を持つとの指摘は、理解可能なものと思われる。

図5 中学「中国歴史」の対日記述の構成（％）

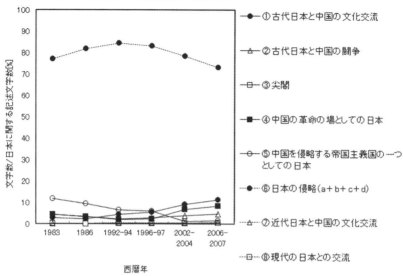

図6 中学「中国歴史」の対日記述における日本の侵略が占める割合（％）

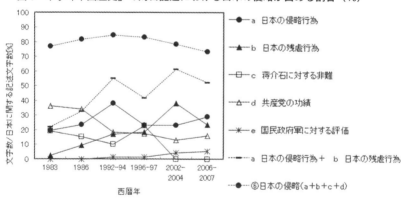

第3項 中学の「世界歴史」教科書

1. 文字数による分析

　86年までは、初級中学では「中国歴史」のみが教えられており、世界史は教えられていなかった。残念ながら86年版の教科書「世界歴史」は入手できなかった。日本で入手できた94年から08年までの中学の「世界歴史」

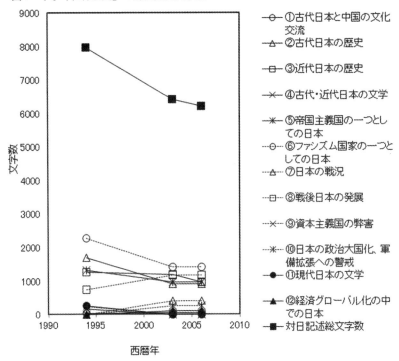

図7 中学「世界歴史」の対日記述文字数

の教科書の対日記述を内容で分類し、その文字数を数えた（図7、図8）。

内容の分類は、①古代日本と中国の文化交流（遣唐使等）、②古代日本の歴史（大化の改新、徳川幕府）、③近代日本の歴史（明治維新）、④古代・近代の日本の文学（井原西鶴、十辺舎一九）、⑤中国を侵略する帝国主義国の一つとしての日本（義和団事変等の際の列強の一国としての日本）、⑥ファシズム国家の一つとしての日本[36]、⑦日本の戦況（ミッドウェー海戦）、⑧戦後日本の発展、⑨資本主義国の弊害、⑩日本の政治大国化・軍備拡張への警戒、⑪現代日本の文学（小林多喜二）⑫経済グローバル化の中での日本、とした。

2000年代に入り、学生の負担軽減による文字数の削減（筆者注：1995年の約40万字から2000年代は30万字へ教科書の総文字数4分の1を削減）

図8　図7の下側を拡大したもの

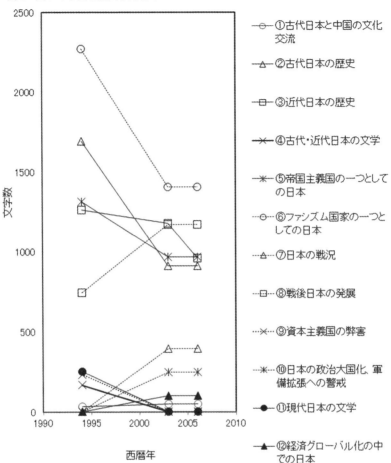

を受けて、対日記述は減少している。

　90年代から現在にいたるまで、「世界歴史」の教科書では一貫して、日本はファシズム国家の一つとして中国を侵略したと描かれている。また、古代の日本の歴史、明治維新など近代日本の歴史、帝国主義国の一つとしての日本、戦後日本の発展も一定の割合で描かれている。

　2000年代に入り、戦後日本の発展、日本の政治大国化・軍備拡張への警戒の文字数は増加した。94年版の教科書では、日本の戦後の発展の要因に

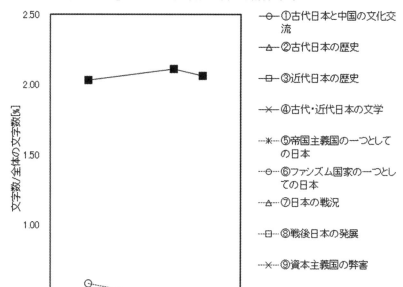

図9　中学「世界歴史」における対日記述が占める割合（％）

ついて、米国が日本を社会主義陣営に対抗する拠点にしようとして日本への「懲罰」を緩和したこと、朝鮮戦争、ベトナム戦争による経済特需、外国技術の導入、国防費の負担が軽かったこと、政治の安定、教育の重視、企業の優れた経営管理体制を挙げている[37]。2000年代の教科書では、日本の経済発展の要因として右に加えて戦後賠償の軽さを指摘している[38]。また、写真も掲載し、無事故で快適、安全な新幹線を紹介し[39]、日本から学ぶべきところも学生に考えさせている。また、政治大国化・軍備拡張への懸念については、軍事費は米国に次ぐ2位で、先進的な武器を備えており、アジアの懸念を引き起こしていると指摘している[40]。

図10　中学「世界歴史」における対日記述の構成（%）

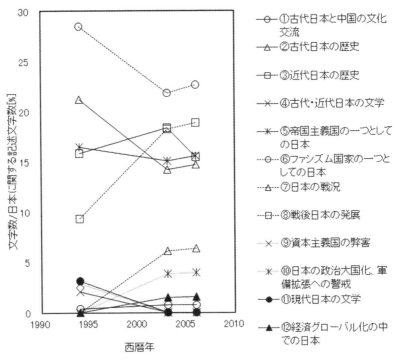

2. 教科書における対日記述が占める割合

教科書に占める対日記述の割合は、90年代から現在まで2％前後であり、大きな変動はない（図9）。

3. 対日記述の構成の変化

対日記述の構成を示すため、対日記述の具体的内容の文字数を対日記述文字数で除した（図10）。

「世界歴史」の教科書において描かれる日本は、一貫してファシズム国家として中国を侵略した国（抗日戦争）としての割合が高い。また、古代日本の歴史、明治維新などの近代日本の歴史、義和団事変など帝国主義国の一つとしての中国に対する侵略も一定の割合を保っている。2000年代に入り、

第二次世界大戦中の日本の戦況（ミッドウェー海戦）も書かれるようになった。これは、日本の敗戦における米国の役割の再評価を受けてのことであろう。また、戦後の日本の割合は 2000 年代に入って急増しており、前述のとおり戦後無事故で安全な新幹線など前向きな内容もあれば、日本の政治大国化、軍備拡張への懸念の割合も増加している。

中学の「世界歴史」の教科書はプラス面とマイナス面の両方から日本を描いているといえよう。

第 4 項　高校の歴史教科書

85 年から現在までの高校の歴史教科書の対日記述を内容で分類し、その文字数を数えた。内容の分類は、①日本の歴史（大化の改新等）、②古代日本と中国の文化交流（遣唐使等）、③古代日本と中国の闘争（倭寇）、④尖閣（「釣魚島とその附属島嶼」は「中国領」であるとの記載）、⑤近代日本の歴史（明治維新）、⑥帝国主義国の一つとしての日本（義和団事変等の際の列強の一国としての日本）、⑦日本の朝鮮侵略、⑧中国の革命の場としての日本（辛亥革命等の革命指導者の日本での活動）、⑨中国の革命への「干渉」、⑩日本の近代文化、⑪ファシズム国家の一つとしての日本（太平洋戦争の戦況等）、⑫日本の侵略（日清戦争、満州事変、抗日戦争）、⑬戦後の日本、⑭近代日本との文化交流（中国最初の現代劇団の日本における成立）、⑮現代の日本との交流（国交正常化等）とした（図 11）。

前述のとおり、中国の歴史教育は、80 年代は中学（初級中学）では「中国歴史」を、高校（高級中学）では「世界歴史」を学ぶことになっていた[41]。よって、80 年代は、高校の中国史の教科書は存在しない。したがって、80 年代の高校の教科書は対日記述文字数自体が少なく、日本の中国侵略も正面から書かれていない。80 年代の高校の「世界歴史」では日本は、独、伊と並ぶファシズム国家の一つとして描かれ、抗日戦争は第二次世界大戦の戦況の一環として伊、独による戦闘と並列で、ファシズム国家との戦争として書かれて相対化され、「南京大虐殺」、「三光政策」等の日本の残虐行為

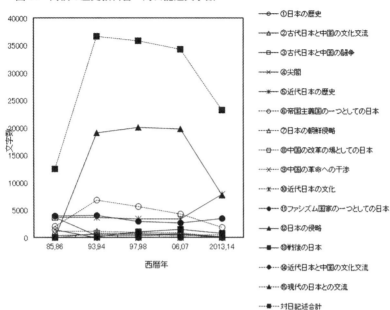

図 11　高校の歴史教科書　対日記述文字数

は全く描かれていない[42]。また、近代の日本の歴史として、日本の明治維新が高い評価を受けて記述されているが、同時に明治維新後まもなく日本は軍国主義の道を歩み始めたことも指摘されている。

　本章第 1 節第 1 項で述べたとおり、1992 年には、「世界近代現代史」が必修として新たに教えられるようになった。また、それに先駆けて 1990 年に必修科目として「中国近代現代史」、選択科目として「中国古代史」が新たに加わえられ[43]、高校の教科書は「世界近代現代史」が 2 冊、「中国近代現代史」が 2 冊、「中国古代史」が 1 冊になった。「中国近代現代史」の教科書は、基本的に中学の「中国歴史」の教科書の近代現代史の内容とほぼ同じで、日本の侵略に関する内容が多く書かれていたため、93、94 年版では、対日記述の総文字数は大きく増加し、日本の中国侵略に関する記述が大幅に増える。同時に、依然としてファシズム国家としての日本（日本の軍国主義化や太平洋戦争の戦況）、帝国主義国の一つとしての日本も描かれている。また、近代日本の歴史として日本の明治維新に引き続き重点が置かれてい

る[44]。また、98年版では、当時の中国の新聞で田中上奏文が報道されたことが新たに記載された[45]。

2000年代に入ると、第1章第1節で説明したとおり、教科書は「教学大綱」（グラフの06,07年版）版と「課程標準」版（グラフの2013,14年版）の二種類が存在することになる。「教学大綱」版は、基本的に90年代の「中国近代現代史」、「世界近代現代史」、「中国古代史」の内容と文字数を継承している。90年代の教科書との主な違いは、以下のとおりである。田中上奏文について脚注で日本では存在を否定していると紹介したこと[46]、戦後の日本について、科学技術産業に力を入れ経済大国になった一方、政治大国の地位を追及し、軍事費を増大させ、米との軍事協力を強化し、自衛隊を毎年海外に派遣し、軍事的に膨張しており警戒すべきであること[47]、さらに軍国主義等の右翼勢力の復活、「日本政府は半世紀以上アジアの人民に真の謝罪をしていない」こと、閣僚の不規則発言、政府要人の靖国神社参拝、右翼による教科書「改ざん」、「南京大虐殺」の否定などが新たに記されている[48]。また、日本の対中侵略は日本が長く企んできた方針の必然の結果であると指摘した[49]。更に、感情的な表現も増え、「日本の賊」は「我が国領土を蹂躙し」、「獣の痕跡はあちこちに残る」とし、日本のことを「万ほどの悪の敵」とし、「血の海ほどの深みの恨みはすでに報復された」との当時の報道が掲載された[50]。「教学大綱」版では、日本の国際的影響力の拡大と日中の歴史認識問題が、より感情的にとらえられるようになったと考えられる。

「課程標準」版の教科書は、2004に初版が発行され、2006年に改訂された[51]。現在のところ、「教学大綱」版と「課程標準」版のうちどちらの教科書の採用率が多いのか明らかにする公的な資料は見当たらなかったが、中国のインターネット書籍購入サイト「陶宝網」で販売される高校歴史教科書は、「課程標準」版がほとんどであり、「教学大綱」版はほとんど販売されていないところ[52]、歴史教科書は「課程標準」版に切り替わったとみてよいだろう。現在、人民教育出版社のホームページには、「課程標準」版が先に、「教学大綱」版がその次に掲載されている[53]。「課程標準」版は、本節第1項

図12　高校の歴史教科書に占める対日記述の割合（％）

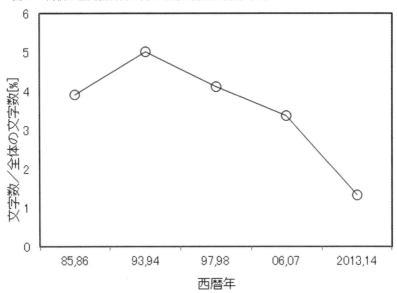

で述べたとおり、必修と選択を加えて教科書が計9冊に増え、文字数が増えると同時に、内容が多様化した。

　2013、14年版の「課程標準」版では、日本に関する記述の文字数が大幅に減っている。日本の侵略に関する記述も大きく減少した。引き続き、ファシズム国家の一つとしても描かれている。特筆すべきは、近代日本の歴史の記述が大幅に増え、選択の教科書『歴史上の重大な改革』は、明治維新に一単元5課を設け、詳細に記述している[54]。江戸時代の鎖国、アヘン戦争で敗れた清国を見て多くの有識者が危機感を抱き改革の志を持ったこと、幕末に諸藩が西洋の進んだ文明を取り入れ、これがその後の国の発展の基礎となったこと、明治政府による一連の改革による近代化（貨幣統一、土地改革、殖産興業、教育改革、憲法制定、不平等条約の撤廃など）が詳細に記述され、高い評価がなされている。2013、14年版では明治維新に関する記述が、日本の侵略の記述量を上回り、「文明史観」の観点から、日本の近代化、国の発展を大きく促進した明治維新を、中国側が高く評価していることが伺われ

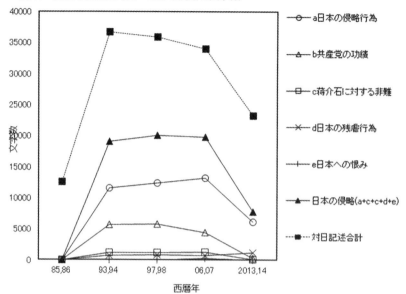

図13 高校の歴史教科書 日本の侵略の文字数

 なお、85年以降現在まで一貫して高校の歴史教科書において日本に関する記述が占める割合は、中学ほど高くない。93,94年版で5%に達しているものの、その後は徐々に低下し、現在の2013、2014年版では1%近くまで低下している（図12）。

 また、日本の侵略の内容をさらに細分化し、a日本の侵略行為（具体的な戦闘状況、「経済侵略」等）、b抗日戦争における共産党の功績の強調、c消極抗戦をとる蒋介石に対する非難、d日本の残虐行為（「南京大虐殺」、「三光政策」、「強制連行」、細菌部隊等）、e日本への恨み（前述の06,07年版教科書の日本のことを「万ほどの悪の敵」とし、「血の海ほどの深みの恨みはすでに報復された」との記載）に分類したのが図13である。日本の侵略の文字数は2013,2014年の「課程標準」版で大きく下がっており、日本の残虐行為の記述も少ない[55]。

 また，対日記述の具体的内容の文字数を対日記述総文字数で除したのが，

第 2 章　中国の教科書に描かれた日本：歴史、地理、語文、政治　61

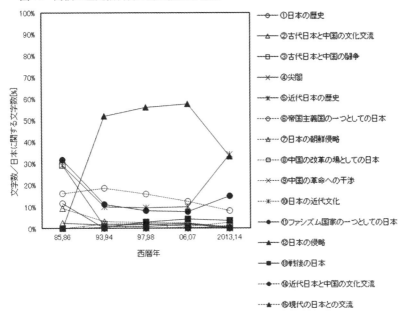

図14　高校の歴史教科書の対日記述の構成

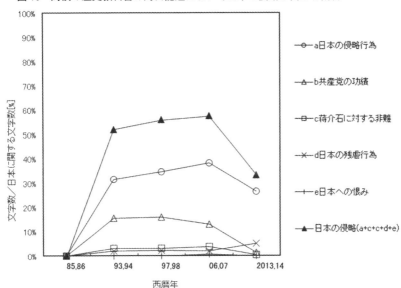

図15　高校の歴史教科書の対日記述において日本の侵略が占める割合

図14、15である。図14、15からわかるとおり、80年代から現在まで、対日記述の中での日本の侵略の割合は、約70から80％を占める中学の歴史教科書ほど高くなく、高くとも60％に届かない。更に、2013,14年の「課程標準版」になると、対日記述における日本の侵略の割合は30％近くにまで低下し、明治維新に代表される近代日本の歴史がそれを上回る。また、「南京大虐殺」や七三一部隊といった日本の残虐行為の割合は、全ての教科書のバージョンを通じて極めて低い。また、「教学大綱」版では、高い比率を示していた抗日戦争における共産党の功績が、2013、2014年の「課程標準」版では大きく減少しており、「革命史観」に基づくと高い評価をされた抗日戦争における共産党の役割が、「文明史観」の観点からは、それほど評価されていないことが伺われる。これは高校の歴史教科書全体にいえることで、「課程標準版」になってからは、抗日戦争以外の章でも共産党の功績に関する分量は減少している。

第2節　地理

第1項　地理科目の教育内容の変遷

　中華人民共和国が建国されて間もない時期は、ソ連式の地理教育が導入され、中学1年生で「自然地理」[56]、2年生で「世界地理」を、高校2年生で「外国経済地理」を学んでいた。中国の「人文地理」[57]は「資産階級の地理学」とされ、教えられなかった。地域の自然地理は単に大量の地名の羅列であり、学生は興味がなく負担になっていたと指摘されている[58]。

　文化大革命で地理科目は廃止されたが、80年代に改革開放が始まると、地理科目は回復され、国際的な学術界の流れに沿って総合的な学習を目指し、「人文地理」の内容も組み入れられるようになった。改革開放後の経済成長を背景に、高校の地理においては、天体、地球の大気圏の構造から人類の生活、生産に必要な資源、エネルギー、農業、食糧問題、工業生産、工業の分布、人口、都市などの人文・経済地理の内容が語られるようになっ

た[59]。

　はじめにで述べたとおり、91 年には江沢民が近現代史、国情教育を強化する指示を出し、同年 8 月には「小中学校で近現代史及び国情教育を強化するための全体綱要」が制定されている。地理科目については、「資源、人口、民族、環境などに関する教育を行う」とされたが、人民教育出版社は 1992 年 5 月に副読本『国土と人民—生存と発展の基礎』を出版したのみで、同年に改訂された教学大綱は、教育目標の部分で同「全体綱要」の関連部分を簡潔に引用したのみで、大きな改定はなされなかった。江沢民の指示を受けて、教育内容に対して大きな変更が行われたわけではない[60]。

　90 年代に入り、国際政治、経済情勢が変化する中で、未来の公民の教養の向上を見据えて、「自然地理」の内容が減らされ、「人文地理」の内容が増やされた。1992 年には「持続可能な発展」の概念も教科書に組み入れられた。また、居住している地域の地理教材も各地方で作成された。1992 年には、国際地理学連合が「地理教育国際憲章」を発表し、地理は「世界の主要な問題と困難を解決」する必要があり、「人口動態、食糧と飢餓、都市化、経済格差、識字、貧困、失業、難民、無国籍、人権侵害、疾病、犯罪、性差別、人口移転、動植物の絶滅、森林伐採、土壌流出、砂漠化、自然災害、汚染廃棄物と核廃棄物、気候変化、大気汚染、オゾンホール」などの問題は地理の関連分野であると指摘した。この憲章は、中国の地理教育に大きな影響を与えたとされている[61]。

　また、地理学界では現代的な地理情報技術の応用も始まり、環境に対するリモートセンシング調査は、大型プロジェクトの環境アセスメントや、黄河などの水害の防災等に役立っている。こうして、地理情報技術の応用についても、中高生が理解すべき内容に加わってきた[62]。

　他方で、1993 年以降、大学入試が 3 + 2 の方式となり、すなわち理系の入試科目は語文、数学、外国語に加えて物理、化学、文系は語文、数学、外国語に加えて政治、歴史となった。これにより地理が大学入試科目ではなくなり、学校で地理科目が開設されなくなり、多くの教員がリストラされた。

危機感をもった地理教育界では、これまでの地理教育の「地名プラス物産」の羅列という現象を反省し、実用的な地理教育への転換が試みられた[63]。

2000年代に入り、教科書の「課程標準」版への移行の後、高校の地理科目は必修の3冊の教科書と、選択の7冊の教科書で構成されるようになった。このカリキュラム改革は、知識を暗記するだけのものでなく、実生活で活用できるものへと転換させようとしている[64]。「普通高中地理課程標準（実験）」は、「学生にグローバルな問題と我が国の改革開放と現代化建設における重要な地理問題に注目させる」ことを地理教育の使命として掲げている[65]。教科書は、必修の第一冊が『自然地理』、第二冊が『人口、農業と工業』、第三冊が『環境保護、地域経済』、選択の7冊は、それぞれ『宇宙』、『海洋地理』、『旅行地理』、『都市計画』、『自然災害と防災』、『環境保護』、『地理情報技術の応用』となり、時代に即した内容となり、実用可能な知識を与えようとする努力が読み取れる。

第2項　中学の地理教科書

83年から08年までの中学の地理の教科書における対日記述を内容により分類し、その文字数を数えた。内容の分類は、大きく分けて①日本の地理（気候、地形等）、②貿易相手国としての日本、③日本の発展、④北方領土問題への支持、⑤日本の環境保護政策、⑥古代の日中文化交流、⑦日本の文化、⑧地震多発国としての日本、⑨戦前の日本と戦後の日本のつながり、⑩日本への懸念、⑪日本への親近感の育成に分類した。

対日記述の総文字数としては、80年代は1300から1400文字前後であったが、90年代以降は2000文字前後となっている。教科書全体の文字数は80年代は約27万字、90年代は約41万字、2000年代には約58万字へと増加しており、90年代は教科書の全体の文字数の増大に伴って対日記述が増加したが、2000年以降は教科書の文字数が増えても対日記述文字数は増加していない。また、地理の教科書における対日記述の割合は一貫して極めて低く、0.38から0.55％の間である（図16）。

図 16　中学の地理教科書に対日記述が占める割合（％）

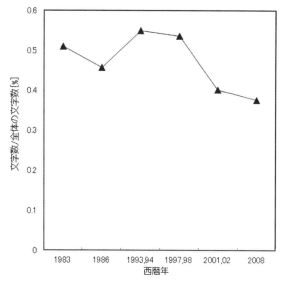

　図 17、18 及び 19 から文字数及び対日記述の構成の推移をみると、80 年代は、日本の地理（国土、地形、気候）、日本の発展（日本の工業、産業、新幹線技術等）、日本の環境保護制度に関する内容が多く紹介され、日本に関する後ろ向きな記述は無かった。特に、80 年代の教科書は、北方領土を日本の領土とし、領土の回復のために日本人が闘争を行っていることを紹介している[66]。

　90 年代に入り、北方領土に関する記載はなくなったものの、日本の発展（高速道路の写真、新幹線、銀座の繁華街の写真も掲載）や、日本の地理に関する内容が増え、西洋と東洋の両方の特徴を併せ持つ日本文化が紹介されている。また、日本の環境保護政策とともに、古代の日中文化交流、現在の日本との密接な貿易についても記載されるようになった[67]。教科書の扉写真では、富士山と新幹線、銀座、和服女性の 3 枚の写真を掲載し、90 年代の教科書は古代の交流から日本の伝統文化、日本の発展、日本の環境保護政策などが包括的に説明され、日本について後ろ向きの内容は掲載していない。

　2000 年代に入り、日本の地理に関する内容、日本の発展に関する内容は

図17 中学の地理教科書における対日記述文字数

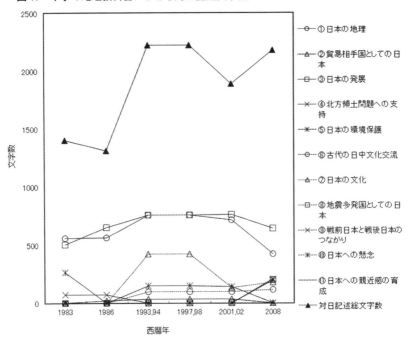

図18 図17の下側を拡大したもの

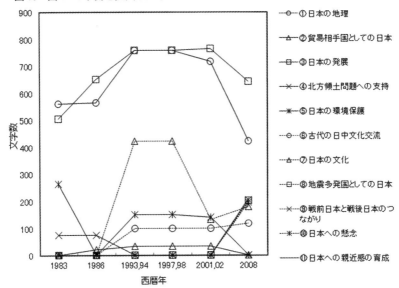

図19　中学の地理教科書における対日記述の構成（％）

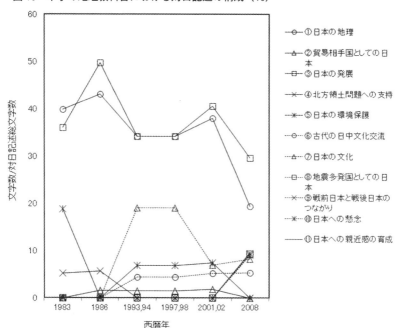

減少したものの、引き続き日本に関する主要な内容である。また、中国としても学ぶべき避難訓練や耐震技術を写真付きで紹介したり[68]、中国の中学生が両親の仕事の都合で日本の中学に通うこととなり、日本人と打ち解けていく日記を掲載し、日本への親近感の育成も図っている[69]。他方で、日本の汚染の多い工業部門の海外への移転、緑化率が高い一方で外国からの大量の木材の輸入、日本の「乱獲」による漁業資源の枯渇等、日本に対する懸念も掲載されている[70]。

　以上より、以下のことがわかった。8,90年代は、中学の地理の教科書は日本地理、日本の経済発展、日本の文化、環境保護等の前向きな面の紹介が主流であった。08年版で初めて一部に、漁業資源の「乱獲」、「汚染を排出する企業の海外移転」等日本への懸念の記述が現れ、日本に対してマイナスの記載がなされるようになった。

図 20 高校の地理教科書で対日記述が占める割合（%）

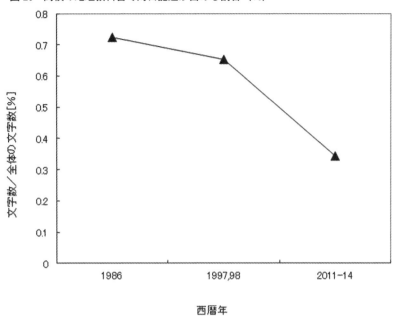

第3項 高校の地理教科書

　高校の地理の教科書には、中学のように日本地理を専門に扱う項目はない[71]。教科書は、自然地理、水資源、環境、工業、農業などの テーマ別に編集されており、その中で一部に日本が例示されているに過ぎない。

　教科書全体における対日記述の割合は1%に満たない（図20）。教科書は、86年版と97,98年版で大きな改訂はなく、対日記述については、86年版と97,98年版は内容はほぼ同じである。対日記述の大きな変化は、本節第1項で述べたように2000年代の「課程標準版」採用以降であり、高校地理の教科書が必修3冊と選択7冊になってからであり、本稿においては2011-14年版が「課程標準版」である。

　86年版、97,98年版は、日本は主要国の一つとして、その農業、工業などの状況が説明されている。農業については、土地が狭いが化学肥料、小型機械の使用などの農業現代化により単位面積あたりの生産性を向上させたこ

図21　86年　高校地理教科書の対日記述文字数

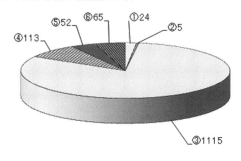

図22　97、98年　高校地理教科書の対日記述文字数

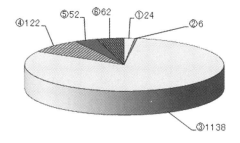

と[72]、工業については大都市に近く、輸出入に便利な太平洋側に造船、石油化学、製鉄などの工業地帯を集中させていること[73]、九州がシリコンアイランドと呼ばれていること[74]などが紹介されている。また、日本人のブラジル、米への移民について、帝国主義者に労働者として募集されてのものである[75]としている（図21、図22）。

2011-14年版は日本に関する内容は大きく変化した。必修科目では、日本のアジア地域経済への影響として、経済が一定のレベルに達すると第二次産業は労働コストの安い中国などアジアに移転し、重点は第三次産業、知識・技術集約型の産業に移っていくこと、これが日本の産業空洞化をもたらし失業率を押し上げていること、これは外国へ汚染産業を移転させているのと同じであることなどを紹介している[76]。また、日本の人口減少問題[77]や、日

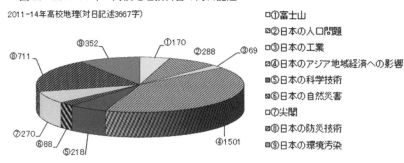

図23　2011-14年　高校地理教科書の対日記述

本の富士山[78]も取り上げている。

　選択の『海洋地理』の教科書では、尖閣諸島が取り上げられ、「釣魚島」は大陸棚の上、沖縄トラフの西側にあり、地理学的にも「中国の領土」であるとの中国側の立場が説明されている[79]。なお、対日記述とは直接関係がないものの、核廃棄物を海洋に投棄することは現在普遍的なやり方であるとも記述しているが[80]、これはすでに国際法上禁止されている[81]。もし実際に、中国が核廃棄物を海洋に投棄しているとすれば日本にとっても看過できないことであり、注目される。

　また、選択の『自然災害と防災』の教科書では、日本の持出し用非常袋、避難訓練、耐震建築などの防災技術が説明され[82]、更に選択『環境保護』では、水俣病も紹介された[83]。

　「課程標準」版の地理の教科書では、尖閣諸島に関する中国の立場や日本が外国への汚染産業を移転させているといったマイナスの記述のある一方で、現在の日本の状況がより多彩に取り上げられ、日本の経験から学ぼうとする姿勢も見られるようになったといえる。これは本節第1項で述べたとおり、学生にグローバルな問題と中国の改革開放と現代化建設における重要な地理問題について生活で実用できる知識を与えるために、かかる調整がなされたものであろう。

第 3 節　語文

第 1 項　語文科目の教育内容の変遷

　まず、語文の「教学大綱」及び「課程標準」から教科書全体の傾向を分析したい。1980 年の「全日制十年制学校　中学語文教学大綱」においては、語文科目の教育目的を、「読み書きと同時に、思想政治教育を行うこと、マルクス主義の観点から語文に関する知識を教え、社会主義への覚悟、無産階級の情操と共産主義の独特な品格を培う」としている。また、教科書に掲載する教材も、第一に「思想上の内容の良いもの」を挙げ、現代の作品は「学生の社会主義の覚悟の強化に資する」もの、古典は作品の「人民に対する態度」の良いもの、外国のものは「進歩的思想」のものを選ぶとしている。そして、語文教育は思想工作であるとはっきり指摘し、教科書に掲載する作品を予め指定している[84]。86 年の語文「教学大綱」も同様で、語文の思想教育としての役割を重視し、「思想教育を授業の課程の中にわからないように浸透させる」ことを要求している[85]。86 年の「教学大綱」もやはり、教材の内容を指定しており、編集者に選ぶ自由はない。88 年、90 年の「教学大綱」も同様である[86]。

　91 年には、江沢民国家主席の中国近現代史、国情に関する教育の強化の指示を受けて、「中小学語文学科思想政治教育綱要」が制定された。そこでは、語文教育の目的を「中華民族の伝統文化と民族精神の高揚、愛国主義感情の発揚、民族的自尊心、自信、誇りの増進、共産党、社会主義を熱愛する感情を培い、学生の腐敗した思想文化の侵食への抵抗能力を増強し、共産党の革命における偉大な功績の認識、百年近くにわたる反帝国主義、愛国の伝統を継承し、発揚させること」とした[87]。

　しかし、92 年に改訂された「教学大綱」は、基本的にこれまでの教学大綱の内容を踏襲しており、「中小学語文学科思想政治教育綱要」の影響はあまり見られない[88]。逆に、96 年の「全日制普通高級中学語文教学大綱」に

おいては、思想教育の要求が減っている。96年の大綱においては、思想教育は簡略化され、「唯物主義を指導」とし、「社会主義現代化のための人材を養成」する、「中華民族の優秀な伝統文化を愛する感情」、「社会主義思想道徳と愛国主義精神を培う」と簡単に触れたのみであった。また、語文科目における教育改革に言及し、「語文を現実の生活と結びつけ」、「言葉を運用する能力」を培い、「健康な審美感」を培うことも目的の一つとし、推薦教材のリストは各地で推薦され、権威的機関が審査すると注記され、教材は自由に選択できるようになった[89]。2000年の「九年義務教育全日制初級中学語文教学大綱」においても、思想教育の要素は簡単に触れられたのみで、学生の主体性、比較、分析、記憶、思考、連想、創造が重視され、「教材は模範的なもの」で、「豊富な題材」とし、「文化的内容と時代の息吹に富む」もので、「学生の視野の開拓と興味を駆り立てる」ものとし、各地方に選択が任されるようになった[90]。こうした変化は第1章第2節第1項において述べたとおり、教員、研究者から語文の政治教育からの開放が求められたためである[91]。

現在使用されている高校の04年「課程標準」においては、思想教育的な要素は更に減少する。前文に、「語文はマルクス主義を指導」とし、「民族精神を高揚」し、「民族の想像力と凝縮力を増加」するために、しかるべき役割を発揮するとのみ記されたのみである。基本理念として、「知識と能力、過程と方法、感情と価値観からカリキュラムを編纂する」とし、「基礎と多様性」を結びつけ、「学生の関心と潜在能力を刺激」し、「一人ひとりの学生に更に良い学習環境を整える」とし、「学生の蓄積・総合、感受・鑑賞、思考・覚悟、応用・展開、発見・創造」の面での成長を目指すとしている。そして、教科書は読解と表現の二分野に分かれ、作品の読解以外に、作文や口語能力等の創造的な能力も求められるようになった[92]。思想教育的な色が薄まり、思考、応用、創造能力が求められるようになったのを受け、確かに2000年以降の教科書における思想教育的な作品は、減少している。

なお、中学の「義務教育語文課程標準（2011年版）」は、高校の「課程標

準」に比べてイデオロギー色が濃い。語文のカリキュラムは、「中華民族の優秀な文化的伝統と革命の伝統を継承・発揚するとともに、民族アイデンティティー、凝縮力を強化し、社会主義の核心的価値観の指導的役割を発揮し、中国の特色ある社会主義の理想を突出させ、愛国主義を核心とする民族精神、社会主義の誇りを樹立する」とし、また、鄧小平理論、「3つの代表」、人をもって本となす（中文：以人為本）の指導的思想に基づき、社会主義の継承者を育成するとしている。同時に、学生の好奇心、知的要求、自主的講読、自由な表現、問題意識の発揚も挙げているが、全体的に思想教育色が濃いのは否めない[93]。

　また、個性に合わせた学習の面で注目されるのが、語文における選択科目の設置である。1996 年の高校の語文の「教学大綱」において、選択科目が設置された。高校 1、2 年では必修の教科書を学び、3 年生は文系なら週に 4 時限、理系なら 2 時限、進学しない就職予定者は 2 時限の語文の選択授業が設けられ、教員の指導のもとで生徒が自主的に選択できるとされた。開設科目としては、文系に進学する学生には、「作文」、「古文講読」、「国内外名文講読」、理系に進学する学生には「科学論文講読」、「実験報告文作成」、「科学的小論文」などが例示されている。課程教材研究所によると、1995 年以降、「中国古代文学名著鑑賞」、「外国文学名著鑑賞」、「科学小論文作文」など 9 種類の教科書が出版され、1999 年以降 2005 年まで使用されたとされている[94]。しかし、人民教育出版社のホームページには「教学大綱」版の語文の選択科目の教科書の電子版は掲載されておらず、限られた範囲でしか使われなかったことが伺われる[95]。高校における語文の選択科目の教材が全国的に使用されたのは、2004 年の「課程標準」版以降のことのようである。現在では、人民教育出版社版の教科書では、5 冊の必修に加えて 15 冊の選択科目が設置されている。選択科目には、台湾の作品のほか、ビル・ゲイツの伝記や[96]、映画の「フォレスト・ガンプ」、「サウンド・オブ・ミュージック」、「ファインデイング・ニモ」の台本も掲載され[97]、内容は多様化したといえよう。しかし、教員の能力と入試対策の関係から、生徒の教科書の選択

権はほとんどなく、地域、学校が統一的に選択し、必修と何ら変わりが無いと指摘されている[98]。

第2項 中学の語文教科書

それでは、中学の語文教科書における日本に関する作品をみていこう。

81年から07年までの中学の語文の対日記述を内容で分類し、その作品数を数えた。内容を、①共産党の功績（一部に日本の侵略に言及のある作品）、②日本人との交流を描いた作品、③共産党の功績（日本の侵略を主題とした作品）、④国民党、英米帝国主義国への批判（一部日本の侵略に言及のある作品）⑤日本の作家の作品、⑥日本の侵略を主題とした作品、⑦作家の伝記

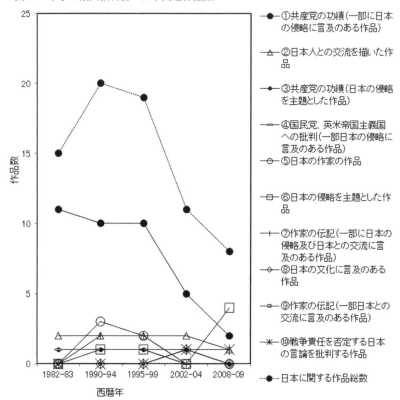

図24 中学の語文教科書 日本関連作品数

（一部に日本の侵略及び日本との交流に言及があるもの）、⑧日本文化に言及のある作品、⑨作家の伝記（一部日本との交流に言及があるもの）、⑩戦争責任を否定する日本の言論を批判する作品に分類した。

　日本に関する作品数は、90 年代には増加したが、2000 年に入り減少傾向にある（図 24）。日本に関する作品の教科書全体に占める割合も、80 年代の 6.5% から 90 年代には 9% 近くまで上昇するが、2000 年代に入り、4% 台まで低下する（図 25）。

　80 年代の語文の教科書に、日本の侵略を主題とした作品は一つしかなく、抗日戦争における共産党の功績を扱った作品（上記③、茅盾の「白柳の礼賛」[99]）である。日本に関する作品の多くは、共産党の功績を主題とした作品で一部に抗日戦争に言及があるもの（上記①）、国民党及び英米帝国主義国に対する批判を扱った作品で一部抗日戦争に言及があるもの（上記④）で、いずれも日本の侵略自体を主題としていない。また、魯迅の「藤野先生」[100] や、阿累の「一面」[101] には、日本人との心温まる交流の場面が描かれている（上記②）。

　90 年代は、共産党の功績を主題とした作品で一部に抗日戦争に言及があるもの（上記①）が引き続き多い。また、一部に日本の侵略及び日本との交流に言及のある作家の伝記（上記⑦、茅盾「自伝」、「冰心略伝」）[102] も見られ、引き続き日本の侵略を主題とせず、一部に日本の侵略に言及がある作品が主流である。他方で、日本の侵略を主題とした作品も登場した（上記⑥、田間の新詩「戦闘する者へ」[103]）。しかし、日本人との交流を描いた作品も引き続き掲載され（上記②、魯迅「藤野先生」[104]）、また日本人の作家の作品も登場するようになる（上記⑤、芥川龍之介「密柑」[105]、坪内逍遥「こだま」[106]、水上勉「母の橋」[107]）。

　2000 年代に入ると、共産党の功績を主題とした作品で一部に抗日戦争に言及がある作品数は大きく減少する（上記①）。これは前述のとおり、90 年代末、語文教育があまりに政治化されていることに国内で批判が起こり、思想教育的な作品が減り、学生に思考、応用、想像力をつけさせるための作品

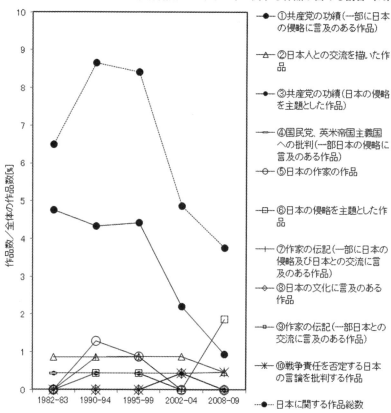

図 25 中学の語文教科書 総作品数における日本に関する作品が占める割合 (%)

が多く掲載されるようになったことを反映している。他方で、日本の侵略を主題とした作品が大幅に増えた（上記⑥、端木蕻良「土地の誓い」[108]、張寒暉「松花江上」[109]、孫犁「芦花蕩」[110]、戴望舒「私の障害の残る手で」[111]）。2008-2009 年版では日本に関する作品の半数が日本の侵略を正面から主題にしたものである。日本軍のことを「日本の鬼」（原文：日本鬼子）と表現した作品もある（孫犁「芦花蕩」）。日本人との交流に関する作品（上記②）は減少し、逆に日本の戦争責任に関する言論（注：聶華苓「親愛なるお父さん、お母さん」において、日本人が「『南京大虐殺』も忘れられないが、

図 26　中学の語文教科書　日本関連作品の構成（語文）

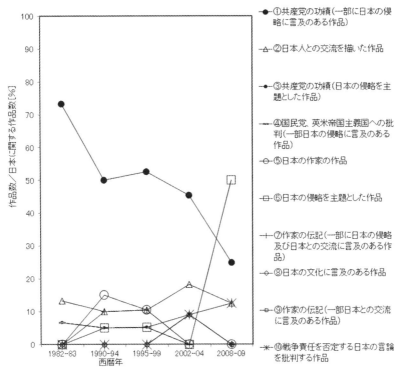

我々にも広島、長崎がある」と発言[112]、冬明「たわごとは血で書いた事実を消すことはできない」における、石原慎太郎氏の「南京大虐殺」はなかったとする発言[113]）を批判する作品（上記⑩）が現れてくる。日本の作家の作品（上記⑤）はなくなった。

　総括すると、80年代、90年代の日本に関する作品は、日本の侵略を正面から主題とした作品は少なく、共産党の功績や作家の一生を主題とした作品に一部抗日戦争に言及がある程度であった。日本人との交流を扱った作品や日本人作家の作品も掲載された。一方で、90年代から日本の侵略を主題とした作品が登場しはじめ、2000年代に入り、日本の侵略を正面から主題と

図27　86年　高校語文　日本に関連する作品数

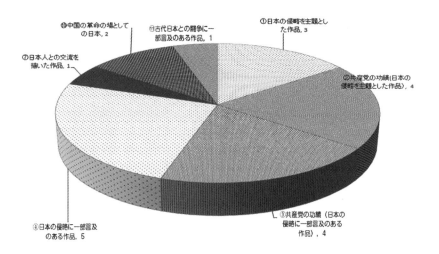

した作品が増え、2008-2009年版では日本関連作品の半数を占めた。また、日本における戦争責任を否定する発言を批判する作品も掲載されるようになった。

第3項　高校の語文教科書

　86年以降の教科書の日本関連の作品を、①日本の侵略を主題とした作品、②共産党の功績(日本の侵略を主題とした作品)、③共産党の功績(日本の侵略に一部言及のある作品)、④日本の侵略に一部言及のある作品、⑤作家の伝記（日本の侵略に一部言及のある作品）、⑥作家の伝記（日本との交流に一部言及のある作品）、⑦日本人との交流を描いた作品、⑧日本との交流に一部言及のある作品、⑨日本の作家の作品、⑩中国の革命の場としての日本、⑪古代日本との闘争に一部言及のある作品に分類した。なお、⑨日本の作家の作品には、2014年版の教科書に掲載された朝日新聞の天声人語も含める。

　日本に関連する作品は、86年版は20作品と多いが、06～09年版までは一

第2章　中国の教科書に描かれた日本：歴史、地理、語文、政治　79

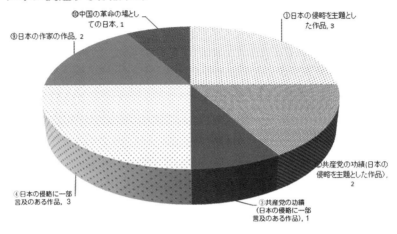

図28　95〜98年　高校語文　日本に関連する作品数

貫して減少する。86年版は、日本の侵略を主題とするか、一部言及のある作品が多い。これらの作品は、階級闘争（資本家、帝国主義者による労働者の圧迫）を描く中で日本の侵略を題材としている。たとえば、共産党員の娘を殺されても村の党員名簿を守る母を描く峻青の「党員登記表」（上記③）[114]や、抗日ゲリラ戦に従事する共産党の青年が農村の家族の支援を受けた「山地回憶」（上記②）[115]、抗日戦争のため前線へ移動する共産党員を描く周立波の「娘子関前」（上記②）[116]、日本の資本家に搾取される紡績工場の女工を描く夏衍の「包身工」（上記①）[117]、日本資本の進出のせいで庶民の養蚕業が受けた打撃を描く茅盾の「春蚕」（上記④）[118]、村の女性の抗日戦争参加を描く「荷花淀」（上記①）[119]など、日本関連作品20作品のうち、16作品が日本の侵略に関係したもの（上記①②③④）である。そのうち、共産党の功績を描くものが8作品と、高い割合を占めている。日本の労働者との交流を描いた氷心の「桜花賛」（上記⑦）[120]、魯迅の日本での活動を描いた「吶喊」（上記⑩）[121]などもある。なお、86年版には日本人作家の作品はない（図27）。

95〜98年版は、抗日戦争に関連した共産党の功績を描いた作品は減少し、

図 29 03、04 年　高校語文　日本に関連する作品数

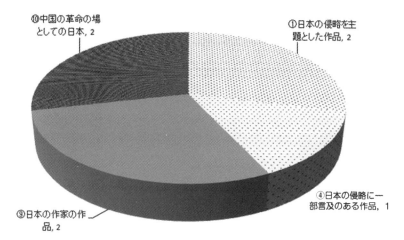

図 30 06～09 年　高校語文　日本に関連する作品数

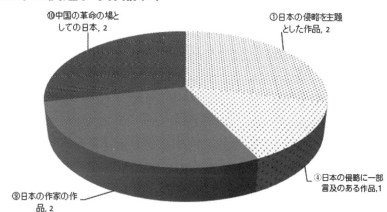

図31　2014年　高校語文（必修のみ）日本に関連する作品数

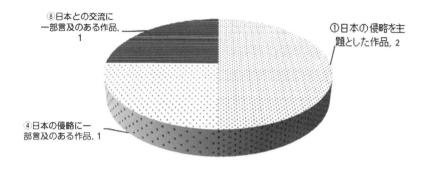

「娘子関前」（②）[122]、「党員登記表」（③）などの3作品に減少する。日本の侵略を主題とするか一部言及のある作品も、86年の8作品から「包身工」（①）[123]、「荷花淀」（①）[124]など6作品に減少する。また、日本の作家の作品が登場し、戦災孤児を育てて平和を祈る女性を描く壺井栄の「たんぽぽ」（⑨）[125]や、栗良平の「一杯のかけそば」（⑨）[126]が掲載されるようになった。なお、この「一杯のかけそば」は第5章で詳述するが、教科書の記憶に関するインタビューで複数の者が、普通の日本人の勤勉な精神にとても感動したと答えた唯一の作品である。各版の教科書の中で普段の日本人の生活が描かれたのは唯一この作品のみであり、一般の日本人の生活の様子を伝えることの大切さを示している（図28）。

03、04年版と06～09年版は日本に関連する作品は同じものが掲載されている。日本の侵略に関連した共産党の功績を扱った作品はなくなった。これは前述のとおり、90年代末に、語文の政治からの解放が求められた結果であろう。また、日本の侵略を主題とした作品、もしくは一部言及のある作品（上記①④）も95～98年版に比べて減少している。日本人作家の作品は、03、04年版、06～09年版を通して川端康成の京都の美しい風景を描く「花は眠らない」（⑨）[127]、清岡卓行の石造の美しさを称える「ミロのヴィーナス」（⑨）[128]が掲載されている（図29、30）。

図32　2014年　高校語文（必修プラス選択）日本に関連する作品数

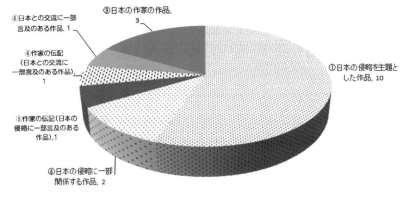

　2014年版では、必修の教科書のみで見ると、日本関連作品は引き続き減少し、日本の侵略を主題とするか一部言及のある作品数は06〜09年版と変わらない。必修の教科書の対日記述の構成をみると、⑨日本の作家の作品及び⑩中国の革命の場としての日本に関する作品がなくなった結果、日本関連作品のうちで、日本の侵略を主題とするもの、一部言及のあるものが大きな割合を占め、夏衍の「包身工」（①）[129]、陸蠡の「囚緑記」（①）[130] などが掲載されている。一方で、日本人との交流に一部言及した巴金の「子犬の包弟」（⑧）[131] も掲載されている（図31）。

　また、選択の教科書まで含めると、日本に関連する作品は増え、日本の侵略を主題とした作品が大幅に増加する。特に、『中国現代詩歌散文鑑賞』に掲載された詩と散文40作品のうち、7作品が日本の侵略を主題としていたのが目立つ[132]。日本の作家の作品（⑨）は、教師と父親が子供の才能をつぶす志賀直哉の「清兵衛と瓢箪」[133]、3歳の子供を冬の夜中に富士山の麓の高速道路に放置した両親を非難する朝日新聞の天声人語[134] であり、日本に関する前向きな内容とは言えない。選択の教科書の中で、日本について前向きな内容を書いたのは、唯一、水上勉のエッセイ「京都の四季」[135] のみである。日本に対してマイナスの内容の作品が高い割合を示している（図

図33　高校語文　教科書において日本関連作品が占める割合

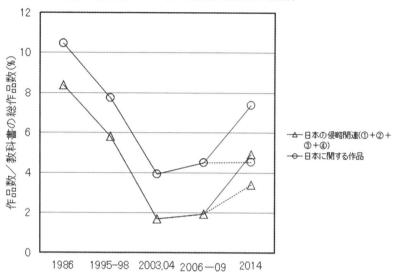

32)。

　また、教科書全体における日本関連作品が占める割合は、86年版が高く、10%強を占め、日本の侵略に関するものの割合（上記①＋②＋③＋④）も8%を超える。95～98年版では日本関連作品の占める割合は8%弱、03～04年版では、日本に関する作品の割合は4%前後まで減少する。それに合わせて、日本の侵略に関する作品の占める割合も減少する。前述のとおり、03、04年以降は共産党の功績に関する作品（上記②、③）は掲載されなくなった。2014年版では、必修の教科書のみでは（2014年の点線グラフ）、日本に関する作品の割合は横ばいであるが、日本の侵略に関する作品の割合は上昇する（2014年の点線グラフ）。これは、日本の作家の作品等の日本について前向きな作品が減少したためである。さらに、選択の教科書まで含めると（2014年の実線グラフ）、日本関連作品の割合は上昇し7%を超え、日本の侵略関連の作品の割合も5%近くに達する（図33）。

　最後に、日本関連作品の構成を見たい。2003、04年版、2006-09年版においては、日本の侵略に関する作品の割合は大きく下がっている。また前述の

図34　日本関連作品の構成

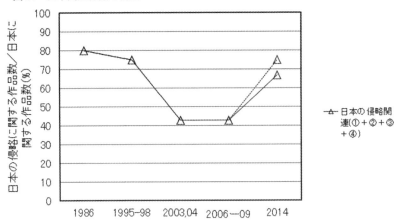

とおり、日本の侵略に関連した共産党の功績（上記②③）は 03,04 年版以降掲載されなくなったが、2014 年版では日本関連作品のうち、日本の侵略に関する作品の割合は必修（点線グラフ）、選択（実線グラフ）ともに、大幅に増加している。すなわち、2003,04 年版、06-09 年版では、日本の作家の作品等、日本について前向きな内容の作品も一定の割合で掲載されたが、2014 年版では日本について後ろ向きな内容の作品の割合が増えているといえる（図34）。

　以上を総括すると、日本関連作品の数、教科書全体に占める割合、日本の侵略に関連する作品数及びその教科書全体に占める割合はともに、06-09 年版までは減少した。80 年代は日本の侵略は共産党の功績の中で描かれていたが（上記②③）、90 年代には減少し、03、04 年版以降共産党の功績における日本の侵略は掲載されなくなった。これは、語文の教育カリキュラムから、イデオロギー的要素が減少した影響である。2000 年代は日本の作家の作品（上記⑨）等日本について前向きな作品も一定の割合で掲載された。しかし、2014 年版では、必修の教科書のみでは、日本関連作品の数は減少し、教科書全体に占める割合は横ばいであるが、選択の教科書まで含めると、日本関連作品数、教科書全体に占める割合はともに増大し、更に日本の侵略に

関連する作品数、その教科書全体に占める割合もともに増加している。特に、日本の侵略を正面から主題とした作品（上記①）が大幅に増加しているのが目立つ。また、2014年版の日本の作家の3作品のうち、日本に後ろ向きの印象を与える作品が2つ掲載されている。

2014年版の教科書は、2004年の「普通高中語文課程標準（実験）」に基づくもので、イデオロギー色がより減少し、学生の自主性、創造性がより重視されたカリキュラムになっている。かかるカリキュラムにおいて、日本の侵略、日本のマイナスの面がより強調されるようになったのは、注目すべきことである[136]。

第4節　政治

第1項　政治科目の教育内容の変遷

政治科目は、中国国内の政治情勢の影響を直接受ける。共産党・政府の指導者も高い関心を示し、政治科目に関する指示は教育部のみならず党中央からも発出される。党大会のたびに、教育部は政治教科書の修正を行い、政治科目に関する会議には、教育部の指導者のみならず党中央の指導者も出席する伝統がある[137]。以上から見ると、政治という科目は特に党中央の関与の大きな科目である。

80年代の政治科目の全体の目標は、マルクス・レーニン主義、毛沢東思想で学生を武装させること、共産主義の道徳を身に着けること、無産階級の世界観と人生観を身に着けることとされていたが[138]、中学の政治科目の目標は、道徳、民主、法制、規律、社会主義の常識に関する教育を行うこと、とされており、イデオロギー的色彩は強くない。高校の目標も、経済学、社会科学に関する教育、個人と社会、権利と義務、幸福と犠牲、感情と理性、中国と世界の関係を正しく認識させ、社会主義現代化のために奮闘する理想を身に着けさせるとしており、中学と同様にイデオロギー色は強くない[139]。

90年代に入ると、91年の江沢民の指示を受けて、政治科目のイデオロ

ギー色が強くなる。93年の「教学大綱」は教育目標に、マルクス主義、弁証唯物主義の観点、社会主義の国家観念の把握を掲げ、社会主義道徳、集団主義、祖国への忠誠、労働を愛し、他人を尊重し、祖国の統一と安全、国益の維持のための義務を理解すること、社会主義公有制、社会主義制度の優越性、弁証唯物主義と歴史唯物主義を理解させることを挙げている[140]。

2000年代に入ると、「課程標準」は政治科目の目標を、中学は、マルクス主義、毛沢東思想、鄧小平理論を指導とし、「3つの代表」という重要思想を貫徹し、道徳規範、法律、基本的な国情に関する教育を行うとし[141]、また、高校は、マルクス主義、毛沢東理論、鄧小平理論と「3つの代表」が中国共産党の指導思想であることへの理解、社会主義市場経済、歴史唯物主義、道徳・法制度の建設、共産党、祖国への愛、社会への貢献、平和への愛、世界の各民族の文化の尊重としている[142]。このように「課程標準」における教育目標はイデオロギー色が強いが、実際の教科書の内容をみると、中学では生活に即した道徳、プライバシー等に関するものが多く、イデオロギー色は強くない。高校では、必修、選択ともにイデオロギー色が強い内容が多いが、経済面では、企業活動、クレジットカード、証券、株式取引、創業など、政治面では人民代表大会制度、中国の選挙制度、人権の保護など、時代に即した内容も扱うようになっている。

以下では、政治の教科書の全体的な変化を踏まえ、教科書における対日記述がどのように変化したのか見ていきたい。

第2項　中学の政治教科書

86年から08年までの中学の政治の教科書の対日記述内容を分類し、その文字数を数えた。教科書全体における対日記述の割合は極めて低く、1997-98年版のみ1%を超えたが、1986-90年版、2008年版は0.2%前後である。中学の政治の教科書において日本が占める割合は、極めて低い（図35）。

また、対日記述の文字数も、86-90年版では2085文字、1997-98年版では

図 35　中学の政治教科書　対日記述が教科書に占める割合

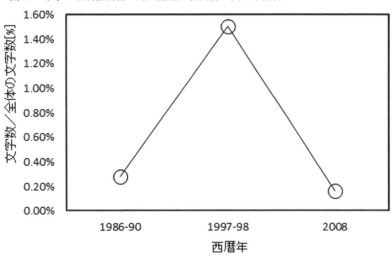

7278 文字、2008 年版では 982 文字となっており、現在も使われている「課程標準」版の教科書の記述が最も少ない。なお、教科書の総文字数は 86-90 年版が 762000 文字、97-98 年版が 484000 文字、08 年版が 626000 文字であり、97-98 年版が最も少ない。

教科書全体の内容としては、86-90 年版は、教科書『公民』が集団主義、人との付き合い、時間の大切さ、法の遵守、義務教育について[143]、教科書『中国社会主義建設常識』が経済建設、人口、農村・都市経済、対外開放、憲法、民法、婚姻法、相続法、契約について[144]、教科書『社会発展簡史』が原始社会、奴隷社会、封建社会、資本主義社会を経て社会主義へと歴史が発展することを説明する唯物史観に関するもの[145]である。『公民』と『中国社会主義建設常識』はイデオロギー色が弱いが、『社会発展簡史』はイデオロギー色が強く、資本主義社会の矛盾を指摘し、社会主義の優越性を強調する内容となっている。

対日記述の内容としては、86-90 年版は、資本主義国の一つの日本として、日本は他の欧米諸国と同様に帝国主義化し、対外侵略、植民地統治を行ったこと、戦後の技術の進歩により生産性は向上しても労働者の賃金は相

図36 86-90年版 中学政治教科書対日記述 文字数内訳
対日記述2085文字

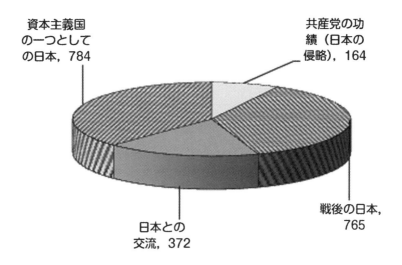

応に増加せず、資本家から搾取されていると指摘している[146]。また、日本との交流として中国に駐在する日本の記者が書いた中国の急速な発展に驚く記事を掲載[147]するとともに、日本企業の対中投資を紹介し[148]、また戦後の日本の経済発展とともに勤勉な日本人、日本の清潔さを紹介している[149]。日中の戦争の占める割合は極めて低く、戦後の日本や日本との交流に関するものが半分以上を占めている（図36）。

1997-98年版の教科書では、社会主義イデオロギー的な内容が増えた。内容としては、祖国の利益が全てに優先すること、社会主義祖国への愛、更に、歴史の発展の段階を原始社会、奴隷社会、封建社会、資本主義制度に区分する史的唯物論に即した課や、資本主義社会の搾取と略奪、中国を救えるのは社会主義のみ、社会主義初期段階の中国、社会主義公有制、社会主義事業の継承等、イデオロギー的な内容が多い。

対日記述の内容を見ると、日本の侵略に関する記述については、祖国への愛に関する課で、祖国が弱いと侮辱されるとの項目、祖国の利益を重んじる

図37　1997-98年版　中学政治教科書対日記述　文字数内訳

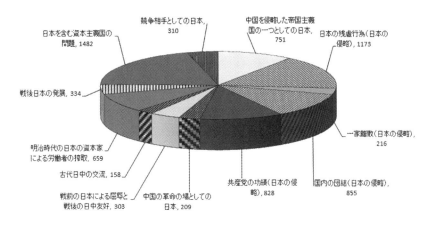

　との項目、民族団結の維持等の項目で、困難な中でも日本軍に屈服しなかった共産党員の功績と日本の侵略の悲惨さを描いている[150]。また、日本のみならず、義和団事変などの他の西側諸国の中国侵略も取り上げ、日本は中国を侵略した帝国主義国の一つとしても描かれている[151]。また、戦後については、西側資本主義国の一員としての日本も描かれ、その経済発展の陰に存在する資本主義の問題として日本の資本家による搾取、日米欧貿易摩擦等も描き、中国の社会主義体制が資本主義より優れていることを説明している[152]。すなわち、1997-98年版は、帝国主義国の侵略に抵抗した共産党の功績を強調し、資本主義体制の問題点を指摘することにより、現在の中国共産党が指導する社会主義体制の正当性を強調することを趣旨としており、日本を含めた西欧各国はそのための素材となっているといえる（図37）。

　08年版は、教科書からイデオロギー的な内容は減少し、教科書の内容は、学校生活、命の尊さ、自立、法の遵守、家族、先生、友人、芸術、義務と権利、プライバシー、経済活動といった内容が大半である。

　08年版では、日本に関する記述は大幅に減少し、抗日戦争については、中華文化と民族精神の課、理想の実現の課で、共産党の功績として一部に例

図38　08年版　中学政治教科書対日記述　文字数内訳

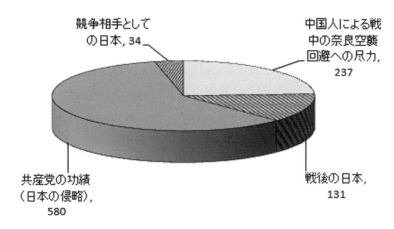

示されたに過ぎない[153]。同時に、中国の建築家が文化財を保護するため戦争中の奈良への空襲を回避するために努力したことや[154]、信用を重んじる戦後の日本人の勤務態度を紹介している[155]。そして、これまで記載されていた日米貿易摩擦や、資本家による労働階級の搾取といった日本の資本主義制度の問題については掲載されなくなった。(図38)

　以上から中学の政治教科書について以下のことがわかった。中学の政治教科書における対日記述の割合は極めて低く、高くても1%強、低い場合は0.2%前後になる。97-98年版を除いて、86-90年版、08年版では日本の侵略と並んで戦後の日本人の勤勉さや中国人と日本人の交流も掲載され、正負両方の日本が紹介されている。

　1997-98年版は、天安門事件の影響で欧米列強が中国の「和平演変」を企んでいるとの前提の中で、帝国主義国の侵略に抵抗した共産党の功績を強調し、資本主義体制の問題点を指摘することにより、中国共産党が指導する社会主義体制の正当性を強調している。日本を含めた西欧各国はそのための素材となっており、社会主義体制の正当性、建国のための共産党の功績を強調すればするほど、日本はそのための材料となり、マイナスの記述が増加する

図39 高校の政治教科書において対日記述が占める割合

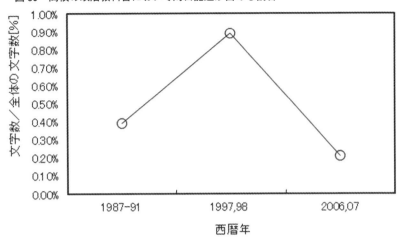

ことが明らかになったといえよう。

第3項　高校の政治教科書

　87年から07年までの高校の政治の教科書の対日記述を分類し、その文字数を数えた。教科書の総文字数を見ると、87-91年版が最も少なく37万字程度、97、98年版は約42万字、06-07年版は約140万字まで増加した。06、07年版の教科書の総文字数の大幅な増加は、教科書が「課程標準」版になり、必修4冊の他に選択の6冊が加わったためである。

　政治の教科書において、対日記述は極めて少なく、教科書に占める割合は1％に満たない（図39）。

　対日記述の文字数は、87-91年版が最も少なく1460文字程度で、97、98年版で4千字を越え、06、07年版で3千字程度まで減少する。

　3つの版を通じて教科書全体の記述として共通しているのは、中国が対外開放し、外国の資金、進んだ技術、経験を取り入れるのは必要だが、社会主義の全面的な発展に必要なものを選別して取り入れるべきという立場である。西側資本主義国の問題点として、経済面では景気の循環や、社会の格

図40　87-91年版　高校政治教科書対日記述　文字数内訳
対日記述1457文字

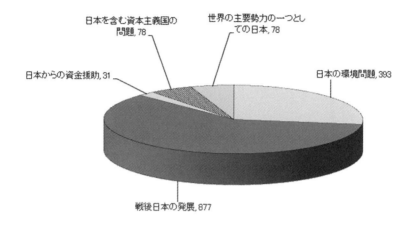

差、資産階級による労働階級の搾取、政治面では欧米諸国の立憲君主制、共和制、連邦制、三権分立などを説明しているが、いずれも広範な民意を代表するものではないとし、中国の社会主義制度の優越性を強調している。

　3つの版を通じての対日記述の特徴は、日本の侵略に関する記述は少なく、主に日本を西側資本主義国のひとつとして描き、戦後の日本の発展や、日本を含む資本主義国の問題などの戦後の日本に関する内容が大きな割合を占めているということである。

　87-91年版では、戦後日本の発展（教育重視の政策、外国からの先進技術導入、原子力、コンピューターなどの技術革命の結果としての高度経済成長）[156]が対日記述の多くを占め、一方で、日本の環境問題（水俣病）[157]、日本を含む資本主義国の問題（資本主義の運命として経済危機を免れられないこと）が簡潔に書かれている[158]。また、日本からのODAについての直接の言及はないものの、中国の資金調達方法として、1979年から85年までに、外国政府、銀行、国際金融機関からの借款が220億ドルに達していること、1960年から1970年にかけて、融資を通じて日本と西欧から技術や設備

第2章　中国の教科書に描かれた日本：歴史、地理、語文、政治

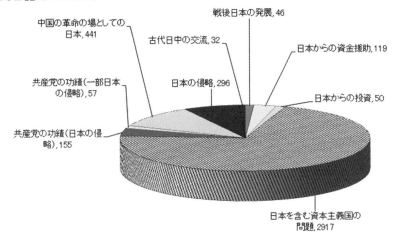

図41　97、98年版　高校政治教科書対日記述　文字数内訳

　を導入したことが書かれており[159]、60年代の日本輸出入銀行の融資による延払い方式の対中プラント輸出を念頭に置いていることが伺われる。日中の戦争については、全く触れられていない（図40）。

　97、98年版では、日本を含む資本主義国の問題が多く書かれ、日本も資本主義国の宿命として景気の悪化、社会の格差から逃れられないことが書かれている。例えば、米に及ばない日本の賃金水準[160]、経済指標の悪化[161]、労働者の賃金の減少[162]、日米欧の貿易摩擦[163]、大企業による市場独占などが描かれ[164]、資産階級による労働階級搾取の状況が説明され、最後には、中国の建国後40年間の経済平均成長率と日本を含めた主要国の経済の平均成長率を比較し、中国の成長率が最も高く、資本主義制度より社会主義制度が優れていることを強調している[165]。

　日本の対中ODAについては引き続き言及はないものの、各国からの有償資金協力に言及し、外国政府からの借款は、条件は優遇され利率は低く償還期も長いが、金額に限りがあり手続きが複雑で、また政治、外交関係の影響を受けて中断することもあると記載されており、89年の天安門事件により

図42　06,07年版　高校政治教科書対日記述　文字数内訳

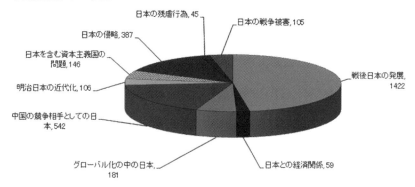

各国のODAが中断したことに対し批判的な一面を伺わせている。他方で、アンタイドローンについては日本にのみ言及し、1979年から日本の輸出入銀行からの融資で、油田、炭鉱等の開発の17プロジェクトを実施したことを紹介しており、日本からの経済支援を評価していることが伺われる[166]（図41）。

06、07年版では、97、98年版で見られたような、資本主義国の問題への言及はほとんどなくなった。必修の教科書では、中国と日本を含む先進国の貿易額の比較[167]、G8首脳会議と国連常任理事国首脳会議の写真を共に掲載して、国際構造におけるスーパーパワーとして米、EU、露、中、日を列挙し[168]、日本は政治大国の地位を追求しているとし、日本を中国の競争相手としても描くようになった[169]。また、日米のアニメなどの文化産業の発展、国際的な収益にも言及し、中国の文化も海外に普及させるべきであることも指摘している[170]。同時に、過去の版と変わらず、外来思想文化の影響に正しく対応し、各国人民の先進的な文明の成果に学ぶとともに、西側の敵対勢力の我が国に対する西洋化、分裂の陰謀に警戒しなければならない、とも記載されている[171]。

また、06,07年版の選択の教科書では、戦後の日本の発展について詳しく説明されるようになった。特に、戦後の日本の経済発展について、米の日本

占領下における日本の政治改革が不徹底だったとしつつも、日本の戦後の経済成長の根源は、財閥解体、独占・寡占の禁止、農地改革、労働関連法の制定、政府の重点分野（50年代の鉄鋼、石炭、電力、60年代の鉄鋼、合成繊維、石油）への傾斜政策、環境保護対策、労働者のアイデアを経営陣に提起するシステムなどの企業の管理方式にあるとし、日本のみ車が行きかう大通りや、工場の生産ラインの写真を複数掲載して説明しており、戦後の日本の経済政策について高く評価している[172]。他方で、戦後の日本の政治については、英と同様に立憲君主制であることのみが述べられているに過ぎない[173]。資本主義国の制度としては、米の連邦制、三権分立、英の立憲君主制、仏の民主共和制を説明しているが、いずれも資産階級のための統治の道具にすぎず、広範な労働者の民意を代表することはできないとし、中国の社会主義制度の優越性を強調している[174]。すなわち、戦後の日本の経済発展については学ぶところもあり、評価しているが、資本主義制度をとった戦後の日本の政治面は評価できないというのが、本音であろう。

　また、科学技術の悪用の例として、写真を掲載して戦争中の日本の731部隊（注：日本の残虐行為にカウント）、米による広島、長崎への原爆投下（注：日本の戦争被害にカウント）、独によるアウシュビッツでの毒ガス使用を列挙し、日本の残虐行為を各国の残虐行為とともに相対化し、科学技術の倫理問題として論じている[175]。なお、06,07年版では、日本の対中ODAについては全く言及がない（図42）。

　以上を総括すると、87-91年版は、日本の経済発展、環境問題につき簡単に言及するのみだったが、97、98年版では、日本の資本主義制度の問題点が共産党の政権の維持、社会主義制度の優越性を説明するための材料として描かれた。06,07年版では、日本は中国の競争相手として描かれ、日本の戦後の経済成長の面では学ぶところがあるとしつつ、政治面では社会主義制度の方が優れているとし、政治、経済の面では異なる評価を行うようになった。

　対中経済協力については高校の政治教科書では、87-91年版、97、98年版

では、1960、70年代の日本輸出入銀行のアンタイドローンを紹介していたが、06,07年版ではかかる記述はなくなった。

第5節　第一の仮説の検証：
抗日戦争の位置づけ

本章を締めくくるにあたり、本研究の第一の仮説「中国の教科書の対日記述は、共産党が抗日戦争を戦って新中国を建設し、初めて人民を国の主人にしたという党の『正しい歴史観』を強調し、共産党の正当性を維持するための思想工作である。中国の教育において、日本は重要なキャラクターで、日中の戦争の記述の分量も多い。」の成否を検討したい。

第1項　91年の近代現代史・国情教育の強化は江沢民のイニシアチブか

はじめにの第1節第1項で述べたとおり、先行研究は、天安門事件の影響を受けた91年の江沢民の近代現代史、国情教育の強化の指示により、近現代史教育が強化されたと指摘している。しかし、本章で分析したとおり、実際には、中学、高校における歴史教育、特に抗日戦争に関する教育の強化は86年の「教学大綱」改訂から始まっており、江沢民の指示より前の1990年に「中国近代現代史」、「古代史」が新たに高校のカリキュラムに設定されていた。91年の江沢民の指示を受けて、国家教育委員会より改めて歴史、地理、語文、政治科目に対しそれぞれ具体的な指示が出されたが、政治科目を除いて「教学大綱」の大きな変更はなく、教科書の内容も微調整に留まった。ここから、江沢民の指示で近現代史・国情教育が強化されたのではなく、国家教育委員会で既に近現代史教育強化の流れが生じており、江沢民の指示はその流れをエンドースしたに過ぎないことがわかる[176]。

90年代の教科書はイデオロギー色が強く、西側諸国の「和平演変」の企みに警戒すべく、西側資本主義国の矛盾を指摘し、社会主義制度の優越性を強調していた。過去の歴史の中で資本主義国は帝国主義化し、対外拡張を行

い，植民地の人々を抑圧、搾取したと描かれており、その中で日本の侵略は強調されていった。この時期の教科書は、抗日戦争に関する分量も増えている[177]。「教学大綱」版の教科書については、第一の仮説は成立するものと思料される。

第2項　抗日戦争の位置づけの低下

　21世紀に入り教科書は、「教学大綱」から「課程標準」に基づくものへと変化してきた。第1章第1節で述べたとおり、「教学大綱」は教育部の指示で、人民教育出版社が一部の教育機関と協力して作成しており、教科書の内容を詳細に規定していた。これと対照的に、「課程標準」は各地方の教科書執筆者の参加を得て作成され、教科書の内容は項目の指定に止まり、教科書執筆者に比較的大きな裁量を与えている。

　中学の「中国歴史」は、1980から1990年代は日本の侵略についての記述量が多かった。抗日戦争部分の改訂としては、86年版の変化が最も多く、記述量は大幅に増大した。他方で、90年代の教科書は、江沢民の近現代史教育強化の指示があるにもかかわらず、日本の侵略の記述量は微減している。2000年代に入り、対日記述の文字数は大幅に減少し、日本の侵略の文字数も大幅に下落した。抗日戦争における共産党の功績の記述も減少した。教科書全体における対日記述の割合も、80年代は7から8％強を占めていたが、90年代は3％弱、2000年代は2％弱まで下がっている。他方で、対日記述のうち日本の侵略の割合は高く7,8割を占めている。日本の残虐行為の割合も高い。

　中学の「世界歴史」は、教科書に占める対日記述は2％と低く、ファシズム国家の一つとしての日本との戦争、国を近代化させた明治維新、古代の日本史、戦後日本の発展、現在の日本の政治大国化、軍備拡張の野望など正負両方の面から描いている。

　高校の歴史は、80年代前半は「世界歴史」のみが教えられ、ファシズム国家の一つとして日本との戦争は描かれ、独、伊の戦争と並んで相対化され、日本の侵略は正面から描かれていなかった。90年代に「中国近代現代

史」が必修として設置され、日本の侵略に関する文字数が大幅に増えたが、その内容は中学の「中国歴史」とほぼ同じであった。高校の歴史教科書では、日本の残虐行為の占める割合は中学より低い。教科書における対日記述の割合は、1990、2000年代前半の3～5％から、今世紀の「課程標準版」になり1％近くまで低下した。日本の侵略の文字数も割合も減少し、選択の教科書ではあるものの国を近代化させた明治維新の記述量が日本の侵略の記述量を上回った。国の発展を重視する「文明史観」に基づくと、明治維新が高い評価を受け、抗日戦争に対する評価は低下することがわかる。

　地理の教科書は、「課程標準」版になると、グローバル化、改革開放、現代化建設に対応するための変革が行われた。中学、高校の地理の教科書で対日記述の占める割合は極めて低く、1％に満たない。「課程標準」版の教科書では、日本地理、日本の経済発展、文化、環境問題、防災技術、アジア地域経済への影響、人口問題など、日本から学ぶべきところも記載された。他方で、06年以降は日本の「漁業乱獲」、「汚染排出企業の海外移転」等も掲載され、尖閣諸島も教科書化され、現代の日本への懸念も示されている。

　政治科目では、対日記述の占める割合はほぼ1％以下である。90年代は資本主義国の中国に対する「和平演変」の企みに警戒するため、資本主義国である日本の抱える矛盾を多く指摘していた。しかし、07,08年以降の「課程標準」版では、経済と政治面で分けて対応し、日本の経済発展の学ぶべきところは学ぶという姿勢の記述になり、日本の資本主義国としての矛盾に関する記述はなくなった。

　例外は、語文である。「課程標準」の時代に入り、教科書に掲載する作品の選択は自由化され、共産党の功績を強調した作品は減少し、人文的、文化的作品が多く掲載されるようになった。中学の語文は、1980から1990年代は日本の侵略を正面から取り上げた作品は少なく、共産党の功績などを主題とした作品が一部抗日戦争に言及したのみであった。しかし、2000年代に入り、日本の侵略を主題としたもののみならず、現在の日中の歴史認識問題を取り上げた作品も掲載され、日本に関するマイナスの内容の作品の占める割合が上昇した。現在の教科書における日本関連作品は4％弱で、1980、90

年代より減少したものの、他教科に比べて多い。

　高校の語文は、日本に関する作品数及び日本の侵略に関連した作品数は、06,07 年まで一貫して減少したものの、現在も使用されている 2014 年「課程標準」版になって増えている。教科書における日本に関連する作品が占める割合も 1980、90 年代から 06,07 年にかけて 10％から 4％まで減少したが、2014 年「課程標準」版では選択科目まで含めると 7％強に増えた。2014 年版では日本の侵略以外にも、日本社会の矛盾を描く作品が掲載されるようになっている。

　以上より、21 世紀に入り、語文以外の教科では、対日記述の文字数及びその教科書に占める割合は小さくなっていることがわかった。これは本章で述べたとおり、「課程標準」が 21 世紀に入り、グローバル化の中で国民の教育レベルの向上を目指し、教科書の記述内容を多様化させたためであり、中国の教科書における日本の重要性は低下しつつあることを示している。教科書編集者による、これまでの試験対策の暗記中心の教育から、学生が主体的に学び、生活で実用可能な教育内容へ、世界との競争に勝てる教育内容へと改革しようとの努力がうかがわれる。

　かかる流れの中で、これまで共産党の正当性の根拠となっていた抗日戦争の位置づけは、歴史や政治の教科書では低下していることがわかった。また、中国の現代化建設のために、日本の様々な面、例えば近代化を実現した明治維新や、戦後の財閥解体などの経済改革、日本の公害、防災、人口問題などの経験から学ぼうとしている面もある。

　他方で、日本に関するマイナスの記述量は減少していても、日本の侵略や残虐行為、「漁業乱獲」、「汚染排出企業の海外移転」、政治大国化、「軍拡」などの日本への警戒は、依然として指摘されている。さらに、語文の教科書は、掲載作品を多様化させたが、日本については抗日戦争に関する作品の割合を増大させた。ここから、記述内容を多様化させても、日本に対する警戒は忘れないとの態度が読み取れる。

　以上から、第一の仮説「中国の教科書の対日記述は、共産党が抗日戦争を

戦って新中国を建設し、初めて人民を国の主人にしたという党の『正しい歴史観』を強調し、共産党の正当性を維持するための思想工作である。中国の教育において、日本は重要なキャラクターで、日中の戦争の記述の分量も多い。」の成立は難しくなりつつあることがわかる。教科書における日本の侵略の位置づけは低下しつつあり、教科書編集者は、共産党政権の正当性の維持の根拠をもはや抗日戦争を戦ったことに求めるのではなく、世界への開放、グローバル化の中での中国の経済発展の維持、そのための人材の育成へと転換しつつあると思われる。日本への警戒の必要性は指摘しつつも、教科書は、抗日戦争を戦ったということに共産党政権の正当性を求めることから、脱却しつつあることがわかる。

〈注〉

1　政治の教科書の一部が、人民教育出版社版が入手できず、国家教育委員会編纂で北京師範大学の出版であるが、国家教育委員会の編纂であれば、人民教育出版社のものと性質は変わらないものと思われるため使用した。。
2　「1980年全日制十年制学校中学歴史教学大綱」中国教育部課程教育研究所『20世紀中国中小学課程標準・教学大綱匯編：歴史巻』（人民教育出版社、2001年）386-387頁
3　同上 388頁
4　「1986年全日制十年制学校中学歴史教学大綱」中国教育部課程教育研究所『20世紀中国中小学課程標準・教学大綱匯編：歴史巻』（人民教育出版社、2001年）448頁
5　同上 449頁
6　前掲課程教材研究所編『新中国中小学教材建設史（1949-2000）研究丛书 历史巻』290-291頁
7　「1986年全日制十年制学校中学歴史教学大綱」中国教育部課程教育研究所『20世紀中国中小学課程標準・教学大綱匯編：歴史巻』（人民教育出版社、2001年）449頁
8　「1980年全日制十年制学校中学歴史教学大綱」中国教育部課程教育研究所『20世紀中国中小学課程標準・教学大綱匯編：歴史巻』（人民教育出版社、2001年）386、448頁

第 2 章　中国の教科書に描かれた日本：歴史、地理、語文、政治　　101

9　「1990 年全日制中学歴史教学大綱」中国教育部課程教育研究所『20 世紀中国中小学課程標準・教学大綱彙編：歴史巻』（人民教育出版社、2001 年）540-541 頁

10　前掲課程教材研究所編『新中国中小学教材建設史（1949-2000）研究丛书 历史卷』388 頁

11　前掲課程教材研究所編『新中国中小学教材建設史（1949-2000）研究丛书 历史卷』293 頁

12　「1990 年全日制中学歴史教学大綱」中国教育部課程教育研究所『20 世紀中国中小学課程標準・教学大綱彙編：歴史巻』（人民教育出版社、2001 年）655 頁

13　前掲課程教材研究所編『新中国中小学教材建設史（1949-2000）研究丛书 历史卷』294 頁

14　前掲課程教材研究所編『新中国中小学教材建設史（1949-2000）研究丛书 历史卷』424 頁

15　「1992 年　九年義務教育全日制初級中学　歴史教学大綱（試用）」『20 世紀中国中小学課程標準・教学大綱彙編：歴史巻』（人民教育出版社、2001 年）656-658 頁

16　近代史の時代区分の変更の理由として、五四運動の時期は中国はいまだ半植民地・半封建社会であり、アヘン戦争以降の社会の状態と何ら変わりはない、新中国の成立により中国の半植民地・半封建社会の終息、社会主義社会の開始を意味するとの史学界で主流となった見解を取り入れたものであると説明されている。前掲課程教材研究所編『新中国中小学教材建設史（1949-2000）研究丛书 历史卷』384 頁

17　「1996 年　全日制普通高級中学歴史教学大綱（試用）」『20 世紀中国中小学課程標準・教学大綱彙編：歴史巻』（人民教育出版社、2001 年）689-690 頁

18　前掲課程教材研究所編『新中国中小学教材建設史（1949-2000）研究丛书 历史卷』490-491 頁

19　前掲課程教材研究所編『新中国中小学教材建設史（1949-2000）研究丛书 历史卷』290、292、357、443、489 頁

20　前掲課程教材研究所編『新中国中小学教材建設史（1949-2000）研究丛书 历史卷』384 頁、425 頁

21　中華人民共和国『普通高中歴史課程標準（実験）』（人民教育出版社、2003 年）1 頁

22　同上 2 頁

23 同上 4 頁
24 同上 5 頁
25 前掲　中華人民共和国『普通高中歴史課程標準（実験)』（人民教育出版社、2003 年）3 頁
26 同上
27 同上。しかし実際には、学生には選択権はなく、学校が入試対策の観点から選択する教科書を決定し、形を変えた必修教材と同じであるとの批判がなされている。信丹娜，皷方红「普通高中选修课实施现状及策略研究」『鞍山師範学院学報』（鞍山師範学院、2013 年第 5 期）、91-93 頁。第 5 章のインタビュー調査を行った中国留学生からも同様の指摘がなされている。
28 中国の教科書では当時の日本について中国を「侵略」する「帝国主義国」の一つとして書かれていることから、「中国を侵略する帝国主義国」の一つと分類した。以降「」を省略する。
29 中国の教科書では「侵略」との観点で書かれていることから、日本の「侵略」と分類した。本稿では以降「」を省略する。
30 中国の教科書では「残虐行為」として書かれていることから、日本の「残虐行為」と分類した。本稿では以降「」を省略する。
31 当時の日本軍による抗日根拠地に対する掃討は、焼き尽くし、殺しつくし、奪いつくす「三光政策」と言われた。
32 『初級中学課本　中国歴史第四冊』（人民教育出版社、1982 年出版、1986 年印刷）「説明」部分
33 これらの内容の増加した背景については、第 3 章で詳述する。
34 96-97 年の教科書の総文字数は 941000、02-04 年の総文字数は 576000 で、3 分の 2 ほどに減らされた。
35 1986 年の教科書の総文字数は 339000 字、1992-94 年の教科書の総文字数は 954000 字。教科書の文字数が増加した背景として①新中国成立後の 1992 年の第 14 回党大会までの現代史も扱うようになったこと、②課の冒頭に囲みで導入の記述を入れ、課の内容の要約、疑問の提起などを入れたこと、③課外講読の内容を新たに入れたこと、④歴史的な文献資料や図表を入れたこと、⑤教科書のサイズが大きくなったことなどが背景にある。前掲課程教材研究所編『新中国中小学教材建设史（1949-2000）研究丛书 历史卷』435-441 頁
36 中国の教科書が当時の日本を「ファシズム国家」の一つとして描いていることから「ファシズム国家」の一つとしての日本と分類した。本稿においては、以降

第 2 章　中国の教科書に描かれた日本：歴史、地理、語文、政治

「」を省略する。

37　『九年義務教育三年制初級中学教科書世界歴史第二冊』（人民教育出版社、1994 年出版、1994 年印刷）130-131 頁

38　『義務教育課程標準実験教科書世界歴史九年級下冊』（人民教育出版社、2003 年出版、2004 年印刷）54-55 頁

39　同上 57 頁

40　同上 91 頁

41　「颁发『全日制十年制中小学教学计划试行草案』的通知」 附「全日制十年制中小学教学计划试行草案」1978 年 1 月 18 日

　　「颁发『全日制六年制重点中学教学计划试行草案』、『全日制五年制中学教学计划试行草案』的修订意见的通知」 附 「关于制定全日制六年制重点中学教学计划试行草案的几点说明」　1981 年 4 月 17 日

42　抗日戦争はファシズム国家による戦争の中で描かれていたため、図 11 の⑪ファシズム国家の一つとしての日本にカウントした。

43　『20 世纪中国中小学课程标准 教学大纲汇编 历史卷』 中国教育部课程教材研究所 人民教育出版社　2 頁、「关于印发现行普通高中教学计划的调整意见的通知 中华人民共和国国家教育委员会」 附件一 「现行普通高中教学计划的调整意见」,「全日制中学历史教学大纲（修订本）」1990 年

44　『高級中学課本世界近代現代史上冊（必修）』（人民教育出版社、1991 年出版、1994 年印刷）126-132、178-179 頁

45　『高級中学課本世界近代現代史下冊（必修）』（人民教育出版社、1996 年出版、1998 年印刷）20 頁

46　『全日制普通高級中学教科書　世界近代現代史下冊（選択）』（人民教育出版社 2006 年出版、2006 年印刷）30 頁

47　前掲 『全日制普通高級中学教科書　世界近代現代史下冊（選択）』64-64 頁

48　前掲『全日制普通高級中学教科書　世界近代現代史下冊（選択）』65-66 頁

49　『全日制普通高級中学教科書　中国近代現代史下冊』（人民教育出版社、2006 年出版、2006 年印刷）26 頁

50　前掲『全日制普通高級中学教科書　中国近代現代史下冊』44 頁

51　今回入手できたのはいずれも 2007 年に出版されたものである。

52　『陶宝網』http://www.taobao.com/market/global/index_new.php　（2014 年 11 月 16 日　アクセス）

53　『人民教育出版社』http://www.pep.com.cn/gzls/js/tbjx/kb/dzkb/　（2014

年11月16日アクセス）

54 『普通高中課程標準実験教科書歴史　選択1　歴史上の重大な改革の回顧』（人民教育出版社、2007年出版、2013年印刷）106-120頁

55 85,86年版の日本の侵略が0になっているのは、ファシズム国家の一つとしての日本との戦争が書かれており、抗日戦争は日本の戦況の一部となり、また、独、伊との戦争と並列で描かれ相対化されていたため、日本の中国侵略に分類していないためである。

56 自然環境の変化や、地球の大気層、地層などを対象とする。教科書の内容は、日本でいうところの地学の内容に近い。

57 地域の文化、城市、社会、経済、旅行などの人々の活動を中心とした地理の内容。

58 课程教材研究所『新中国中小学教材建设史（1949-2000）研究丛书 地理卷』（人民教育出版社、2010年）2-3頁

59 同上 4-5頁

60 「1992年　九年義務教育全日制初級中学　地理教学大綱」課程教材研究所『20世纪中国中小学课程标准・教学大纲汇编：地理卷』（人民教育出版社，2001年）389-401頁

61 前掲课程教材研究所『新中国中小学教材建设史（1949-2000）研究丛书 地理卷』289頁

62 前掲课程教材研究所『新中国中小学教材建设史（1949-2000）研究丛书 地理卷』290頁

63 前掲课程教材研究所『新中国中小学教材建设史（1949-2000）研究丛书 地理卷』290-291頁

64 前掲课程教材研究所『新中国中小学教材建设史（1949-2000）研究丛书 地理卷』388頁

65 中華人民共和国『普通高中地理課程標準（実験）』（人民教育出版社、2003年）1頁

66 『全日制十年制学校初級課本（試用本）世界地理上冊』（人民教育出版社、1982年出版、1983年印刷）22頁、『全日制十年制学校初級課本（試用本）世界地理上冊』（人民教育出版社、1984年出版、1986年印刷）29頁

67 『九年義務教育三年制初級中学教科書地理第一冊』（人民教育出版社　1992年出版、1994年印刷）109-113頁

68 『義務教育課程標準実験教科書地理七年級下冊』（人民教育出版社、2008年出

版、2008 年印刷）20-21 頁

69 　同上 25-26 頁、図 19 において⑪日本への親近感の育成については、⑦日本の文化、⑧地震多発国としての日本、⑩日本への懸念と文字数が重なり見えにくいが、2008 年版で初めて記載され、⑦、⑧、⑩と同程度の文字数を占めている。

70 　同上 24 頁

71 　他方で、文系の大学入試では日本地理は重点であり（注：現在は、地方により入試制度が異なり、地理が必要となる地域もある。）、大学入試の参考書にも中学の地理教科書と高校の地理教科書の対日記述の両方の内容が掲載されている。中学の教科書の日本の気候、地形、産業、漁業から、高校の教科書にあった日本の原材料の対外依存状況が非常に高いことを示すグラフや、日本の産業種類の比率の変化などが記されている。（王樹声地理教学研究室『新版全国高考大纲新編教程 区域地理』、山東省地図出版社、2014 年、22-24 頁）また、インタビュー調査を受けた中国の方のうち複数が、高校の教科書に掲載されていないが、受験用参考書で日本地理を暗記したと回答した。

72 　『高級中学課本　地理下冊』（人民教育出版社、1986 年出版、1986 年印刷）、96 頁、『高級中学課本　地理下冊』（人民教育出版社　1995 年出版、1997 年印刷）、74 頁

73 　『高級中学課本　地理下冊』（人民教育出版社、1986 年出版、1986 年印刷）132-133 頁、『高級中学課本　地理下冊』（人民教育出版社　1995 年出版、1997 年印刷）、116-119 頁

74 　『高級中学課本　地理下冊』（人民教育出版社、1986 年出版、1986 年印刷）、122 頁、『高級中学課本　地理下冊』（人民教育出版社　1995 年出版、1997 年印刷）、106 頁

75 　『高級中学課本　地理下冊』（人民教育出版社、1986 年出版、1986 年印刷）、161 頁、『高級中学課本　地理下冊』（人民教育出版社　1995 年出版、1997 年印刷）、153-154 頁

76 　『普通高中課程標準実験教科書　地理 3　必修』（人民教育出版社、2009 年出版、2014 年印刷）、87-93 頁

77 　『普通高中課程標準実験教科書　地理 2　必修』（人民教育出版社、2009 年出版、2013 年印刷）、5 頁

78 　『普通高中課程標準実験教科書　地理 1　必修』（人民教育出版社、2008 年出版、2014 年印刷）、81 頁

79 　『普通高中課程標準実験教科書　地理　選択 2　海洋地理』（人民教育出版社、

2007 年出版、2013 年印刷)、84 頁。日本政府の立場は以下のとおり。1895 年 1 月、他の国の支配が及ぶ痕跡がないことを慎重に検討した上で、国際法上正当な手段で尖閣諸島を日本の領土に編入しており、尖閣諸島が日本固有の領土であることは歴史的にも国際法上も明らかであり、現に我が国はこれを有効に支配している。したがって、尖閣諸島をめぐって解決しなければならない領有権の問題はそもそも存在しない。

80 『普通高中課程標準実験教科書　地理　選択 2　海洋地理』(人民教育出版社、2007 年出版、2013 年印刷)、66 頁

81 「1972 年の廃棄物その他の物の投棄による海洋汚染の防止に関する条約の 1996 年の議定書の概要」『外務省ホームページ』〈http://www.mofa.go.jp/mofaj/gaiko/treaty/pdfs/treaty166_5_gai.pdf〉〔2014 年 12 月 21 日アクセス〕　中国も同議定書の署名国である。

82 『普通高中課程標準実験教科書　地理　選択 5　自然災害と防災』(人民教育出版社、2007 年出版、2014 年印刷)、19、75、79 頁

83 『普通高中課程標準実験教科書　地理　選択 6　環境保護』(人民教育出版社、2007 年出版、2014 年印刷)、16 頁

84 「1980 年　全日制十年制学校　中学語文教学大綱」『20 世紀中国中小学課程標準・教学大綱匯編 語文巻』人民教育出版社 2001 年　458-461 頁

85 「1986 年全日制中学語文教学大綱」『20 世紀中国中小学課程標準・教学大綱匯編 語文巻』人民教育出版社 2001 年　470-479 頁

86 「1988 年九年制義務教育　全日制初級中学語文教学大綱」『20 世紀中国中小学課程標準・教学大綱匯編 語文巻』人民教育出版社 2001 年　402-501 頁
「1990 年全日制中学語文教学大綱（修訂本)」『20 世紀中国中小学課程標準・教学大綱匯編 語文巻』2001 年　502-516 頁

87 「1991 年　中小学語文学科思想政治教育綱要（試用)」『20 世紀中国中小学課程標準・教学大綱匯編 語文巻』2001 年　517-523 頁

88 「1992 年九年義務教育全日制初級中学語文教学大綱」『20 世紀中国中小学課程標準・教学大綱匯編 語文巻』2001 年　524-534 頁

89 「1996 年　全日制普通高級中学語文教学大綱」『20 世紀中国中小学課程標準・教学大綱匯編 語文巻』535-540

90 「2000 年　九年義務教育全日制初級中学語文教学大綱」『20 世紀中国中小学課程標準・教学大綱匯編 語文巻』541-554 頁

91 課程教材研究所はこれを 20 世紀末の語文教育大討論と呼び、80 年代以降、教

員や専門家から問題提起があり、それまでの語文教育が機械化した訓練だと批判を受け、学生を敵にしている。教材が陳腐だ、指導者の文書が多すぎる、外国の作品が少なく、文書の解釈も既に決められており、人文的価値を失っており、語文教育はもっと審美感、感情、価値観の面での教育をすべきであると指摘を受けた。その結果、新たな「教学大綱」と「課程標準」は人文的な内容を増やすようになったと記載している。『新中国中小学教材建設史（1949-2000）研究从書・中学語文巻』課程教材研究所（人民教育出版社　2012年）401-402頁

92　「普通高中語文課程標準（実験）」2004年　人民教育出版社ホームページ http://www.pep.com.cn/dy_1/　（2014年10月30日アクセス）

93　「義務教育語文課程標準（2011年版）」人民教育出版社ホームページ　http://www.pep.com.cn/dy_1/　（2014年10月30日アクセス）

94　前掲『新中国中小学教材建設史（1949-2000）研究从書・中学語文巻』課程教材研究所（人民教育出版社　2012年）270-272頁

95　人民教育出版社ホームページ　http://www.pep.com.cn/gzyw/jszx/tbjxzy/ptgzjc/dzkb/　（2014年10月30日アクセス）

96　『普通課程標準語文選修中外伝記作品選読』人民教育出版社　http://www.pep.com.cn/gzyw/jszx/tbjxzy/kbjc/dzkb/zwzjzpxd/〔2014年10月30日アクセス〕

97　『普通課程標準語文選修映画名作鑑賞』人民教育出版社 http://www.pep.com.cn/gzyw/jszx/tbjxzy/kbjc/dzkb/ysmzxs/〔2014年10月30日アクセス〕

98　「高中语文选修课选择权的实现途径」『教育学术月刊』　2010年第2期

99　『初級中学課本語文第五冊』（人民教育出版社、1982年出版、1983年印刷）1-4頁

100　同上　17-26頁

101　『初級中学課本語文第一冊』（人民教育出版社、1981年出版、1982年印刷）10-20頁

102　『義務教育三年制初級中学教科書（実験本）語文第六冊』（人民教育出版社、1992年出版、1994年印刷）28-32、35-41頁

103　『義務教育三年制初級中学教科書（実験本）語文第三冊』（人民教育出版社、1990年出版、1992年印刷）347-350頁

104　『義務教育三年制初級中学教科書（実験本）語文第六冊』（人民教育出版社、1992年出版、1994年印刷）13-23頁

105　『義務教育三年制初級中学教科書（実験本）語文第二冊』（人民教育出版社、

1990 年出版、1990 年印刷）25-29 頁

106 『義務教育三年制初級中学教科書（実験本）語文第一冊』（人民教育出版社、1990 年出版、1992 年印刷）246-249 頁

107 『義務教育三年制初級中学教科書（実験本）語文第三冊』（人民教育出版社、1990 年出版刷、1992 年印刷）29-30 頁

108 『義務教育課程標準実験教科書語文七年級下冊』（人民教育出版社、2008 年出版、2008 年印刷）59-62 頁

109 同上 62-63 頁

110 『義務教育課程標準実験教科書語文八年級上冊』（人民教育出版社、2007 年出版、2008 年印刷）10-18 頁

111 『義務教育課程標準実験教科書語文九年級下冊』（人民教育出版社、2007 年出版、2008 年印刷）6-7 頁

112 『義務教育課程標準実験教科書語文八年級上冊』（人民教育出版社、2007 年出版、2008 年印刷）33-40 頁

113 『義務教育三年制初級中学教科書語文第五冊』（人民教育出版社、2001 年出版、2003 年印刷）73-76 頁

114 『高級中学課本語文第 4 冊』（人民教育出版社、1985 年出版、1986 年印刷）89-111 頁

115 『高級中学課本語文第 5 冊』（人民教育出版社、1984 年出版、1986 年印刷）22-31 頁

116 『高級中学課本語文第 6 冊』（人民教育出版社、1985 年出版、1986 年印刷）1-22 頁

117 『高級中学課本語文第 1 冊』（人民教育出版社、1983 年出版、1986 年印刷）75-86 頁

118 前掲『高級中学課本語文第 6 冊』60-89 頁

119 『高級中学課本語文第 2 冊』（人民教育出版社、1984 年出版、1986 年印刷）184-193 頁

120 前掲『高級中学課本語文第 2 冊』21-28 頁

121 『高級中学課本語文第 4 冊』（人民教育出版社、1985 年出版、1986 年印刷）171-179 頁

122 『高級中学課本語文第 6 冊』（人民教育出版社、1991 年出版、1995 年印刷）55-68 頁

123 『高級中学課本語文第 2 冊』（人民教育出版社、1995 年出版、1997 年印刷）

1-18 頁
124　前掲『高級中学課本語文第 2 冊』32-43 頁
125　『高級中学課本語文第 1 冊』（人民教育出版社、1990 年出版、1998 年印刷）199-203 頁
126　『高級中学課本語文第 3 冊』（人民教育出版社、1995 年出版、1998 年印刷）263-273 頁
127　『全日制普通高級中学教科書（必修）語文第 1 冊』（人民教育出版社、2003 年出版、2004 年印刷）44-46 頁、『全日制普通高級中学教科書（必修）語文第 1 冊』（人民教育出版社、2007 年出版、2008 年印刷）51-53 頁
128　『全日制普通高級中学教科書（必修）語文第 2 冊』（人民教育出版社、2003 年出版、2004 年印刷）90-93 頁、『全日制普通高級中学教科書（必修）語文第 2 冊』（人民教育出版社、2006 年出版、2006 年印刷）88-91 頁
129　『普通高中課程標準実験教科書語文必修 1』（人民教育出版社、2007 年出版、2014 年印刷）44-51 頁
130　『普通高中課程標準実験教科書語文必修 2』（人民教育出版社、2008 年出版、2014 年印刷）10-12 頁
131　前掲『普通高中課程標準実験教科書語文必修 1』32-35 頁
132　『普通高中課程標準実験教科書語文選択　中国現代詩歌散文鑑賞』（人民教育出版社、2006 年出版、2014 年印刷）
133　『普通高中課程標準実験教科書語文選択　外国小説選集』（人民教育出版社、2005 年出版、2014 年印刷）64-67 頁
134　『普通高中課程標準実験教科書語文選択　新聞購読与実践』（人民教育出版社、2006 年出版、2014 年印刷）74 頁
135　『普通高中課程標準実験教科書語文選択　外国詩歌散文鑑賞』（人民教育出版社、2007 年出版、2014 年印刷）98-101 頁
136　『中国現代詩歌散文鑑賞』については、新中国成立前の現代詩を題材としており、抗日戦争に関する題材が一定程度の割合を占めるのは、致し方ないとも考えられる。
137　例えば、1978 年 4 月、第一回教育工作会議において、鄧小平（当時は党副主席兼国務院副総理）は「学校は永遠に正しい政治的方向を堅持することを最優先とすること」、「革命の理想、共産主義の徳は、子供の頃から培うべきである」と述べた。また、1979 年 4 月の思想政治教育に関する座談会には、胡耀邦（当時は中央政治局委員）も出席している。1982 年 10 月の第 12 回党大会終了後間も

なく、教育部は政治教材の修正のための会議を開き、中央宣伝部副部長、教育部副部長が出席した。1984年政治科目のカリキュラムに関する会議にも、中央宣伝部副部長、教育部長が出席している。1985年4月には、胡喬木（当時は政治局委員）が、「中小学の政治科目の地位、役割と改革に関する構想」を出している。1985年8月には中共中央から「学校の思想品徳と政治理論カリキュラムの改革に関する通知」が出され、それを受けた政治カリキュラムの改革に関する構想についての座談会は、当時の教育部副部長であった彭佩云が主催している。また、1988年には、中共中央から、「中小学徳育工作の改革と強化に関する通知」が出されている。1989年11月には、第13期四中全会を受けて教科書に対する修正を行った。1994年には中共中央から、「学校の徳育工作を更に強化し改善するための若干の意見」が出された。そして、1997年の第15回党大会を受けて、教科書の内容に修正を加えている。（以上は、『新中国中小学教材建設史（1949-2000）研究丛书 政治卷』課程教材研究所、人民教育出版社、2012年、20-66頁）。また、2000年には、「3つの代表思想」を貫徹するために、中共中央及び国務院弁公庁から、「新たな情勢に適応し、更に中小学の徳育に関する政策を強化し、改善する意見」が出されている（以上は、『九年義務教育小学思想品徳和初中思想政治課課程標準』）。

138 「关于印发改进和加强中学政治课的意见的通知」1980年9月12日　『20世纪中国中小学课程标准 教学大纲汇编 思想政治卷 课程教材研究所编』（人民教育出版社 2001年）235頁

139 「关于落实中学思想政治课改革实验的通知」1985年11月18日　『20世纪中国中小学课程标准 教学大纲汇编 思想政治卷 课程教材研究所编』（人民教育出版社 2001年）266頁

140 「九年义务教育全日制初级中学思想政治课教学大纲」300-301頁 「全日制思想政治课教学大纲」327-328頁『20世纪中国中小学课程标准 教学大纲汇编 思想政治卷 课程教材研究所编』（人民教育出版社 2001年）

141 『九年义务教育 小学思想品德课和初中思想政治课课程标准』1-2頁 中华人民共和国教育部 人民教育出版社 2008年

142 『普通高中思想政治课程标准』1-2頁　中华人民共和国教育部 人民教育出版社 2007年

143 以上は『公民（試用本）上冊』、『公民（試用本）下冊』（人民教育出版社、1989年出版、1989年印刷）

144 以上は『中国社会主義建設常識（上冊）』、『中国社会主義建設常識（下冊）』

（人民教育出版社、1990 年出版、1990 年印刷）

145　以上は『社会発展簡史　上冊』（人民教育出版社　1985 年出版、1986 年印刷）、『社会発展簡史　下冊』（人民教育出版社、1985 年出版、1986 年印刷）

146　『社会発展簡史下冊』（人民教育出版社、1985 年出版、1986 年印刷）13,23-27 頁

147　『中国社会主義建設常識上冊』（人民教育出版社、1990 年出版、1990 年印刷）69-70 頁

148　同上 82 頁

149　『公民（試用本）上冊』（人民教育出版社、1989 年出版、1989 年印刷）105 頁

150　『思想政治一年級上冊』（人民教育出版社、1993 年出版、1997 年印刷）33 頁、53-54 頁、60-61 頁、『思想政治一年級下冊』（人民教育出版社、1993 年出版、1998 年印刷）25-26 頁

151　前掲『思想政治一年級上冊』16 頁、『思想政治二年級下冊』（人民教育出版社、1993 年出版、1998 年印刷）62、71-74 頁

152　前掲『思想政治二年級下冊』84,85、111-114 頁

153　『義務教育課程標準実験教科書思想品徳九年級』（人民教育出版社、2004 年出版、2008 年印刷）68-69、119 頁

154　『義務教育課程標準実験教科書思想品徳八年級上冊』（人民教育出版社、2004 年出版、2008 年印刷）62 頁

155　同上　116 頁

156　『高中実験課本経済常識（下冊）』（人民教育出版社、1987 年出版、1987 年印刷）54、82-84 頁

157　『高級中学課本科学的人生観（下冊）』（人民教育出版社、1989 年出版、1989 年印刷）45 頁

158　同上 86 頁

159　同上 59 頁

160　『高級中学試用課本思想政治一年級上冊』（北京師範大学、1994 年出版、1997 年印刷）64 頁

161　同上 83 頁

162　同上 86-87 頁

163　同上 95-100 頁

164　『高級中学試用課本思想政治三年級』（北京師範大学、1993 年出版、1997 年印刷）14 頁

165 前掲『高級中学試用課本思想政治一年級上冊』131-132頁

166 『高級中学試用課本思想政治　一年級下冊』(北京師範大学、1993年出版、1998年印刷) 110頁

167 『普通高中課程標準実験教科書思想政治1必修経済生活』(人民教育出版社、2007年出版、2007年印刷) 108頁

168 『普通高中課程標準実験教科書思想政治2必修政治生活』(人民教育出版社、2007年出版、2007年印刷) 95頁

169 同上 102頁

170 『普通高中課程標準実験教科書思想政治3必修文化生活』(人民教育出版社、2007年出版、2007年印刷) 22-23頁

171 同上

172 『普通高中課程標準実験教科書思想政治選択2経済学常識』(人民教育出版社、2007年出版、2007年印刷) 53,55,56頁

173 『普通高中課程標準実験教科書思想政治選択3国家と国際組織の常識』(人民教育出版社、2007年出版、2007年印刷) 7頁

174 同上

175 『普通高中課程標準実験教科書思想政治選択6公民道徳と倫理に関する常識』(人民育出版社、2005年出版、2006年印刷) 63,76頁

176 共産党史を中心とする近現代史研究の強化は、1982年2月に設置された「中央党史領導小組」のもとで行われており、同小組の活動は1991年の共産党成立70周年前後にピークを迎えており、共産党政権の正統性に関するプロパガンダが活発に行われた。

177 90年代の中学の「中国歴史」教科書の日本の侵略の記述は微減しているが、高校に「中国近代現代史」が設けられたため、日本の侵略について学ぶ量はトータルでは増加していると言って良い。

第3章　記述内容の変化とその背景：
抗日戦争を題材に

　以下では、中学と高校の人民教育出版社の歴史教科書の抗日戦争の記述内容の変化及びその背景を分析する。第二の仮説「中国の教科書は、日本に対する悪感情を利用しようとする政権の意図のもとに、日本を悪く描いている。」を検証していきたい。

第1節　1983年版　中学『中国歴史』

　第2章第1節で述べたとおり、80年代は、中学で『中国歴史』を、高校で『世界歴史』を学習していた。抗日戦争は中学でのみ取り上げられていた。よって、ここでは、83年の中学の『中国歴史』に書かれた抗日戦争を分析する。

表1　83年版　中学『中国歴史』（要約）[1]

第一章全国の抗日戦争の開始	第一節盧溝橋事変と抗日民族統一戦線の成立	盧溝橋事変	日本帝国主義は長く企んでいた対中全面侵略戦争を発動した。1937年7月7日夜、日本軍は兵士1名の失踪を理由に宛平城の捜査を要求、我が軍が拒否すると日本軍は宛平城を攻撃。盧溝橋事変勃発。共産党は民族統一戦線の結成、抗日のための電報を発出。河北の人民の抗戦への参加。学生団体、救国会等による抗日運動。義勇軍の戦闘への参加、市民の前線への食料支援。全国的な人民の抗日運動へと発展。
		抗日民族統一戦線の形成	共産党は国共合作宣言発出を提案。国民政府は投降、妥協を準備。上海での八・一三事変により蒋介石集団と英米の利益の損失。国民政府はやむを得ず対日作戦を実施。紅軍は国民政府の八路軍、新四軍へ。国民党は国共合作宣言を発出し、共産党の地位をやむを得ず承認し、抗日民族統一戦線が成立した。

第一章全国の抗日戦争の開始		国民党の一面だけの抗戦の失敗	国民党は人民の力の成長を恐れ、政府と軍隊のみの一面的な抗戦を実施。上海で国民党軍の四行倉庫防衛のための激戦は、人民を動員せず敗退。上海撤退、南京陥落。中国の軍民の力を合わせた台児庄戦役の勝利。勝利で頭がぼんやりした国民党は徐州で敗退。日本軍を阻止するために国民党軍は花園口の黄河堤防を爆破し、人民80万人を溺死させ、1200万人を被災させた。広州、武漢陥落。国民政府は重慶に移転。日本軍の残虐行為。南京大虐殺。平和な市民が射撃の的にされ、刀の練習台にされ、油をかけて焼かれ、生き埋めにされ、心臓を抉り出された。調査によると、30万人以上が殺害された。南京は死体と瓦礫の山のこの世の地獄に。敵の凶悪残忍さは、全国人民の憤慨を引き起こす。
	第二節敵の後方の抗日根拠地の樹立	敵の後方の抗日根拠地の樹立	共産党は洛川で会議を開催、全面的な全民族の抗戦を決定。毛沢東は「救国十大綱領」を発表し、敵の後方でのゲリラ戦実施、抗日根拠地樹立、国民党統治区での抗日運動実施を決定。日本の侵略軍は山西へ進攻し、国民党軍は潰走した。八路軍の平型関での勝利は、抗日戦争開始後の初めての大勝。八路軍は抗日根拠地を樹立し、敵の後方を抗日の前線に変えた。聶栄臻による抗日根拠地の樹立。河北では回族も参加。抗日根拠地の山西、河北、チャハルでの成立。山東で国民党軍が潰走した際、共産党の指導で学生、農民がゲリラ戦を実施。山東、江蘇南部、安徽東部、広東にて抗日根拠地を樹立。八路軍、新四軍が抗日戦争の主力に。共産党中央の所在地・延安は抗日戦争の指導の中心となった。世界の人民が抗日戦争を支援。ソ連の援助、ベチューンの医療部隊、国外華僑による支援。
		中国共産党の持久戦の方針	汪精衛ら親日派は降伏を準備。蔣介石集団は中国共産党が指導する人民による戦争を抑圧するため、英米の力で早期の勝利を目指す。毛沢東「持久戦を論じる」発表、持久戦、全人民の動員を主張。
第二章中国共産党の抗	第一節国民党の投降及び反共に対する闘争	抗日戦争は持久戦へ	抗日戦争は持久戦段階へ。中国共産党は敵の背後でゲリラ戦を実施。日本帝国主義は主力兵で八路軍と新四軍に対応し、国民党に対しては投降工作を主とし、軍事的手段は副とする。日本の近衛首相の「善隣友好、共同防共、経済提携」声明。汪精衛は南京に傀儡政府を樹立。蔣介石集団は消極的な抗日、積極的な反共（溶共、防共、限共、反共）の方針で、日本の侵略者と秘密裏に協

第3章 記述内容の変化とその背景

戦の堅持と投降に反対するための闘争			議。
		中国共産党、国民党の第一次反共運動を退ける	陝西、甘粛などの抗日根拠地の国民党軍による包囲。山東、湖南、山西での国民党軍による新四軍、八路軍への攻撃。共産党は人民と協力し、これを退ける。抗日根拠地は更に強固なものになった。
		「新民主主義論」発表	国民党は三民主義が全ての革命を包摂するとし、共産党の解体を主張。毛沢東「新民主主義論」発表。
		中国共産党、国民党の第二次反共運動を退ける	安徽省で新四軍9千名が国民党軍に囲まれ、ほとんどが犠牲になった(「皖南事変」)。新四軍の軍番号の取り消し。共産党はこれに反駁、新四軍を再建。新四軍は蒋介石軍と傀儡軍の共同の攻撃を撃退。全人民の批判により蒋介石は孤立。新四軍の拡大、江蘇、安徽における抗日根拠地の拡大。
	第二節 解放区防衛の困難な闘争	百団大戦	国民党の投降を阻み、敵の抗日根拠地に対する封じ込めを破壊するため、八路軍の百団は日本の侵略軍に大規模な攻撃を実施。敵の交通線と傀儡政府の拠点を破壊。敵は抗日根拠地を掃討。3ヶ月にわたる百団大戦は華北の各省に及び、抗日戦争以来最大の勝利をおさめる。
		解放区の困難	日本帝国主義は抗日根拠地へ野蛮な「掃討」、「三光」政策を実施。ゲリラ区では「蚕食」政策で徐々に抗日根拠地を縮小し、占領区域では「清郷」政策を行い、保甲制度を強化し、抗日人士を逮捕した。国民党の頑固派も解放区を包囲した。日本の侵略軍、傀儡軍、国民党軍の共同の攻撃により解放区は大きな困難に直面。
		政権の樹立と大生産運動	共産党は解放区で抗日民主政権を樹立し、大生産運動を実施。
		整風運動	共産党は党員に対し、自己思想の検査、自己批判運動を実施。これを通じ、全党は団結し、抗日戦争及び新民主主義革命の全国的な勝利のために思想的な基礎を打ち立てた。
		反「掃討」、反「蚕食」、反「清郷」の闘争	共産党は反「掃討」政策を実施。軍、ゲリラ隊、民兵が協力し、「狼牙山の五壮士」など無数の英雄の物語が生まれた。河北中央平原で八路軍は人民と協力し、敵と傀儡軍1万人を殺した。民兵は地雷戦、地下道戦を実施。

			抗日根拠地では、子供たちも闘争に参加した。
	第三節 四大家族の暗黒の統治と国民党統治区の民主運動	四大家族の暗黒の統治	国民党は帝国主義と結託し、人民から略奪。蒋介石をはじめとする四大家族は官僚資本主義化し、市場を独占した。物価も上昇。国民党は第三次反共運動を実施。延安攻撃を準備した。共産党はこれに反撃し、全人民も反対した。
		国民党の河南、湖南、広西の戦場での大敗退	河南、長沙で国民党軍は逃走した。日本は南寧を占領し、日本の交通線が開通。8ヶ月で河南、湖南、広西、広東の大部分と貴州の一部が陥落した。
		国民党統治区の民主運動	全国人民は国民党の一党専制を非難。河南、湖北、湖南で農民は、国民党の搾取に反対して蜂起した。重慶、成都などの学生、大学教授も国民党のファシズム統治を非難。各民主党派は共産党を支持、周恩来は愛国華僑の陳嘉庚を毛沢東に紹介。
第三章 抗日戦争の勝利		中国共産党第7回全国大会	1944年の1年で、八路軍と新四軍の作戦は2万回に及び、敵26万人を消滅させた。党が指導する人民軍は91万人、民兵は220万人に。北から南まで19の解放区が成立。人口は9500万人に。日本軍は鉄道沿線の大都市に引きこもった。中国共産党は延安で第7回全国大会を開催。毛沢東の演説「連合政府を論じる」。
		抗日戦争の勝利	ソ連の対日宣戦。毛沢東は最後の一戦の号令を出し、人民軍は大規模な反撃を実施。国民党の頑固派は米帝国主義から支援を得て新たな内戦を準備。日本帝国主義は無条件投降。8年の抗日により、人民軍は日本軍52万人、傀儡軍118万人あまりを殲滅。人民軍は120万人、解放区の人口は1億に。抗日戦争の勝利は、植民地もしくは半植民地の人民が残虐な帝国主義国家を打ち負かす道を開き、侵略に反対した戦争の徹底的勝利という凱歌を作った。

　83年版の教科書では、抗日戦争は以下のラインで書かれている。盧溝橋事変発生後、国民党政府は抗日に消極的な態度をとり、やむを得ず国共合作を開始した。人民を動員しない国民党軍は次々と敗退した。そして、共産党の指導で人民が抗日活動を行い、義勇軍を結成して戦った。共産党は敵の後方に根拠地を樹立し、ゲリラ戦を戦った。蒋介石は秘密裏に日本と投降につ

いて協議を行っており、人民を動員した共産党軍が抗日戦争の主力となった。日本・傀儡軍・国民政府の三者が抗日根拠地を包囲し、共産党は困難な状況に陥ったが、人民が団結して困難を克服した。共産党は人民を動員して日本に対する反「掃討」作戦を実施した。同時に、人民は、国民党のファシズム統治に対してデモを行った。共産党軍の活躍で日本は都市に引きこもった。ソ連が対日宣戦し、共産党軍も日本に大規模な攻撃を行い、日本を降伏させた。国民党はその時既に米軍の支援で、既に共産党との新たな内戦を準備していた。すなわち、共産党が主力となって抗日戦争を戦い、国民党は消極的な抗日路線をとり次々と敗退した、ソ連の対日宣戦と共産党の大規模反撃により日本が降伏し、その際国民党は米の支援で内戦を準備していた、抗日戦争は第三世界の独立と解放の道を開いたとのラインで書かれており、まさに共産党政権の正統性を抗日戦争に求めている。

　江藤名保子は、従来の歴史解釈では、国民党は国家の危機を悪化させた集団として否定的に書かれていたとし、81年6月に採択された「建国以降の若干の歴史問題に関する決議」も同様の内容だったと指摘している[2]。確かに、同「歴史決議」は、「国民党統治集団が反共、反人民を継続し、消極的に抗戦し、そのため正面戦場で次々と敗退した。」とし、共産党が「人民に依拠」し、「敵の後方でゲリラ戦を展開」し、多くの抗日根拠地を樹立し、紅軍を八路軍、新四軍に改編し、東北の抗日連合軍とともに戦い、敵の陥落区と国民党統治区で様々な闘争を行った結果、抗日戦争の勝利をつかんだと解釈している[3]。基本的に83年の教科書は本「決議」のラインと一致している。

　また、課程教材研究所は、82年の改訂により新たに国民党軍による上海の四行倉庫防衛、台児庄の戦いを新たに加え、文化大革命の「四人組」の毒の粛清[4]、「左」の傾向の克服[5]を行ったとし、82年の教科書の編纂の時点で、国民党の正面戦場に対する再評価が進んでいたことを示している。これは、1979年1月には「中華人民共和国人民代表大会常務委員会の台湾同胞に告げる書」[6]が発表され、1981年9月には全人代委員長の葉剣英から「台湾の祖国復帰の実現と平和統一に関する方針の政策」[7]が出され、国民党に

対して第三次国共合作が呼びかけられたことの影響であろう。

なお、83年版の教科書では、「南京大虐殺」は、国民党の一面だけの抗戦の失敗の項目で、国民党軍による黄河の花園口の堤防破壊による人民80万人の溺死と並んで、日本軍による30万人以上の虐殺として詳細に描かれている。当時は、「南京大虐殺」は国民党による人民の虐殺行為と並ぶ扱いであったことがわかる。

第2節　1986年版　中学『中国歴史』

86年版の教科書に描かれた抗日戦争は、以下のとおりである。83年版と比べて変化した部分を下線で示した。

表2　86年版　中学『中国歴史』（要約）[8]

第一章全国の抗日戦争の開始	第一節盧溝橋事変と抗日民族統一戦線の成立	盧溝橋事変	日本帝国主義は長く企んでいた対中全面侵略戦争を発動し、盧溝橋事変が勃発。日本軍は7月7日夜、兵士1名の失踪を理由に宛平城の捜査を要求、我が軍が拒否すると日本軍は宛平城を攻撃。中国軍は勇敢に反撃。共産党は民族統一戦線の結成、抗日を呼びかける電報を発出。河北の人民の抗日への参加。学生団体、救国会等の団体が抗日運動を実施。全国的な人民の抗日運動へと発展。<u>全国の人民の支援のもと、盧溝橋の兵士は勇敢に日本の侵略者を攻撃。しかし、国民党は協議による平和的解決をめざし、日本政府に援軍を送る時間を与えた。</u>
		抗日民族統一戦線の形成	共産党の国共合作宣言の提案。<u>蒋介石は盧山談話を発表し、抗日を表明。</u>上海での八・一三事変。蒋介石集団と英米の利益の損失。<u>全国人民の抗日の圧力で国民政府は</u>やむを得ず対日作戦を実施。紅軍は国民政府の八路軍、新四軍へ。国民党は<u>共産党の提案による</u>合作宣言を発出、蒋介石は共産党の合法的地位を<u>承認する談話を発表。</u>抗日民族統一戦線の樹立。<u>抗日民族統一戦線の旗のもとで、国共合作を基礎とし、全民族の抗戦を開始。</u>
		<u>日本軍の全面的進攻と国民党の一面</u>	日本の侵略者は3ヶ月で中国を滅ぼすとの妄言を吐く。北平、天津占領ののち、日本の侵略者は華南、山東、山西へ侵攻。<u>国民政府「自衛実行、暴力への抵抗」の声明。</u>国民党は人民の力の成長を恐れ、政府と軍隊のみの

		だけの抗戦	一面的な抗戦を実施、戦場での重大な失敗を招く。
第二節 日本軍の全面的進攻と国民党の抗戦		淞滬会戦と南京陥落	淞滬会戦は蒋介石が総司令を兼任、国民党軍は勇敢に敵を攻撃し、一度は撃退した。日本軍の増派により激戦に。宝山県の激戦。謝晋元団長による四行倉庫防衛。国民党の撤退。3ヶ月にわたる激戦は3ヶ月で中国を滅ぼすとの日本の妄想を破産させる。国民党はあちこちで敗退し、南京が陥落した。国民政府は重慶へ移転。日本軍は南京占領後6週間にわたり市民を虐殺し、大きな罪を犯した。平和な市民が射撃の的にされ、刀の練習台にされ、油をかけて焼かれ、生き埋めにされ、川へ投げ込まれ、心臓を抉り出された。残忍で見るに耐えない。住民5千名あまりが機関銃で掃討され、投降した兵士5万7千名が掃討され、死んでいない者は刀で刺され、焼かれ、遺骨は川へ投げ込まれ、証拠は隠滅された。調査によると30万人以上が殺害された。南京は死体と瓦礫の山のこの世の地獄に。敵の凶悪残忍さは、全国自民の憤慨を引き起こす。
		太原会戦と徐州会戦	平型関会戦で、国民政府は敵を狙撃した。八路軍がこれに協力し、勝利をおさめた。抗日戦争開始後の初めての大勝。国民党軍8万人は忻口で防衛戦を実施、郝夢齢が犠牲になった。八路軍はこれを支援。太原が陥落した。徐州防衛のための台児庄会戦は、八路軍、新四軍の協力、国民党軍の頑強な狙撃で勝利をおさめた。徐州陥落。日本軍を阻止するため国民党軍は花園口の黄河堤防を爆破し、人民1200万人を被災させた。
		武漢会戦と失敗	国民政府による武漢会戦。日本軍の狂ったような進攻。ソ連志願兵の参加。武漢陥落。広州も陥落。盧溝橋事変から武漢、広州占領まで1年3ヶ月かかり、日本の侵略者の3ヶ月で中国を滅すとの方針は破産した。しかし、国民政府の一面的な抗戦がもたらした危害も大きかった。
第三節 敵の後方の抗日根拠地の樹立		共産党の全面抗戦路線	共産党は洛川で会議を開催、全面的な全民族の抗戦を決定。毛沢東の「救国十大綱領」発表。敵の後方でのゲリラ戦、抗日根拠地の樹立、国民党統治区での抗日運動展開を決定。
			国民党の太原防衛に協力した八路軍は平型関で勝利。雁門関、娘子関での八路軍の戦績。八路軍は敵の後方でゲリラ戦を実施し、抗日根拠地を樹立し、敵の後方を抗日

		敵の後方の抗日根拠地の樹立	の前線に変えた。聶栄臻による抗日根拠地樹立。河北では回族の参加。抗日根拠地が山西、河北、チャハルで成立。山東で国民党軍が潰走した際、共産党の指導で学生、農民がゲリラ戦を実施。山東、江蘇南部、安徽東部、広東にて抗日根拠地が樹立。<u>八路軍、新四軍は敵の後方を脅かし、国民党の正面戦場の作戦と力強く協力した。</u>共産党中央所在地の延安は抗日戦争の指導の中心となった。
		<u>愛国華僑の抗日戦争支援</u>	香港、マカオと外国の華僑も抗日戦争を支援した。<u>華僑の陳嘉庚らは物資、武器などを支援。華僑青年の帰国、参戦。</u>
		<u>世界の人民による中国人民の抗戦支援</u>	抗日戦争は世界の人民の支援を得た。ソ連の援助、ベチューンの医療部隊。<u>インドの医療隊も延安へ到着。米国の記者のエドガー・スノーらは中国人民の抗戦を世界に報道。</u>
		中国共産党の持久戦の方針	汪精衛ら親日派は降伏を準備。蔣介石集団は中国共産党が指導する人民による戦争を抑圧するため、英米の力で早期の勝利を目指す。毛沢東は「持久戦を論じる」を発表、持久戦、全人民の動員を主張。
第二章 抗日戦争は持久段階へ	第一節 日本侵略者の抗日根拠地への大掃討	<u>日本侵略者の方針変更</u>	武漢、広州陥落。<u>兵力不足、資源の欠乏、共産党の敵の後方でのゲリラ戦により、日本の侵略者は方針を転換。国民党に投降を誘導。主要な軍事力を八路軍と新四軍と抗日根拠地に向けた。占領区の軍事統治と経済略奪を強化。持久戦に。</u>近衛首相「善隣友好、共同防共、経済提携」声明。
		<u>汪精衛の投降、南京偽政権の成立</u>	日本による投降の働きかけで汪精衛は重慶を離脱、南京に傀儡政府を樹立。汪は「平和・反共・建国」を唱え偽軍で「治安を維持」、反共・反人民。日本侵略者と売国的な「日汪協定」を締結。これは「21か条」を超えるもの。蔣介石集団は秘密裡に日本と協議し、消極抗日、反共（溶共、防共、限共、反共）の方針で、<u>人民の抗日救国闘争を制限。</u>
		<u>日本軍による抗日根拠地への大掃討</u>	日本の侵略者は後方の抗日根拠地を掃討。八路軍、新四軍は反掃討闘争を実施。<u>山西、河北、河南の根拠地への敵による「九路囲攻」、朱徳の防戦。日本軍の安倍規秀を射殺。日本の傀儡軍も根拠地を掃討。陳毅率いる新四軍の黄橋の決戦の勝利。</u>

		百団大戦	国民党の投降を阻み、敵の根拠地に対する封じ込めを破壊するため、八路軍百団は日本の侵略軍に大規模な攻撃を実施。敵の交通線、傀儡政府の拠点を破壊。3ヶ月にわたる百団大戦は華北の各省に及び、抗日戦争以来最大の勝利をおさめる。
		<u>日本による陥落区への経済略奪</u>	<u>日本国内の資源の欠乏、財力の枯渇により日本は陥落区からの略奪を強化し、華北で「戦で戦を養う」政策をとる。穀物、綿花、絹、茶葉を略奪。日本軍は「公共脱穀場」を設置し、物資を敵の倉庫で保管。「穀物略奪隊」を組織。河北中部の土地の7割に綿花作付義務を課し、「新民合作社」により半値で買い取った。「華中絹織物株式会社」による買占め。陥落地域へ大量の移民を送り、東北の耕地を占領。華北地方の労働者を強制連行。税の取り立て。北京に「華北開発公司」、上海に「華中振興公司」を設置、鉄、石炭等を略奪。陥落区の物価も高騰、餓死者も出た。</u>
第二節 抗戦の持久段階と国民党の反共活動		<u>国民党の抗戦と敗退</u>	<u>国民党は抗戦に消極的態度。日本の侵略者は政治的に投降を誘導。日本軍は大規模な攻撃を行い、国民党は消極的な態度をとり、絶えず領土を失う。日本軍は南昌において毒ガスを使用。日本軍は宜昌を攻め、重慶を脅かす。張自忠司令は犠牲になった。6月、宜昌陥落。長沙における戦闘。日本軍の海南島、ベトナム占領後、我が国の海岸交通ルートが遮断された。日本の侵略者は東北に細菌戦研究の専門部隊「731部隊」を設立。中国の軍民を捕まえ「丸太」と称し、細菌を注射し、生きたまま解剖し、3千人あまりを殺害。石井部隊は細菌を製造し、寧波、常徳、華北、山西、チャハルの根拠地で使用。</u>
		<u>中国遠征軍の英領ビルマでの作戦</u>	日本の侵略軍はハワイの真珠湾を攻撃。米、英、中は対日宣戦。1月、米英中を含む26か国は独日伊の侵略に反対する連合国共同宣言を発出。世界の反ファシズム統一戦線が形成。中国は日本の侵略軍の60%を牽制し、反ファシズム戦争を支援。日本軍の英領ビルマ侵攻。英政府の要望で中国軍が派遣されるが失敗。輸送ルートは日本軍に遮断された。一部の軍隊はインドにのがれ、米軍と協力して日本軍に反撃。中印ルート、英領ビルマ・雲南ルート回復。
			国民党の一部の指導者は反共の方針を堅持。持久戦段階では国民党統治区で人民の抗日救亡活動を弾圧。山東、河北、陝西、甘粛、寧夏、山西での国民党軍による共産

		国民党の反共活動と「皖南事変」	党軍攻撃。共産党は抗日を堅持。安徽で新四軍9千名が国民党軍に囲まれ、ほとんどが犠牲に（「皖南事変」）。新四軍の軍番号の取り消し。共産党はこれに反駁、新四軍を再建。新四軍は蒋介石軍と傀儡軍の共同の攻撃を撃退。全人民の批判により蒋介石は孤立。新四軍の拡大、江蘇、安徽における抗日根拠地の拡大。
		「新民主主義論」発表	国民党は三民主義が全ての革命を包摂するとし、共産党の解体を主張。毛沢東は「新民主主義論」を発表。
第三節 中国共産党の抗戦堅持と解放区防衛の闘争		解放区の困難	日本帝国主義は抗日根拠地へ野蛮な「掃討」、「三光」政策を実施。ゲリラ区には「蚕食」政策で徐々に抗日根拠地を縮小、占領区域には「清郷」政策を行い、保甲制度を強化し、抗日人士を逮捕。国民党の頑固派も解放区を包囲。日本侵略軍、傀儡軍、国民党軍の共同の攻撃で解放区は大きな困難に。
		政権の樹立と大生産運動	共産党は解放区で抗日民主政権を樹立、大生産運動を実施。
		整風運動	共産党は党員に対し、自己思想の検査、自己批判運動を実施。これを通じ、全党は団結し、抗日戦争及び新民主主義革命の全国的な勝利のために思想的な基礎を打ち立てた。
		反「掃討」、反「蚕食」、反「清郷」の闘争	共産党の反「掃討」政策。軍、ゲリラ隊、民兵が協力し、「狼牙山の五壮士」など無数の英雄の物語が生まれた。河北中央平原で八路軍は人民と協力し、敵と傀儡軍1万人を殺傷。民兵は地雷戦、地下道戦を実施。抗日根拠地では、子供たちも闘争に参加。
第四節 国民党統治区の民主運動		国民党の暗黒の統治	国民党は帝国主義と結託し、人民から略奪。蒋介石をはじめとする四大家族は官僚資本主義化し、市場を独占した。物価も上昇。国民党は第三次反共運動を実施。延安攻撃を準備。共産党はこれに反撃。全人民も反対した。
		国民党の河南、湖南、広西の戦場での大敗退	河南で国民党軍は潰走した。国民党軍は長沙で抵抗したが投降した。日本は一つの弾も銃も使わず南寧を占領。日本の交通線が開通した。日本軍は貴州の独山まで攻撃。8ヶ月で河南、湖南、広西、広東の大部分と貴州の一部が陥落した。

		国民党統治区の民主運動	全国人民は国民党の一党専制を非難。河南、湖北、湖南で農民は、国民党の搾取に反対して蜂起した。宋慶齢は米国で国民党を批判する文章を発表、民主政団同盟は国民党を批判。李公朴、聞一多などは「自由論団」を創刊。中国民主同盟は各党派による連合政府樹立を主張。周恩来は愛国華僑の陳嘉庚を毛沢東に紹介。
第三章抗日戦争の勝利		解放区の局部的反攻	1944年の1年で、八路軍と新四軍の作戦は2万回に及び、敵26万人を消滅させた。党が指導する人民軍は91万人、民兵は220万人に。北から南まで19の解放区が成立。人口は9500万人に。日本軍は鉄道沿線の大都市に引きこもった。共産党が指導する抗日根拠地の軍民が、日本軍の大部分と傀儡軍のほとんどを攻撃し、全民族の抗戦の主要な柱（中流砥柱）となり、抗日戦争の勝利に決定的な役割を果たした。
		中国共産党第7回全国大会	中国共産党は延安で第7回全国大会を開催。毛沢東の演説「連合政府を論じる」。
		国民党第6回全国大会	国民党第6回全国大会は、一党専制のファシズム統治を維持するためのもの。国民大会開催を宣言したものの、代表は国民党が選挙を演出して決定したもので、議論される憲法も大地主と大資産階級の利益を代表する旧憲法。大会の任務は国民党全党の力を動員しての反共、反人民の内戦の発動、報告には中共と妥協の術はないと記載されていた。国民党は積極的に内戦を準備。
		抗日戦争の勝利	米国の広島、長崎への原爆投下、日本への空襲。ソ連の対日宣戦。毛沢東は最後の一戦の号令を出し、八路軍、新四軍、抗日根拠地の人民軍は大規模な反撃を実施。国民党は米帝国主義の支援により新たな内戦を準備。世界の反ファシズム勢力の攻撃、特に中国人民の勇敢な反撃により、日本帝国主義は無条件投降。台湾の祖国復帰。8年の抗日により、人民軍は日本軍130万人、傀儡軍118万人あまりを殲滅。中国の軍民は2100万人以上が死傷、財産損失は6百億ドル以上。人民軍は120万人、解放区の人口は1億。抗日戦争の勝利は、植民地の人民が残虐な帝国主義国家を打ち負かす道を開き、世界の反ファシズム戦争の重要な一部として反ファシズム戦争の勝利に重要な貢献をし、世界の圧迫された民族の解放闘争に大きな影響をもたらした。

86年版の改訂内容は国民党の正面戦場の再評価、日中の歴史認識問題の影響、香港・マカオ対策、国際協力に集約できる。

第一の国民党の正面戦場の再評価については、第一章に第二節「日本軍の全面進攻と国民党の抗戦」を新たに加え、また第二章のタイトルを83年版の「中国共産党の抗戦の堅持と投降に反対するための闘争」から、86年版では「抗日戦争は持久段階へ」と変更した。国民党の正面戦場に関する内容を更に追加し、抗日戦争初期の太原、徐州、武漢の会戦、持久段階に入ってからの南昌、棗宜、長沙の会戦の状況、そして、国民党の愛国将軍の陳安宝、張自忠の犠牲、そして国民党遠征軍の英領ビルマでの日本軍との戦いを加えている。また、国民党軍による花園口の黄河堤防の破壊の際の人民80万人の溺死は記載されなくなった。課程教材研究所はこれを更なる「左」の傾向の克服であったと説明している[9]。

これも、80年代に共産党が国民党に「第三次国共合作」を呼びかけ、抗日戦争における第二次国共合作、国民党の正面戦場に対する再評価を行ったことの影響である[10]。当時の『人民日報』からも党内で国民党の正面戦場の再評価の議論がなされたことが良く分かる[11]。1985年には軍事博物館や中国革命博物館に、国民党軍の正面戦場に関する展示が新たに加えられ[12]、軍事博物館から正面戦場に関する書籍『抗日戦争時期の国民党の正面戦場の重要戦役の紹介』も出版されている[13,14]。

また、『人民日報』は、当時の抗日戦争に関する争点を整理した「抗日戦争のいくつかの理論問題に関する討論総述」(1985年10月21日)を掲載し、盧溝橋事変前は、国民党は不抵抗政策を取っていたが、盧溝橋事変以降1938年の武漢陥落までは、国民党は努力し、正面戦場が主要な戦場となった、持久戦段階に入ってから国民党は消極抗戦の態度をとり、積極反共、反人民になったとした。また、国民党による英領ビルマ遠征にも前向きな評価が行われた。一方で、共産党による敵の後方の戦場が日本軍の大部分とほとんどの傀儡軍を相手にし、全民族の抗戦の「主要な柱」(中文：中流砥柱)となり、共産党が抗日戦争と抗日民族統一戦線において政治上の的指導的役

割を果たしたとした。これは、国民党の正面戦場の再評価による共産党の地位の相対的な低下に対応したためであろう。そして、抗日戦争中の第二次国共合作を想起し、中国の各党派を団結させ広範な愛国統一戦線をつくり、第三次国共合作、祖国の統一を目指そうとの台湾への呼びかけがなされている[15]。86年版の教科書の内容はほぼこの解釈を踏襲している。

第二に、日中の歴史認識問題についてである。教科書には、新たに日本軍による陥落区に対する「経済略奪」の項目が加えられ、日本による陥落区での穀物、綿花、茶葉、絹、石炭、労働力の略奪、東北での731部隊設立、生体実験、寧波、常徳などでの細菌兵器使用が記載された。課程教材研究所はこれを日本軍国主義の罪状を更に暴露するため、としている[16]。

82年の第一次歴史教科書問題、85年の中曽根総理の靖国神社参拝等の影響で、中国側は、日本の「軍国主義復活」の動きに懸念を示し[17]、抗日戦争史の研究は中国人民のみならず、日本の人民にも教育的意義があるとして推奨していた。「中国の抗日戦争の研究は、そこから教訓を得て、両国関係を真の強固な基礎の上に作るため」であり、「歪曲した宣伝はこの基礎を損なう」もので、「日中の歴史研究者が全ての実証的な資料で価値ある著作を残すことを期待する」とし、史実の発掘が奨励された[18]。教科書に日本軍の経済略奪や日本の残虐行為の記述が増えたのは、こうした日本への懸念が背景として挙げられる。なお、「南京大虐殺」は、「淞滬会戦と南京陥落」の項目で書かれており、引き続き国民党の敗退、重慶移転の文脈の中で扱われている。具体的な虐殺の場面、人数が描かれ、より詳細に説明されている。

第三に、香港、マカオの同胞による抗日戦争支援の内容が加えられたのは、1984年9月に中英両国が1997年の香港返還の共同声明を発表したことの影響であろう[19]。

第四に、教科書では、①世界の人々の抗日戦争への支援、②世界の「反ファシズム戦争」に対する中国の貢献と犠牲、③世界の民族解放・植民地の独立への抗日戦争の影響も新たに指摘してされた。前述の「抗日戦争のいくつかの理論問題に関する討論総述」においては、「反ファシズム戦争」にお

ける抗日戦争の地位について以下のように結論が出されている。「中国の持久戦が日本軍の大量の兵力をけん制」し、「ソ連のため日本軍の北進を阻止」し、「英米のため日本軍の南進を阻み」、「大きな民族的犠牲」を払って世界の「反ファシズム戦争」に歴史的な貢献をし、「ソ連の東北出兵と米国の日本爆撃が日本軍の投降に重要な役割を果たした」としている。また、「抗日戦争勝利及び反ファシスト闘争勝利記念日」にあたる 1985 年 9 月 3 日の『人民日報』社説[20]は、抗日戦争の意義として、世界の植民地の独立・民族解放への影響も指摘し、抗日戦争の勝利が植民地であった第三世界を独立へと奮起させたとし、第三世界との連携を提起した。同社説は更に、国が分裂し、立ち遅れていると攻撃される、そうならないためには社会主義現代化建設、経済発展が必要であり、平和な環境が必要であるとし、覇権反対を訴えている。

　これらから総括すると、86 年の教科書改訂に大きな影響を与えたのは、第一に、第三次国共合作による両岸の統一を目指す国内事情、第二に、日中の歴史認識問題、第三に、香港、マカオ問題、第四に、新たに独立した発展途上国との連携、すなわち第三世界論という外交事情[21]、第五に、経済発展のために平和な環境と欧米・華僑との協力を必要としていた経済事情である。当時、共産党は「侵略者を打ち負かした勇敢な精神で、祖国を統一し、困難を克服し、世界の進んだ技術と文化を吸収し、改革と建設を進め、社会主義現代化を実現しなければならない」と人々に訴えており[22]、抗日戦争は中国の経済発展に向けて国民を団結させる一つの精神的支柱として扱われていた。86 年版の教科書における抗日戦争に関する記述の改訂は、中国の国家運営の全体的な事情が大きな要因となっており、日中の歴史認識問題はそのうちの一部であったことがわかる。

第 3 節　1994 年版　中学『中国歴史』

　以下では、94 年版『中国歴史』の抗日戦争の記述を見ていこう。

表3　94年版　中学『中国歴史』(要約)[23]

第8課 神聖な抗日の開始	盧溝橋事変	日本の侵略軍は、長い間たくらんでいた全面的な中国侵略戦争を発動。7月7日夜、兵士1名の失踪を理由に宛平城の捜査を要求、我が軍が拒否すると日本軍は宛平城を攻撃。中国軍は勇敢に抵抗し、全国的な抗日戦争へ。「盧溝橋事変」勃発。<u>中国兵は日本軍を恐れず熾烈に戦闘。北京防衛戦での佟麟閣副軍長の指揮する激戦、壮烈な犠牲。北平、天津が陥落。</u>
	団結した抗戦	中国共産党は抗日民族統一戦線樹立を呼び掛ける電報を発出。蒋介石は廬山談話を発表。共産党の主力軍は八路軍と新四軍に。国民党は共産党が提案した国共合作宣言を発出、抗日民族統一戦線の樹立。
	正面戦場	日本軍の華北進攻。更に上海へ進攻、「8・13」事変勃発。日本は3ヶ月で中国を滅ぼすことを目標に。<u>国民政府は正面戦場で多数の戦役を実施、日本の侵略に抵抗</u>。中国守備軍の激戦、「淞滬の会戦」。<u>宝山県の姚子青営長の犠牲。上海の新聞はこれを賞賛</u>。謝晋元団長らの四行倉庫防衛、<u>女学生・楊恵敏からの国旗の手交</u>。上海陥落。日本軍は山西へ進攻。国民政府による太原の会戦。八路軍の「平型関の大勝」は抗日戦争開始以降の初めての大勝。南京陥落。国民政府は重慶に移転。日本軍の徐州進攻。<u>李宗仁総司令官指揮による台児庄の激戦、日本軍は大敗。抗日戦争以降の国民政府の重要な勝利。</u>日本の速戦即決、中国滅亡の妄想を打ち砕く。国民政府は人民の力の成長を恐れ、政府と軍隊のみの一面的な抗戦を実施、太原、徐州、広州、武漢陥落。
	<u>南京大虐殺</u>	日本軍は南京占領後6週間にわたり市民を虐殺し、大きな罪を犯した。平和な市民が射撃の的にされ、刀の練習台にされ、生き埋めにされた。<u>極東軍事裁判の統計によると、日本軍は南京占領後6週間にわたり武器を持たない住民と武器を放棄した兵士30万人以上を殺害した。武器を放棄した兵士3千名あまりが銃で掃射された。</u>難民5千名の掃討、遺体は川へ投げ込まれ、<u>生き残ったのは2名。</u>日本軍は男女老幼5万7千人を掃討、死んでいないものは刀で刺され、焼かれた。<u>東京日日新聞は、南京の百人斬を報道。</u>
	全面抗戦路線	中国共産党中央、陝北で「洛川会議」を開催。毛沢東の「抗日救国十大綱領」発表。敵の後方でのゲリラ戦、抗日根拠地の樹立を決定。

第9課 敵の後方へ	敵の後方の戦場	人民軍は敵の後方でゲリラ戦を行い、抗日根拠地を樹立。<u>山西、チャハル、河北で国民政府軍は潰走した。聶栄臻将軍率いる八路軍はゲリラ戦を実施し、失地を回復し、日本軍を潰走させた。村民の動員による義勇軍成立</u>。回族の参加。山西、チャハル、河北等で多くの抗日根拠地が樹立。山東省共産党委員会によるゲリラ戦、学生の参加。延安は共産党中央の所在地で、全国の抗日根拠地の指揮の中枢、人民の抗日の力の指導の中心に。<u>東北で抗日連合軍が成立</u>。女指導員の冷雲は弾薬が尽き、「日本帝国主義打倒」と叫び川へ身投げた。楊靖宇は一人で数百名の敵を翻弄。
	華僑が祖国の抗戦を支援	陳嘉庚等の香港、マカオと外国の華僑も祖国の抗日戦争を支援。陳はシンガポールで「南洋華僑祖国難民支援総会」を設立、物資、武器などを支援。<u>英領ビルマ、米華僑の献金。華僑青年の帰国、参戦。南洋華僑の林以尊は空軍に参加。女性の李林も帰国、八路軍に参加。</u>
	国際援助	抗日戦争は世界の人民の支援を得た。ソ連の援助。<u>太平洋戦争勃発後は、米国も多くの支援。</u>ベチューンの医療部隊。インドの医療支援部隊。米国の記者のエドガー・スノーらも中国人民の抗戦を世界へ報道。
第10課 日本の侵略者の残虐な統治	日本の中国侵略の方針の変化	武漢、広州陥落。兵力不足、資源欠乏、共産党の敵の背後のゲリラ戦により、日本の侵略者は方針を転換。国民党に投降を働きかける。主要な軍事力を八路軍と新四軍と抗日根拠地に向けた。占領区の軍事統治と経済略奪を強化。近衛首相「善隣友好、共同防共、経済提携」声明。
	汪偽政権の成立	<u>日本の侵略者は占領するたびに、売国奴を利用し傀儡政権を樹立</u>。日本の投降の働きかけより汪精衛は、<u>近衛三原則を平和の原則と宣伝、南京に傀儡政権を樹立。これは、日本の植民統治のための罪の歩み。</u>偽国民政府は「平和・反共・建国」で売国的な多くの協定を締結、偽軍を組織。日本の投降後、偽国民政府は解散。
	<u>残虐な統治</u>	日本の侵略者は、<u>憲兵、警察、裁判所等の組織で中国人民を抑圧</u>。東北の東豊県の11歳の黄継先は日本兵に「日本は我々の敵だ」と言ったため殺害された。日本の侵略者は<u>各地に偽政権と偽軍を樹立、良民証を発給。保甲制度の実施。抗日根拠地封鎖のため無人区の設置。東北に細菌戦の研究部隊「石井部隊」を設立、コレラ、ペスト等の爆弾を製作。中国人を丸太と称し、生体解剖を行い、3千名あまりを殺害。細菌兵器の寧波、常徳、山西、チャハル、河北

		などでの使用。日本の侵略者は陥落区の奴隷化教育を実施し、抗日の言論を禁止し、共産党を弾圧した。日本語で国語教育を行い、歴史と地理の内容を改ざん。
第11課 日本の侵略者の経済略奪	銀行から略奪し、金融を統制	中国への侵略戦争の発動後、日本は物資を大量に消費し、原材料が枯渇した。日本帝国主義は陥落区で経済略奪を行い、「戦で戦を養う」略奪政策を実施。日本軍の占領地での銀行略奪。陥落区で銀行設立、大量の紙幣発行。
	鉱業企業と資源の占有	石炭、鉄など陥落区の鉱業資源は日本の侵略者による略奪の目標。日本は東北に満州重工業開発公司、華北に華北開発公司、華中に華中振興公司を樹立。日本の侵略者は中国の労働者を炭鉱の劣悪な環境で働かせ、労働能力を失った労働者を山中で餓死させ、万人坑を出現させた。
	穀物の略奪と田畑の占有	「工業は日本、農業は中国」の植民主義の方針に基づき、日本の侵略者は農産品と田畑を略奪。日本の侵略軍は武力で農民を追い出し、田畑を日本の移民に提供。陥落区の日本の移民は60万人あまりに。日本の侵略者は食糧配給制を実施。大量の穀物、綿花、蚕を略奪。
	野蛮な労働力の略奪	労働力の略奪。華北地方の600万人の青年を強制連行し、労働させた。陥落区の20万人が日本へ強制連行された。秋田県の花岡鉱山の中国人労働者900名の奴隷的な労働。劉連仁は逃走し、北海道の山中で13年間の逃亡生活を送る。
第12課 国民党の消極的抗日と積極的反共	国民党の抗戦継続と敗退	日本帝国主義は蒋介石集団と秘密裡に協議し、投降を働きかけた。蒋介石は抗戦に消極的に。日本軍は数回にわたり国民党統治区を攻撃。日本軍は南昌に進攻、毒ガス兵器を使用。南昌陥落。日本軍は宜昌に進攻し、重慶を脅かす。張自忠司令の犠牲。
	中国遠征軍の英領ビルマでの作戦	抗日戦争は世界の反ファシズム戦争の重要な一部に。日本の侵略軍はハワイの真珠湾を攻撃。米、英、中は対日宣戦。米英中を含む26か国は、独伊日の侵略に反対する連合国共同宣言を発出、世界の反ファシズム統一戦線を形成。中国は日本侵略軍の60％を牽制、反ファシズム戦争に貢献。日本軍は英領ビルマ侵攻。英政府の要望で中国軍を派遣。英米軍と協力して日本軍を撃退。
	「皖南事変」	蒋介石集団は反共の方針を堅持。日本帝国主義の投降の誘導のもと、反共の傾向は更に強くなった。山東、陝西、甘粛、寧夏、山西で国民党軍は共産党軍を攻撃。共産党は抗

		日堅持。安徽省で新四軍が国民党軍に囲まれ、ほとんどが犠牲になった（「皖南事変」）。新四軍の軍番号の取り消し。共産党はこれに反駁、新四軍を再建。<u>共産党による全国的な抗議運動が起こる。</u>
	国民党の暗黒の統治	四大家族の国難を利用した蓄財、官僚資本の膨張。銀行を支配し、無制限に通貨を発給。国民党統治区の物価上昇。国民党のファシズム統治の堅持、蒋介石は大独裁者に。共産党員・進歩的な青年は逮捕され、虐殺された。<u>国民党統治区の人々には民主も自由もなかった。</u>
第13課 共産党は敵の背後での抗戦を堅持	百団大戦	日本の侵略軍は背後の抗日根拠地に「封じ込め政策」を実施。八路軍の百団は日本の侵略軍に大規模攻撃を実施。敵の交通線、傀儡政府の拠点を破壊。<u>これは、中国軍が主体的に日本軍を攻撃した最大規模の戦役。</u>
	掃討に対する困難な抵抗	日本帝国主義は抗日根拠地に野蛮な「掃討」、「三光」政策を実施。<u>日本の傀儡軍は河北省の潘家峪の全村民に八路軍の行方を追及。彼らは答えず、敵は機関銃と手りゅう弾で村民を虐殺。全村 1537 名のうち、1230 名が殺害された。</u>共産党の反「掃討」政策。<u>八路軍の左権副総参謀長の犠牲。</u>狼牙山の 5 壮士の壮烈な犠牲。民兵は地雷戦、地下道戦を実施。
	抗日根拠地の強化	日本の傀儡軍、国民党頑固派の包囲で、抗日根拠地は極めて困難な状況に。共産党による解放区での抗日民主政権樹立、大生産運動実施。共産党内部の整風運動。
第14課 抗日戦争の勝利	国民党の河南、湖南での大敗退	河南の戦役で 40 万の国民党軍は戦わずして逃げた。長沙、桂林等の軍事要衝陥落。南寧陥落後、<u>日本軍は 3 千名で数十万の国民党軍を追撃、国民党軍は戦わずして逃亡。</u>日本軍は貴州の独山鎮まで攻め込み、重慶を脅かす。
	抗日根拠地の局部的な反撃	1944 年の 1 年で、八路軍と新四軍の作戦は 2 万回、敵 26 万人を殲滅。党が指導する人民軍は 91 万人、民兵は 220 万人に。北から南まで、19 の抗日根拠地。人口は 9500 万人。日本軍は鉄道沿線の大都市に引きこもった。抗日根拠地の軍民は、全民族の抗戦の主要な柱（中流砥柱）となり、抗日戦争勝利に決定的な役割を果たした。
	中国共産党第 7 回全国代表大会	中国共産党は延安で第 7 回全国大会を開催。毛沢東の演説「連合政府を論じる」。

第3章　記述内容の変化とその背景　131

	国民党第6回全国大会	国民党第6回全国大会は、一党専制のファシズム統治を維持するためのもの。国民大会開催を宣言したものの、代表は国民党が選挙を演出して決定したもので、議論される憲法も大地主と大資産階級の利益を代表する旧憲法。大会の任務は国民党全党の力を動員して反共、反人民の内戦の発動。報告には中共と妥協の術はないと記載された。国民党は積極的に内戦を準備。
	日本帝国主義の投降	米国の広島、長崎への原爆投下。ソ連の対日宣戦。毛沢東の最後の一戦の号令、八路軍、新四軍、その他の抗日軍隊による大規模反撃。国民党は米帝国主義の支援により新たな内戦を準備。<u>中国人民と</u>世界の反ファシズム勢力の攻撃により、日本帝国主義の無条件投降。台湾の祖国復帰。（表：人民軍は日本軍130万人、傀儡軍118万人あまりを殲滅。中国の軍民は<u>3100万人以上</u>が死傷、経済損失は<u>5620億ドル</u>以上。人民軍は<u>130万人</u>、解放区の人口は1億、面積は104万平方メートル。）抗日戦争の勝利は、<u>近代以来の民族的恥辱をすすぎ、中華民族の振興の転換点となった。世界の反ファシズム戦争のために貢献したのと同時に大きな民族的犠牲も払った。</u>

　86年版からの主な改訂箇所を下線で示した。改訂内容としては以下の四点に集約される。第一に、正面戦場で活躍した国民党の将校とその戦闘がより多く掲載されるようになった。第二に、国民党と共産党の闘争の内容が減少した。第三に、日本の残虐行為がより詳細に記されるようになった。例えば、「南京大虐殺」は独立した項目になり、「虐殺行為」を更に詳細に説明し、陥落地の統治についても憲兵による圧迫、保甲制度、日本軍に従わない中国人の子供の殺害、皇民化政策、また、「経済略奪」として、金融、資源、農業の略奪、労働者の「強制連行」、日本の「傀儡軍」による全村民の「虐殺」などが新たに記載された。第四に、引き続き世界の「反ファシズム戦争」への抗日戦争の貢献を強調しつつ、中華民族の犠牲も強調し、抗日戦争の死傷者の公式数を修正し、これまでの2100万人から3100万人へと、被害額も600億ドルから5620億ドルへと増加させた。
　第一の国民党の将校とその戦闘の増加については、課程教材研究所は「両史一情」教育、愛国主義教育の強化の現れであると説明し[24]、国民党と共産

党の歴史を愛国主義のもとに融合しようとした当局の意図が伺える。また、86年版まで記載されていた国民党軍による花園口の黄河堤防の破壊の記載はなくなった。そして、国民党の正面戦場の再評価に伴い、94年版『中国歴史』では、共産党中央の所在地である延安の地位が86年版までの「抗日戦争の指導の中心」から、「抗日根拠地の指揮の中枢、人民の抗日の力の指導の中心」へと変更された。他方で、持久戦状態に入ってから、国民党は消極抗戦路線をとり、秘密裏に日本と協議した結果、正面戦場で次々と敗退し、抗日根拠地の軍民が全民族の抗戦の「主要な柱」(中文：中流砥柱)と位置づけられ、共産党が抗日戦争を戦い勝利したことを印象づけている。

　また、第二に、国民党と共産党の闘争の減少については、人民教育出版社は「左」の影響の粛清とし、過去の農民の叛乱、人民の抵抗といった階級闘争が多く記載され過ぎた状況を改め、重要とはいえない内容を削除したとしている[25]。また、これは国民党の正面戦場に対する評価が進んだことの影響でもあろう。

　第三の日本の残虐行為の記載が増えたことに関しては、やはり、日中の歴史認識問題が背景として挙げられよう。85年の中曽根康弘総理の靖国神社参拝、86年の歴史教科書問題、87年の防衛費の国民総生産1％制限の突破、88年の奥野誠亮国土庁長官の発言、91年の自衛隊の海外派遣などに対し、中国側は反発していた。石原慎太郎氏の「南京大虐殺」を否定する発言への反発もあった[26]。こうした反発の中で、80年代から提唱されていた抗日戦争の研究成果の蓄積も進んだ。

　しかし、外交部が毎年発行する『中国外交概覧』にはこうした問題への懸念は表明されているものの、頻繁なハイレベル交流、ODA、深化する経済貿易関係なども多く記述され[27]、日本との良好な関係を維持しようとする当局の意図が見える。特に、89年の天安門事件の後、90年に日本が最も早く対中円借款を再開したことを中国は高く評価し[28]、90年から92年にかけて頻繁なハイレベル交流が続いた。その背景には、中国が日本の経済力、技術、経営管理などのノウハウを必要としていたことが挙げられる[29]。それを

裏付けるように、『人民日報』における報道を見ても、90年には、海部俊樹総理の侵略戦争を認める国会答弁が報じられ[30]、91年の満州事変60周年では、一連のシンポジウムが行われたが、記事も小さく、大きな反日キャンペーンは行われておらず、良好な日中関係を維持しようとする当局の意図が見える。

　1992年10月の天皇皇后両陛下のご訪中により、両国関係は更に発展した。『中国外交概覧』は、例年は両国間の問題を掲載しているが、93年については両国関係が平穏な発展を保持したと評価し、関係の発展といった前向きな面のみを記述し、両国間の問題は提起していない[31]。

　このような時期に改訂された94年版の教科書において、なぜ日本の残虐行為が更に詳細になったのだろうか。

　天安門事件後、中国国内では強権政治を行う資本主義大国が、社会主義国に「和平演変」戦略を実施しており、これに警戒しなければならないとのキャンペーンが繰り広げられた。そこでは、抗日戦争時のように愛国主義と革命主義の精神を発揚し、党の指導で全人民が力を合わせて困難を克服することが求められた[32]。89年の天安門事件後のキャンペーンでは、欧米などの資本主義国による第三世界に対する経済略奪の現状が報じられ、資本主義国は武力による強制と「経済略奪」により資源を独占し、益々豊かになり、途上国との格差を拡大させていると非難していた[33]。

　実際に教科書の編纂にあたった人民教育出版社の李偉科は、こうした内容の補充は、学生に旧中国の立ち遅れた状況とその原因、帝国主義の中国に対する野蛮な掠奪、新中国の経済発展と成果を理解させ、社会主義のみが祖国を救えるとの道理を理解させるためであると説明している[34]。すなわち、資本主義国による「経済略奪」を強調し、社会主義制度の優越性を説明するため、日本による統治の被害、「経済略奪」、全村民の虐殺などの内容が補充されたものと思われる。良好な日中関係の裏で、94年版で日本の残虐行為の記述が増加したのは、資本主義国の「和平演変」の企みに対抗し、社会主義制度の優越性を保つことが主な要因であったといえよう。

第四の中国の犠牲と国際貢献については、かねてより中国は、抗日戦争の世界の「反ファシズム戦争」への貢献を強調し、一方で大きな民族的犠牲を払ったことを主張してきたことの一環であろう。95年5月に江沢民国家主席が、戦争の死傷者を2100万人から3500万人に[35]、経済被害を5千億ドルに拡大したとして注目されたが[36]、これよりも早く94年版の教科書は死傷者数と被害額をそれぞれ3100万人、5629億ドルに拡大していたことになる[37]。後に、97年版の教科書で死傷者数は3500万人に拡大された[38]。

日本国内ではこれについて、数値の拡大は根拠が示されていない[39]、従来の公式見解を踏み越えたものとして注目を集めたなどと指摘されている[40]。この数値は、1982年の胡喬木社会科学院院長の指示で、社会科学院、軍事科学院、軍事学院が共同研究を行ってきた結果であり[41]、1994年に軍事科学院から出版された『中国抗日戦争史』は、近年の調査研究の不完全な統計の結果であると断った上で、同じ数値を掲載しているが[42]、具体的な根拠は示されていない。これについて、1995年5月11日付の『解放日報』は、1988年に軍事科学院が専門家を組織し、軍民の死傷者数に関する研究を重点的に行った結果であるとし、最近東北地方で60あまりの万人坑が見つかったこと、日本が抗日根拠地を封鎖するために作った「無人区」の調査、戦争前後の人口変化の比較、日本軍が秘密工事を終えた後に労働者を「虐殺」した遺跡が多く見つかったことなどを根拠に挙げている[43]。実際に、中国の学界で中国の死傷者数などについての議論が起こるのは、1995年の江沢民のスピーチの後のことで、中国の学術界も数値の拡大については事前に承知していなかったことが伺われる[44,45]。

第4節　1993年版　高校『中国近代現代史』

以下では、1990年に新たに設置された『中国近代現代史』の抗日戦争の記述を見ていこう。

表4　93年版　高校『中国近代現代史』第二章　中華民族の抗日戦争　（要約）[46]

第一節 抗日戦争勃発と国共の共同の抗日	前言	華北事変以降の日本の軍拡。日本の国策基準は、東アジア大陸の地位の確保、南洋進出を目標に。国内の階級の矛盾を緩和するため、中国の植民統治を強化、対中全面侵略戦争を計画。盧溝橋事変は日本帝国主義による全面攻撃の開始。中国の抗戦は、世界の反ファシズム戦争勝利に重要な貢献。
	7・7事変と第二次国共合作の実現	7月7日夜、日本軍は兵士1名の失踪を理由に宛平城の捜査を要求、我が軍が拒否すると、日本軍は宛平城外の盧溝橋を攻撃、盧溝橋事変勃発。宛平の何基灃率いる守備軍は夜間霧雨の中、日本軍を奇襲、殲滅。共産党は全国に電報を発し、全人民の団結、国共合作、抗戦を呼びかけ。日本の閣議は対中戦争拡大を決定、大量の援軍を派遣。北平、天津陥落。日本軍の上海侵攻、8・13事変。国民政府の自衛宣言、抗戦表明。紅軍は国民革命軍第八路軍、第四軍に編成された。国民党は共産党が提案した国共合作宣言を発出。抗日民族統一戦線の正式な樹立。
	国民党の正面戦場と抗戦	日本軍部は速戦即決、3か月で中国を滅ぼすとの妄想を抱く。国民政府は正面戦場で多数の戦役を組織し、日本軍の侵略に抵抗。中国軍は上海周辺で日本軍と激戦に。「淞滬の会戦」。揚州の劉粋剛率いる空軍は日本艦隊を迎撃し、命中させた。これは中国空軍の抗戦史上初めての勝利。宝山県の激戦。謝晋元副団長らの四行倉庫防衛。上海陥落。日本の3ヶ月で中国を滅亡させるとの妄想を打ち砕く。日本軍の山西侵攻。国民政府による太原の会戦。八路軍の「平型関の大勝」は抗日戦争における初めての大勝。中国の守備軍の忻口での激戦、八路軍はこれを支援。南京陥落。国民政府は重慶へ移転。日本軍は南京で大虐殺を行い、30万以上の軍民が死亡。南京住民の史栄録は日本兵は中国人を一か所に集め、既に殺した遺体を川に捨てさせた後、これらの中国人を射殺した、日本軍の虐殺は3日間続いたと証言。日本軍の徐州進攻。李宗仁総司令官指揮による台児庄の激戦、日本軍は大敗。抗日戦争以降最大の勝利。戦役では銃弾の中、日本軍の情報を伝えてくれた老婦人も犠牲に。しかし、国民政府は政府と軍隊のみの一面的な抗戦を実施、太原、徐州、広州、武漢陥落。
	敵の後方根拠地の開拓	中国共産党中央は陝北で「洛川会議」を開催。敵の後方でゲリラ戦を行い、抗日根拠地を樹立し、敵の後方を抗日の前線に変えた。山西、チャハル、河北、河南、山東、蘇州

		南部で抗日根拠地を樹立。延安は共産党中央の所在地で、敵の後方の抗日根拠地の指揮の中枢で<u>総後方</u>。
	毛沢東「持久戦を論じる」を発表	国民党の親日派は亡国論を宣伝、親英米派は英米の力で早期の勝利を目指す。毛沢東は「持久戦を論じる」を発表。抗日戦争は持久戦で、全人民の動員の必要性を主張。
第二節 日本帝国主義の陥落区における植民統治	汪精衛集団が樹立した偽政権	武漢、広州陥落。兵力不足、資源欠乏、共産党による敵の背後のゲリラ戦により、日本は方針を転換。持久戦段階に。日本の速戦即決の妄想は破産。国民党に投降を働きかけ、主要な軍事力を抗日根拠地に向けた。近衛首相は「善隣友好、共同防共、経済提携」の<u>「東亜新秩序樹立」</u>三原則を提起。英米は<u>日本のソ連攻撃を慫慂し、国民政府の投降を奨励、英政府は何度も蒋介石と投降の密談。米も日本の東亜新秩序構想を支持。</u>国民党の汪精衛副総裁は重慶を離脱し投降、南京で偽国民政府を樹立し、<u>日本帝国主義の中国侵略政策遂行の道具になった。</u>汪は「平和・反共・建国」を綱領とし、<u>上海で日支新関係調整綱要を秘密裏に締結。八路軍と新四軍の汪討伐の電報、国民党統治区の人々、海外華僑もこれを非難。</u>
	野蛮な経済略奪	日本の侵略者は陥落区で工鉱業を略奪。日中合作の名のもとで、鉱業、鉄鋼業と交通、運輸業を独占。陥落区は日本の工業の原料基地に。紡績、製粉、製紙、マッチ、タバコ、製糖、機械、セメント等も統制。日本の侵略者は陥落区の耕地を占領、道路や空港を建設し、耕地を日本の移民へ分与した。穀物も統制され、農村は飢餓に陥った。日本は東北への移民を計画し、70万人が移住し、耕地と住居を中国の農民から奪取した。日本の傀儡政権は低価で穀物、綿花等を買収した。日本は華北だけで青年600万人以上を連行し、東北等で労働させた。また、10万人あまりの捕虜と労働者が日本へ送られ労働させられ、大部分が虐殺された。日本は占領するたびに、銀行を襲い、現金を奪った。日本の傀儡政府は陥落区で銀行を設置し、偽紙幣、軍票を発行し、増税した。
	奴隷化教育	日本の傀儡政権は陥落区で植民化教育政策を実施。教科書は中日親善、共存共栄、大東亜新秩序等のでたらめを教える。日本語が国語になった。学校で中国地図、中華のような文字は禁止され、同化教育が実施された。中国の歴史、地理の書籍と教科書は処分された。瀋陽三中では、日本の統治者は愛国的な教師と生徒35名を殺害した。日本の傀儡政権はまた、新聞、図書、報道を利用し、封建道徳、反

		共の宣伝を行い、「思想犯」を処罰した。
	日本の傀儡政府の残虐な統治と陥落区の人民の反抗闘争	日本軍は華北で「治安強化運動」を行い、戸籍の精査、良民証発行、保甲制度を実施。華中では、日本の傀儡政権が「清郷運動」を行い、抗日愛国人士に恐怖政策を実施。日本の傀儡政権は、「清郷区」を江南から浙江西部のゲリラ地域へ拡大、上海の租界付近に特工総部を作り、抗日の愛国人士数千名を殺害。日本の侵略者は陥落区で放火、略奪、強姦を行う。中国共産党は日本の傀儡政権と闘争。上海の労働者はストライキを行い、江南の農民は暴動を起こした。傀儡政権の所在地南京で、日本軍が麻薬を販売。南京の人民は憤慨し、上海の新聞は売国奴汪精衛を打倒せよとの広告を掲載した。
第三節 国民政府の内外政策	国民党の政策の反動への転換	武漢陥落の後、日本帝国主義による投降の誘導で、蒋介石の抗日の方針は揺らぎ、反共・投降の傾向を見せた。国民党は重慶で五中全会を開催し、蒋介石が党政軍を一体化させた国防最高委員長に就任、国民党統治区のファシスト独裁を強化。蒋介石は抗日から反共へ。蒋介石は最後まで徹底抗戦の最後とは、盧溝橋事変以前の状態に戻すということと表明。これは、東北と華北の主権の放棄、守るのは四大家族の利益と関係の深い華中と華南のみということ。これは日本の投降条件と近似。蒋介石集団の中途半端な対応。国民党の頑固派の反共活動の活発化。国民政府軍は陝西、甘粛地域、山西地域の抗日根拠地を攻撃。共産党は抗戦堅持、投降への反対を主張。共産党が指導する抗日の軍民は国民党頑固派を撃退。
	皖南事変	安徽省で新四軍が国民党軍に囲まれ、ほとんどが犠牲になった（「皖南事変」）。新四軍の軍番号の取り消し。共産党はこれに反駁、新四軍を再建。宋慶齢、何香凝は反共活動停止を要求。ソ連、英米も蒋介石を支持せず。国内外の世論の圧力で、蒋介石は今後は反共の軍事活動はないと表明。中間党派は共産党との協力、国民党による圧迫への抵抗を要請。中国民主政団同盟成立。
	正面戦場の情勢の悪化	国民党の棗宜会戦、張自忠将軍の犠牲。宜昌陥落。日本政府は御前会議で、軍事行動の継続以外に政治工作で英米による蒋介石援助を妨害し、蒋介石の屈服を目指すことを決定。太平洋戦争勃発により中日戦争を早期に終結させ、主力を太平洋と南洋地域へ転換する必要があり、日本軍は国民党の正面戦場を攻撃。日本軍は浙江省から広西省へのルートを確保、国民党は正面戦場で消極的な応戦の状態。

		日本の海上交通の米軍による遮断。大陸の輸送ルート確保のため、河南、湖南、広西での戦役。これは抗日戦争後期の最大規模の戦役で、国民党軍は次々と崩れ、河南、湖南、広西、福建、広東等の大部分と貴州の一部を失った。これは国民政府の消極的な抗日、積極的な反共の結果。日本軍は長沙占領後、衡陽へ進攻。日本軍による毒ガス弾と焼夷弾の使用。
	独裁統治と経済略奪	国民政府は一党専制と反共、反人民を堅持。特務組織による共産党員、抗日人士、民主家の迫害。中米特殊技術合作所は、特務組織の殺人魔窟。楊虎城の拘留、無実の中学生の拘留。保甲制度の強化。四大家族による経済独占、民族工業の破産、農民を搾取、金融の独占。国民政府の重慶移転後、西南の経済は発展、しかし官営工業が優位を占める。紙幣の大量発行。
第四節 共産党の抗戦堅持と抗日戦争の偉大な勝利	百団大戦	彭徳懐が指揮する八路軍百団あまりが、華北で大規模な対日作戦、百団大戦を行った。これは、共産党と八路軍の声望を高めた。<u>百団大戦以降、日本帝国主義は、華北を再認識しなければならないと驚いた。</u>
	敵の後方の軍民の苦しい闘争	日本は後方の抗日根拠地への「掃討」を実施。日本軍による焼き尽くし、殺しつくし、奪いつくす「三光政策」、毒ガスや細菌兵器の使用。根拠地の軍民の反「掃討」闘争、地雷戦、地道戦等。<u>モンゴル族のゲリラ部隊の高鳳英隊長は日本軍を粉砕。</u>日本軍は回族支隊司令員の馬本斎の母を捕らえ、<u>息子に投降を薦める手紙を書かせようとしたが、母は絶食して死亡。</u>日本軍は鉄道、道路、トーチカを利用して根拠地を包囲・分断し、殲滅しようとした。<u>日本軍の掃討と国民党の包囲で、根拠地は非常に厳しい状況に。</u>
	抗日根拠地の建設	抗日根拠地では地主が地代利息を軽減。農民の生活の改善、農民の抗日と生産への意欲の向上。大生産運動により、経済的な困難を克服。共産党の整風運動。抗日戦争の最後の勝利と新民主主義革命の全国における勝利のために、思想的な基盤を樹立。
	中国共産党第7回大会の開催	敵の後方の戦場は日本軍に局部的な反撃を行い、大きな戦果を挙げ、日本軍は鉄道沿線と大都市に撤退させられた。これは抗日戦争勝利にとり決定的な意義を持った。中国共産党は、延安で第7回全国大会を開催。毛沢東の演説「連合政府を論じる」。

	日本の無条件降伏	ソ連は対日宣戦し、中国の東北へ出兵、日本の関東軍を攻撃。毛沢東は「日本の賊への最後の一戦」との声明を出し、全国規模の反撃を呼びかけ。8月15日、日本は無条件降伏を宣言し、9月2日、正式に降伏文書に署名した。7月には中、米、英三カ国がポツダム宣言を発出、米国が広島、長崎に原爆を投下。日本の裕仁天皇は無条件降伏を宣言。抗日戦争の勝利は、百年近く続いた反帝国主義闘争における完全な勝利であり、民主革命の全国的な勝利のために基礎を打ち立てた。中国の抗日戦争は世界の反ファシズム戦争の重要な構成要素であり、中国の戦場は日本ファシズムの侵略に反対する主要な戦場であった。<u>中国人民の抗戦は、欧州とアジア、他地域の反ファシズム戦争の勝利に協力するという重要な役割を担った。</u>

下線は、これまでの教科書との記述の違いを示す。

　高校の「中国近代現代史」は、基本的に中学の教科書の内容を踏襲している。90年代の歴史教育の最も大きな変化としては、中学と高校で2回にわたり、同じ内容の抗日戦争の歴史を学ぶようになったことである。

　高校の教科書の方が、中学の教科書より一部の内容が詳細に説明されている。例えば、両国の戦闘、少数民族の抗戦への参加、日本の国内事情、英の国民党への和平工作、米による東亜新秩序支持、国民党の独裁統治などである。「南京大虐殺」など日本軍の残虐行為については、中学の教科書より簡略である。93年版の教科書には、抗日戦争の死傷者数、経済的損失額には言及がない。

　なお、98年版の教科書では、世界の「反ファシズム戦争」で中国人民の貢献も犠牲も大きかったとし、抗日戦争の死傷者の数字は3500万人、930の都市が占領され、直接の経済損失は630億ドル、間接的な経済損失は5千億ドルに達したとされ、現在の公式見解が掲載されている[47]。

第5節　2006年版　中学『中国歴史』

　以下では、「課程標準」に基づく2006年版『中国歴史』の抗日戦争の記述

を見ていこう。下線部は、これまでの教科書との違いを示す。

表5　2006年版　中学『中国歴史』（要約）[48]

第15課 戦死して亡霊となっても、亡国奴にはならない	血で染まった盧溝橋	9・18事変で日本軍は東北占領後、華北全体の占領を目指す。日本軍は東、南、北から北平を包囲。<u>盧溝橋を守備する中国軍は、周到に防衛し、警戒していた。兵士は食事や就寝前に必ず、戦死して亡霊となっても、亡国奴にはならないと叫ぶ。</u>7月7日夜、日本軍は兵士1名の失踪を理由に宛平城の捜査を要求、我が軍が拒否すると、故意に戦争を起こすつもりの日本軍は、宛平城を砲撃、盧溝橋事変勃発。日中両軍の激烈な白兵戦。佟麟閣副軍長らの勇敢な抵抗と犠牲。北平、天津陥落。国共両党の協力、抗日民族統一戦線の樹立。紅軍は八路軍、新四軍に。
	南京大虐殺	日本軍は上海を攻撃、8・13事変勃発。日本軍の南京進攻と南京占領。国民政府は重慶に移転。<u>歴史的写真は、日本軍の非人道的暴行を如実に記録。他の沢山の残虐行為は撮影されていないだけ。</u>日本の侵略者はいたるところで放火、殺人、強姦、略奪を行い、全ての悪事を実施。平和な市民が射撃の的にされ、刀の練習台にされ、生き埋めにされた。極東軍事裁判の統計では、日本軍は南京占領後6週間で武器を持たない住民と武器を放棄した兵士30万人以上を殺害。武器を放棄した中国軍3千名あまりが銃で掃討された。難民5千名が掃討され、遺体は川へ投げ込まれた。日本軍は男女老幼5万7千人を掃討、死んでいないものは刀で刺され、焼かれた。東京日日新聞は、南京の百人斬を報道。<u>小調査：家族、親せき、友人、近所の老人に抗日戦争期間中に、日本軍が他にいかなる罪を犯したのか聞いてみよう。自由講読：南京大虐殺の時期、日本の軍隊は赤十字による国際的な安全区に侵入し、武器を持たない中国人民を殺した。</u>
第16課 血と肉で長城を築く	平型関の大勝と台児庄の戦役	八路軍の「平型関の大勝」は抗日戦争での初めての大勝。南京陥落。国民政府の重慶移転。日本軍の徐州進攻。李宗仁総司令官指揮による台児庄の激戦、日本軍の敗退。中国軍の抗日戦争以降の重要な勝利。<u>台児庄の戦いで決死隊には30元の懸賞が示されたが、志願した兵士はお金は不要、戦うのは子孫を日本人の奴隷にしないため、民族の生存を勝ち取るためと言った。陣地は奪い返せたが、57名の志願兵のうち、11人しか生き残れなかった。</u>
	百団大戦	中国共産党の八路軍、新四軍は敵の後方で大衆を動員し、ゲリラ活動を行い、抗日根拠地を樹立。日本軍は抗日根拠

		地へ攻撃を実施。根拠地の軍民は勇敢に抗戦し、日本の侵略に抵抗する「主要な柱」に。共産党中央の所在地・延安は敵の後方の戦場の後方戦略基地となった。日本軍は土塁、封鎖の壁、溝を利用して根拠地に「封じ込め政策」を実施。日本軍による根拠地への「掃討」、奪いつくし、焼き尽くし、殺しつくす「三光政策」実施。八路軍の彭徳懐は百団を編成し、華北の2千キロの戦線にわたり日本軍を攻撃。敵の交通線、傀儡軍の軍事拠点を破壊。「百団大戦」は中国軍が主体的に日本軍を攻撃した最大規模の戦役。
	中国共産党第7回大会	中国共産党は延安で第7回全国大会を開催。毛沢東の演説「連合政府を論じる」。
	抗日戦争の勝利	共産党が指導する抗日根拠地の軍民は、局部的な反撃を実施。米国の広島、長崎への原爆投下。ソ連の対日宣戦。<u>抗日戦争は大反撃段階へ</u>。中国人民と世界の反ファシズム勢力の攻撃により、<u>日本の天皇はやむを得ず無条件投降を宣言</u>。<u>八年の抗日戦争で中国人民はついに偉大な勝利を得た</u>。台湾の祖国復帰。自由閲読：ベチューンの功績を説明。毛沢東のベチューンを記念する文書の紹介。

　新世紀に入り、中学の「課程標準」版の教科書は、学生の負担軽減の流れを受けて大幅に内容が簡略化された。高校の「近代現代史」との役割の分担という面もあろう。

　国民党への批判はほとんどなくなり、盧溝橋の戦いや台児庄の戦いで命を犠牲にしても国を守るとした兵士の精神を称え、抗日戦争は、全民族、全人民の抗戦としての扱いになった。その結果、共産党中央の所在地・延安は敵の後方の戦場の後方戦略基地となった。また、「戦死して亡霊となっても亡国奴にはならない」など、感情的な表現も目立つ。「南京大虐殺」などの日本の「残虐行為」も強調され、日本軍の「残虐行為」を明らかにするため、身近な人への聞き取り調査も奨励されている[49]。

第6節　2006年版　高校『中国近代現代史』

　以下では、「教学大綱」に基づく2006年版『中国近代現代史』の抗日戦争

の記述を見ていこう。

表6　06年『中国近代現代史』第二章　中華民族の抗日戦争（要約）[50]

第一節抗日戦争の勃発	前言	<u>日本帝国主義の全面的な中国侵略戦争の発動は偶然ではない。日本が長くたくらんできた中国併呑、アジア、世界の覇権を求める既定の方針の必然の結果</u>。華北事変以降の日本の軍拡。日本の国策基準は、東アジア大陸における日本の地位の確保、南洋進出を目標に。<u>資本主義世界の経済危機</u>。独日伊のファシストは苦境脱却のため、侵略戦争を拡大。<u>盧溝橋事変は日本帝国主義の全面攻撃の開始</u>。<u>中国近代以来の最大規模の帝国主義による侵略戦争</u>。全国の各族人民は困難な闘争を経て、大きな犠牲を払い、抗日戦争の勝利を獲得。中国の抗日戦争は、世界の反ファシズム戦争の勝利に重要な貢献。
	7・7事変と第二次国共合作の実現	7月7日夜、日本軍は兵士1名の失踪を理由に宛平城の捜査を要求、我が軍が拒否すると、日本軍は宛平城と盧溝橋を攻撃、盧溝橋事変勃発。宛平の何基灃率いる守備軍は夜間霧雨の中、日本軍を奇襲、日本軍を殲滅。共産党は全国に電報を発し、全人民の団結、国共合作、抗戦を呼びかけた。蒋介石は廬山談話を発表。日本の閣議は対中戦争拡大を決定、大量の援軍を派遣。北平、天津陥落。日本軍は上海へ侵攻、8・13事変勃発。国民政府の自衛宣言。紅軍は国民革命軍八路軍及び新四軍に編成された。国民党は共産党が提案した国共合作宣言を発出。抗日民族統一戦線が正式に樹立。
	正面戦場の抗戦	日本の軍部は速戦即決、3か月で中国を滅ぼすとの妄想を抱く。国民政府は正面戦場で多数の戦役を組織し、日本の侵略に抵抗。中国軍の日本軍との激戦「淞滬の会戦」。宝山県の激戦。謝晋元副団長らの四行倉庫防衛。上海陥落。日本軍は山西へ侵攻。国民政府による太原の会戦。八路軍の「平型関の大勝」は抗日戦争以来の初めての大勝。国民党の忻口での激戦、八路軍の支援。南京陥落。国民政府の重慶移転。日本軍は南京で大虐殺を行い、30万以上が殺害された。<u>日本の記者は、埠頭のあちこちに黒焦げた遺体の山があり、その間を50から100人がゆっくりと移動し、遺体を川に投げ込んでいる、うめき声、真っ赤な血、痙攣する手足、静寂が深い印象を与えたと記録</u>。日本軍の徐州進攻。李宗仁司令官指揮による台児庄の激戦、日本軍1万人あまりを殲滅。これは抗日戦争以降最大の勝利。戦役では銃弾の中、日本軍の情報を伝えてくれた老婦人も犠牲

		に。しかし、国民政府は政府と軍隊のみの一面的な抗戦を実施した結果、太原、徐州、広州、武漢が陥落。
	敵の後方の抗日根拠地の開拓	中国共産党中央は陝北で「洛川会議」を開催。敵の後方でゲリラ戦を実施、抗日根拠地を樹立し、敵の後方を抗日の前線に変えた。山西、チャハル、河北、山東、蘇州南部に抗日根拠地を樹立。延安は共産党中央の所在地で、敵の後方の抗日根拠地の指揮の中枢で総後方。
	毛沢東の「持久戦を論じる」の発表	国民党の親日派は亡国論を宣伝し、親英米派は英米の力で早期の勝利を目指す。毛沢東「持久戦を論じる」発表。抗日戦争は持久戦だと指摘。
第二節 日本帝国主義の陥落区における殖民統治	汪精衛集団が樹立した偽政権	武漢、広州占領後、日本軍は兵力不足、資源欠乏及び共産党の敵の背後のゲリラ戦により、正面戦場への大規模攻撃を停止。持久戦段階に。日本の速戦即決の妄想の破産。国民党に投降を誘導し、主要な軍事力を抗日根拠地に向けた。近衛首相は「善隣友好、共同防共、経済提携」などの「東亜新秩序樹立」の三原則を提起。英米は日本にソ連攻撃を慫慂し、国民政府に投降を勧め、英国の在中国大使は何度も蒋介石と密談し講和を勧めた。米国大使も日本の「東亜新秩序」構想を支持。国民党の汪精衛副総裁は重慶を離脱、投降し、南京に偽国民政府を樹立し、日本帝国主義の中国侵略政策を遂行する道具になった。八路軍と新四軍は汪討伐の電報を発出し、国民党統治区の人々も海外華僑もこれを非難。
	野蛮な経済略奪	日本の侵略者の陥落区での略奪。農業、工鉱業、金融、交通、運輸業を独占。日本の侵略者は陥落区の耕地を占領し、道路や空港を建設し、耕地を日本の移民へ分与した。穀物は統制され、農村は飢餓に陥った。鉱工業、運輸も統制し、陥落区は日本の工業の原料基地となり、侵略戦争の需要を満たすこととなった。日本の傀儡政権は低価で布を買収し、日本へ輸送した。日本は占領するたびに銀行を襲い、現金を奪った。日本の傀儡政府は陥落区で満州中央銀行等の金融機構を設置し、偽紙幣、軍票を発行し、増税した。上海の物価は急激に上昇した。
	奴隷化教育	日本の侵略者は陥落区での植民化教育政策を実施した。傀儡政府の教科書は「中日親善」、「共存共栄」、「大東亜新秩序」等のでたらめを教え、<u>学生を彼らの統治下の「順民」にしようとした</u>。日本語が必修に。学校で中国地図、中華の文字が禁止され、同化教育が行われた。日本の傀儡政権はまた、新聞、図書、報道を利用し、封建道徳、反共の宣

		伝を行い、「思想犯」を処罰した。
	日本の傀儡政権の残虐な統治と陥落区の人民の反抗闘争	日本軍は華北で「治安強化運動」を行い、戸籍の精査、良民証発行、保甲制度を実施。華中では、日本の傀儡政権が「清郷運動」を行い、抗日の愛国人士に恐怖政策を実施。日本の傀儡政権は、「清郷区」を江南から浙江のゲリラ地域へ拡大し、上海の租界付近に特工総部を作り、抗日の愛国人士数千名を殺害。中国共産党は、日本の傀儡政権と闘争。上海の労働者はストライキを行い、江南の農民は暴動を起こした。上海の新聞は売国奴汪精衛を打倒せよとの広告を掲載した。
第三節 国民政府の内外政策	国民党の政策の反動への転換	武漢陥落の後、日本帝国主義による投降の誘導で、蒋介石の抗日の方針は揺らぎ、反共・投降の傾向を見せた。国民党は重慶での五中全会ののち、消極的抗日、積極的反共へ路線を転換。五中全会において、蒋介石は最後まで徹底抗戦の最後とは、盧溝橋事変以前の状態に戻すということと指摘。これは、東北と華北の主権の放棄、守るのは四大家族の利益と関係の深い華中と華南のみということ。国民党の頑固派の反共活動の活発化。国民党軍は陝西、甘粛、山西地域の抗日根拠地を攻撃。共産党は抗戦堅持、投降への反対を主張。共産党が指導する抗日軍民は国民党頑固派を撃退。
	皖南事変	安徽省で新四軍が国民党軍に囲まれ、ほとんどが犠牲になった（「皖南事変」）。新四軍の軍番号の取り消し。共産党はこれに反駁、新四軍を再建。共産党による全国的な抗議運動。宋慶齢、何香凝の反共活動停止の要求。華僑による抗議。ソ連、英米も蒋介石を支持せず。蒋介石は今後は反共の軍事活動はないと表明。中間党派は共産党との協力、国民党による圧迫への抵抗を要請、中国民主政団同盟成立。
	正面戦場の情勢の悪化	国民政府に投降を迫るため、日本軍は華中、華南の国民党の正面戦場に局部的進攻を実施。棗宜会戦で張自忠将軍が犠牲に。宜昌陥落。日本の海上交通は米軍に遮断された。日本は大陸の輸送ルート確保のため、河南、湖南、広西の戦役を実施。これは抗日戦争後期の最大規模の戦役で、国民党軍は次々と崩れ、河南、湖南、広西、福建、広東等の大部分と貴州の一部を失った。これは国民政府の消極的な抗日、積極的な反共の結果。日本は長沙占領後、衡陽へ進攻。日本軍は毒ガス弾と焼夷弾を使用。<u>国民政府は、英米</u>

		との不平等条約による治外法権等の特権を撤廃、これは国民党の対外政策の重要な成果。
	独裁統治と経済略奪	国民政府は一党専制を堅持。特務組織による共産党員、抗日人士、民主家の迫害。重慶中米合作所などは特務組織の殺人魔窟。保甲制度の強化。官僚資本による経済独占、民族工業の破産、農民の搾取、専売政策、金融独占。
第四節 共産党の抗戦堅持と抗日戦争の偉大な勝利	百団大戦	彭徳懐が指揮する八路軍百団あまりが、華北で大規模な対日作戦、百団大戦を行った。これは、共産党と八路軍の声望を高めた。
	敵の後方の軍民の苦しい闘争	日本は後方の抗日根拠地へ「掃討」を実施。日本軍による焼き尽し、殺しつくし、奪いつくす「三光政策」、毒ガスや細菌兵器の使用。根拠地の軍民の反「掃討」闘争、地雷戦、地道戦等。モンゴル族のゲリラ部隊、日本軍に対抗。共産党の指導のもとで回族の馬本斎の戦果。日本軍の掃討と国民党の包囲で、根拠地は非常に厳しい状況に。
	抗日根拠地の建設	抗日根拠地では地主が地代利息を軽減。農民の生活の改善、農民の抗日と生産への意欲の向上。大生産運動により、経済的な困難を克服。共産党の整風運動は抗日戦争の最後の勝利と新民主主義革命の全国における勝利のために、思想的な基盤を樹立。
	中国共産党第7回大会の開催	中国共産党は延安で第7回全国大会を開催。毛沢東の演説「連合政府を論じる」。
	日本の無条件降伏	ソ連は対日宣戦し、中国の東北へ出兵、日本の関東軍を攻撃。毛沢東は「日本の賊への最後の一戦」との声明を出し、全国規模の反撃を呼びかけた。8月15日、日本は無条件降伏を宣言し、9月2日、正式に降伏文書に署名した。7月には中、米、英三カ国がポツダム宣言を発出、米国が広島、長崎に原爆を投下。日本の裕仁天皇は無条件降伏を宣言。統計によると、8年の抗戦で、中国は3500万人以上が死傷、財産損失と戦争での損害は5600億ドルあまり。抗日戦争の勝利は、百年近く続いた外国による侵略への闘争における初めての完全な勝利であり、民主革命の全国的な勝利のために基礎を打ち立てた。中国の抗日戦争は世界の反ファシズム戦争の重要な構成要素であり、人民の抗戦は世界の反ファシズム戦争の勝利に重大な貢献。国際地位も向上。

閲読と思考	半世紀にわたる日本帝国主義による侵略・陵辱。盧溝橋事変以降、日本の賊は我が国領土を蹂躙し、我が同胞を虐殺し、獣の足跡の至るところ、家は廃墟と化した。日本帝国主義が中華民族に与えた損失と屈辱は書こうとしても書ききれない。現在この万ほどの悪の敵は、既に中ソ米英の合同の力で倒された。日本帝国主義の中華民族の独立と生存に対する重大な脅威はなくなった。半世紀にわたる中華民族が受けた恥辱、血の海ほどの深みの恨みは、現在既に晴らされた。これは、中華民族に百年にわたり無かった大事であり、全国同胞が熱烈に祝福すべきである（1945年『解放日報』社説）。

　06年版は94年版から内容に大きな変化はない。05年の「抗日戦争及び世界反ファシズム戦争勝利」60周年記念式典で、胡錦濤国家主席が国民党の正面戦場を前向きに評価し注目されたが[51]、教科書の国民党の正面戦場に関する内容が特に増えたわけでもない。これは、数年に一度の改訂という教科書の特性もあろうが、国民党の正面戦場に対する再評価は相対的なもので、共産党の抗日戦争の「主要な柱」（中文：中流砥柱）という位置づけの前提のもとでのことであり、既に国民党の再評価は可能な範囲で尽くしており、同様に、日本の残虐行為も記載すべきものはほぼ出尽くしたということだろう。

　また、以下の内容が新たに記載された。まず、日本の侵略必然論が提起され、日本は一貫して政策として中国侵略、世界制覇を目指していたとされ、田中上奏文が想起される内容が加えられている[52]。実際に06年の『世界近代現代史』には、田中上奏文の内容が掲載されている[53]。これは、1990年代後半から、日本の学界で明治維新以降から終戦まで中国、朝鮮に対する侵略が日本の一貫した政策だったわけではないとの新たな立場が示され始めたことの影響であろう[54]。2010年に発表された日中歴史共同研究報告書をみると、日本の侵略が必然かどうか、日本は明治維新以降一貫して中国侵略を国策としていたかが最大の争点となっている[55]。

　また、日本の侵略に対して感情的な表現が目立つようになった。抗日戦争

第 3 章　記述内容の変化とその背景　147

の最後の部分「閲読と思考」では、1945 年 9 月 5 日の「解放日報」の社説が掲載された。日本を「日寇」(訳：日本の賊) と呼び、「我が領土を蹂躙し、我が同胞を虐殺し、獣の足跡の至るところ、家は廃墟と化した」(中文：蹂躙我国土，屠殺我同胞，獣蹄所至，廬舎为虚)、「万ほどの悪の敵」(中文：万悪敵人)、「血の海ほどの深い恨み」(中文：血海深仇) と訴えている[56]。また、抗日戦争の章ではないが、日清戦争の章で、外国の報道を引用し、「日本は文明の仮面をかぶった野蛮な骨を持つ化け物であり、文明の仮面をはずし、野蛮な本性を見せた」(中文：披着文明的皮面帯有野蛮筋骨的怪獣。日本已摘下文明的假面具，暴露了野蛮的真面目) と記載している[57]。これは、95 年以降の歴史認識問題の影響であろう[58]。

いずれにせよ、人民教育出版社の「教学大綱」版の教科書は、版を改訂するごとに、日本に対する厳しさを増していったといえる。

第 7 節　2014 年版　高校『歴史 I 必修』

以下では、「課程標準」に基づく 2014 年版『歴史 I 必修』の抗日戦争の記述を見ていこう。下線部はこれまでの教科書との違いを示す。

表 7：2014 年版　高校『歴史 I 必修』(要約)[59]
第四単元　近代中国の反侵略、民主を求める潮流　第 16 課　抗日戦争

前言	日本のラジオ局は「帝国政府はすでに米英中ソに共同宣言の各条件を受け入れることを通知した」と放送した。これは、日本の裕仁天皇による日本の無条件投降の詔である。何年も行った戦争で得たのは無条件降伏だった。8 年の抗日戦争を戦った中国人民は喜び踊る。我々はついに勝利した。戦後数十年にわたり、中国人民と日本の有識者は、日本帝国主義のあの罪深い侵略戦争は、中日両国に何をもたらしたのか考えている。
全民族の抗戦	日本は台湾の占領後、中国の領土を狙った。満州事変以来、東北は陥落し、華北地域は植民地化しつつあった。中国の民族的危機は高まった。

歴史の縦横	日本の侵略軍は満州事変を起こし、半年もせずに東北全体を占領した。日本の侵略軍は上海を攻め、1・28事変が勃発した。上海を守備する国民党第19路軍が奮起して抵抗した。日本帝国主義は、中国東北に偽満州国を建国。日本帝国主義による華北事変。
全民族の抗戦	7月7日夜、日本軍は兵士1名の失踪を理由に宛平城の捜査を要求、我が軍が拒否すると、日本軍は宛平城と盧溝橋を攻撃。盧溝橋事変は全国の抗日戦争の始まり。北平、天津陥落。国共の内戦停止、抗日民族統一戦線の形成。共産党は全民族の力を動員した全面抗戦路線を決定。八路軍、新四軍が敵の後方に入り、独立自主のゲリラ戦を展開し、抗日根拠地を樹立し、敵の後方を抗日の前線に変えた。日本軍は北京、天津占領後、華北と華中を攻撃。3か月以内に中国を滅ぼす妄想を抱いた。国民党は淞滬会戦、太原会戦、徐州会戦、武漢会戦等多くの重要な戦役を組織し、多くの軍民が侵略に抵抗。淞滬会戦において、宝山県城は日本の軍艦の砲撃と飛行機による爆撃を受け、城内は火の海に。営長の姚子青は勇士を率いて最後まで戦い、全員が犠牲になった。副団長謝晋元率いる四百名あまりの兵は、四行倉庫を防衛。上海陥落。抗日戦争前期、中国軍は平型関、台児庄等の戦役で勝利したが、日本軍の進軍を阻めず、華北、華中、華南、華東の多くの領土を失う。広州、武漢陥落、抗日戦争は持久戦に。
日本軍の大変な罪の行い	日本軍は南京占領後、南京の平和な市民に残忍な大虐殺を行った。6週間で、武器をもたない南京市民と武器を放棄した軍人30万人以上を虐殺した。銃殺され、刺殺され、生き埋めにされ、生きたまま焼かれた。虐殺の手段は残忍だった。日本の傀儡軍が河北省の潘家峪を囲み、全村民を村の西側の大きな穴に連行、八路軍の行方を尋ねた。村人は回答を拒否。人の心を失った日本軍は銃、手りゅう弾で残酷な虐殺を行った。全村1500名のうち、1200名あまりが殺害された。残虐な日本の侵略者はまた、東北に細菌戦研究部隊である731部隊を設立。彼らは人道に反して、中国人で人体実験を行い、殺害された中国人は3千名以上に上る。
学習の窓	日本の侵略者にも家庭、妻子があり、一家団欒を楽しんでいた。しかし、彼らは中国を侵略してから、武器をもたない中国市民に残忍な非人道的な虐殺を行った。彼らは一人の青年を通りに連れていき、硫酸をかけて彼が死ぬまで歩かせた。捕虜となった兵士を柱に縛り付け、切りつけ血だらけにし、のどを突き刺した。難民を縛り付け、刀の練習の的とし、生きたまま刺し殺した。妊婦を輪姦し、おなかの子供を刀で取り出し、投げて刀で刺して遊ぶ等した。何が日本の侵略者を人間から非人道的な獣に変えてしまったのか。

第3章　記述内容の変化とその背景　149

抗日戦争の勝利	彭徳懐が指揮する八路軍百団あまりが、華北で大規模な対日作戦、百団大戦を行った。これは、共産党と八路軍の声望を高めた。百団大戦は、抗日戦争において中国軍が主体的に日本軍を攻撃した最大規模の戦役。共産党が指導する抗日根拠地の軍民は、広範にゲリラ戦を行い、半分以上の侵略軍を攻撃し、抗日戦争の主要な柱となった。国外でも、我が国軍隊は戦場を開いた。日本軍は雲南攻撃を準備。英領ビルマと雲南の国際交通線防衛のため、中国政府は遠征軍を英領ビルマに派遣、包囲されていた英軍7千名あまりを救出。英米軍の協力で、中国遠征軍は英領ビルマに進攻した日本軍を撃退。中国人民と世界反ファシズム勢力の攻撃のもと、日本帝国主義は無条件降伏。抗日戦争の勝利は、中国人民の百年にわたる外国の侵略に反対する闘争の初めての完全勝利。全国人民の民族的自尊心と自信を強化。中国の抗日戦争は世界反ファシズム戦争の重要な一部であり、中国人民の抗戦は、世界の反ファシズム戦争の勝利に重要な貢献を行い、中国の国際地位も向上した。
学習の延長	2003年8月4日午前、李貴珍がチチハルの工事現場で5つのドラム缶を発見。そのうちの4つは完全な状態であったが、そのうちの1つが掘り出すときに穴があき、中の油があちこちに散らばった。李貴珍とその同行者がいくつかのドラム缶を開けて、廃品回収店に持っていき、缶の中の油状のものを溝に流した。当日夜、李貴珍等は頭痛、眼痛、嘔吐等の症状が出て、病院でマスタードガス中毒と診断された。数十日で40数名が中毒になり、李貴珍は死亡した。これは、新中国成立以来最悪のマスタードガス中毒事件であった。毒の由来は、当時日本軍が残した化学兵器である。1937年、日本軍はチチハルで化学兵器部隊を設立し、516部隊と呼び、毒ガスの研究を行っていた。日本の投降前夜、516部隊は大量の化学兵器を埋めるか遺棄した。現在、中国の多くの省で日本が遺棄した化学兵器が見つかっており、2千名あまりの中国国民が平和な時代に被害を受けた。中国の土地には、現在なお200万発あまりの日本軍が遺棄した化学兵器がある。ネット、新聞、雑誌を通じ、もしくは直接被害者を訪問し、当時の日本軍が残した化学兵器が中国人に被害を与えた事実を集め、侵略戦争がもたらす長期的な被害を分析しよう。

第七単元　無産階級と人民大衆の民主を勝ち取るための闘争
第3課　抗日戦争の勝利の前の中国人民の民主を勝ち取るための闘争

前言	山西・チャハル・河北地区の第一回参議会が河北で開催、地区の政府の指導機構を選出。平等、直接、普通、無記名選挙を実施。有権者は支持する候補者の背後に置かれたお碗に豆を入れる方法だった。

国民党の独裁統治	盧溝橋事変後、国民党は共産党軍との共同抗戦を実施しつつ、独裁統治を維持。「溶共、防共、限共、反共」の方針を堅持し、「中統」、「軍統」が代表する特務が共産党員と民主人士を迫害。保甲制度強化、一党専制。武漢陥落後、国民党は抗戦を堅持したが、反共、投降の傾向を示す。蒋介石集団は、消極抗日、積極反共路線に。安徽省で新四軍が国民軍に囲まれ、ほとんどが犠牲に（「皖南事変」）。蒋介石は新四軍の軍番号を取り消し。共産党はこれに反駁、新四軍再建を宣言。共産党は国民党が抗日を妨害していると大量の事実を暴露。宋慶齢、何香凝の反共活動停止の要求。華僑による抗議。ソ連、英米も支持せず。中間党派は共産党との協力、国民党の圧迫への抵抗を要請。中国民主政団同盟成立。
延安の民主政治建設	国民党の独裁統治と対照的なのが、延安の抗日民主政権。陝西、甘粛、寧夏地区の政府は民主選挙を実施。18歳以上、抗日に賛成する中国人はみな選挙権、被選挙権がある。政府が必要と認めるときは、社会の名士を参議員にできるが、人数の10分の1に限られる。人民は参議員に対する監督、罷免権を持つ。参議員と政府の候補者は選挙の際施政方針を説明し、有権者の審査を受ける。敵の後方の抗日根拠地は次々と選挙制度を実施。延安の憲政促進運動。「三三制」の原則は民主選挙を基礎とし、民主政権の人員を共産党員、共産党以外の左派分子、中間派をそれぞれ3分の1の比率とする。抗日の各階級を代表する民主制度。
中国が面する二つの運命の選択	抗日戦争勝利の前夜、中国は民主と専制、平和と内戦、連合政府と国民党一党独裁という異なる運命に面した。国民党は蒋介石の「中国の運命」を出版。大漢族主義、封建思想、ファシズム、反共、資産階級の民主主義を宣伝、共産党を統一の妨害、抗戦破壊、軍閥だと侮辱、2年で八路軍と新四軍を除外すると示唆。国民党軍は何回も挑発。共産党は「中国の運命」を分析、延安の解放日報に「国内のファシズム根絶宣言」などを発表、蒋介石のファシズム統治の陰謀を暴露。共産党は資産階級の民主主義者と協力でき、愛国的な国民党員に三民主義堅持、ファシズム反対、民主的な新中国建設のための奮闘を呼びかける。解放区は、内戦に反対し、国民党による抗日民族統一戦線破壊を阻止。第7回党大会で、毛沢東は国民党による一党専制を排除し、民主的連合政府の樹立、抗日の力の拡大を訴える。共産党は群集の力、党の指導で、日本の侵略者を打ち負かし、全国の人民を解放し、新民主主義の中国を樹立することを決定。国民党第6回大会で、蒋介石は共産党の主張を民主の名で私利をむさぼり、国事を混乱させると侮辱。大会は一党独裁を堅持し、連合政府樹立を拒否、反共の強化、内戦の準備を議論。反共を専門とする特別委員会を樹立。

前述のとおり、2014年版は、「課程標準」版の教科書で、教科書は編年体でなく、各テーマ別に編集されている。第6節で述べたとおり、2005年は「抗日戦争及び世界反ファシズム戦争勝利」60周年で、胡錦濤国家主席がスピーチで、国民党と共産党の戦績を同列に扱い注目された。同年には官民を挙げて記念活動が行われ、史実の発掘が進み、様々な学術論文が発表されたが[60]、07年に初版が発行された本教科書では、抗日戦争の章の分量が大幅に減り、縮小されている。汪精衛の重慶離脱、日本による「経済略奪」、皇民化政策は記載されなくなった。「課程標準」版の教科書では、抗日戦争は相対化されたといえる。

　「課程標準」によると抗日戦争に関して記載すべき内容は、「中国を侵略した日本軍の罪状を列挙し、中国の軍民による抗日闘争の主要な史実を簡潔に述べ、全民族による団結した抗戦の重要性を理解し、中国が外国の侵略に反抗する闘争の歴史の中で抗日戦争の勝利が占める地位を検討する」[61]と簡略化され、記載内容の具体的な指定はなくなり、編集者に裁量が与えられた。

　記載の特徴としては、第一に、抗日戦争における国民党の再評価が更に進み、国民党の正面戦場の評価を継続し、抗日戦争を国民党、共産党を含めた全民族の抗戦として扱うようになった。これは、前述の05年9月の胡錦濤のスピーチが国民党の戦績を共産党の戦績と同列に扱ったことの影響であろう。第二に、これまでは中国政府は日本の一般市民は日本の軍国主義の被害者であるとし、戦争を発動した資産階級と一般市民を分けた「二分論」を採っていたが、2014年版教科書では日本の一般市民が軍人となり残虐行為を行ったことを感情的に強調するようになった。第三に、チチハルの遺棄化学兵器事件のように現代まで続く戦争被害を記載した。第四に、国民党の正面戦場に対する前向きな評価とは対照的に、共産党の抗日根拠地の民主制度、国民党の独裁統治、終戦直前の内戦準備の状況をより詳細に説明している。

　中国の教師用指導書には、日本の残虐行為の記載は、史実により日本の「右翼勢力」による史実の否定に反論するため、また、日本の一部の教科書

が中国「進入」へと書き換えられ、台湾の教科書も日本の侵略の内容を削除したことの影響であるとしている。また、同指導書によると、チチハルの遺棄化学兵器事故の記載は、戦後の今もなお日本の遺棄化学兵器が中国の人々の健康と生命の安全を脅かし、人々の感情を傷つけていること、また日本の裁判所が遺棄化学兵器に関する被害者個人の賠償請求の訴訟を退け、日本の戦争責任について再度間違った態度を示したこと、これらが日本の政治大国化への努力にマイナスの影響をもたらしていると教えるためであるとし[62]、歴史認識問題が日本の国連安保理常任理事国入りへの努力を阻む要因であることを示唆している。

さらに教師用指導書は、国民党の独裁統治の中で人民が民主制度を勝ち取るのは困難だった、対照的に、共産党は延安で民主政治の樹立に尽力し、これは新中国の人民民主政権成立のための基礎となった。学生に国民党の独裁統治でなく、民主制度、すなわち共産党を選択するのは歴史の必然であったことを深く理解させなければならない、と指摘している[63]。これは、抗日戦争における国民党の役割の再評価に伴って、共産党政権の正当性の根拠として抗日戦争の「主要な柱」（中文：中流砥柱）として戦ったことが強調されなくなったのを受けて、共産党が国民党の独裁統治に反抗し、人民による民主政権を樹立したことに正統性の根拠を転換しつつあることを示している。

第8節　第二の仮説の検証：
日本に対する悪感情を利用する意図の有無

では、第二の仮説「中国の教科書は日本に対する悪感情を利用しようとする政権の意図のもとに、日本を悪く描いている。」を検証していきたい。

本章における分析により、抗日戦争に関する教科書の記述は、中国の内政、外交の要因を大きく受けていることが明らかになった。教科書は、第一に台湾問題、香港・マカオ、少数民族対策といった内政の要素、第二に歴史認識問題に代表される日中関係や、欧米との協力、第三世界との連携、国際

地位の向上を求めた中国の外交方針の影響を受けている。

　そのうち最も大きい要素は台湾問題と歴史認識問題である。

　80年代は台湾問題の影響が大きく、70年代末からの第三次国共合作の呼びかけにより、抗日戦争における国民党の役割の再評価が行われた。教科書にはこれまで記載されなかった国民党の正面戦場や将校が記載された結果、敵として出現する日本の分量が増えた。しかし、90年代は、国民党の評価は、共産党の抗日戦争における「主要な柱」（中文：中流砥柱）という位置づけを維持した上での相対的なものとなり、その時代の中台関係の影響を受けて、国民党の正面戦場に対する評価とその独裁統治に対する非難の内容は揺れ動いている。2000年代の「課程標準」版では、抗日戦争における国民党の役割に対する再評価は更に進み、抗日戦争は国民党、共産党を含めた全民族の抗戦として扱われるようになった。更に、抗日戦争における国民党政権の役割の再評価に伴い、共産党政権の正統性の根拠は、共産党が抗日戦争を戦った「主要な柱」（中文：中流砥柱）であったということではなく、国民党の独裁統治を排除し人民の民主政権を樹立したことに求められるようになった。

　また、日中間で生じた歴史認識問題の影響を受けて、80年代後半より日本の残虐行為がより詳細に描かれるようになった。2000年代は更に感情的な言葉で日本が非難されるようになった。

　他方で、現在も使用されている「課程標準」版の教科書においては、これまでの「教学大綱」版の教科書とは対照的に、抗日戦争に関する記述は大幅に減少し、簡略化された。一方で、日本の一般市民が軍人として残虐行為を行ったことを記載し、戦争責任を日本の一般市民に求め、戦後もなお日本軍の遺棄化学兵器が中国の人々に被害を与えていることを新たに記載している。このように、「課程標準」版の教科書においても日中の歴史認識問題は大きな影響を維持しており、本章で分析してきた人民教育出版社の教科書の抗日戦争の記述は、その分量は減少したものの、依然として日本に厳しい内容であるといえる[64,65]。

以上から、人民教育出版社の教科書における抗日戦争の記述に影響を与えたのは中国の内政、外交上の政策の要因であり、共産党の政策の必要性に応じ、特に、共産党政権の正統性の根拠の維持という微妙なバランスをとりつつ、教科書の内容は大きく変化していることが明らかになった。現在、公開されている資料を調査した範囲では、教科書の対日記述に「日本に対する悪感情を利用しようとする政権の意図」があるとする明らかな根拠は存在しなかったが、教科書は党の政策の必要性という政治的な影響を大きく受けており、抗日戦争の記述が党の政策に利用されていることは明らかである。

〈注〉

1　『初級中学課本第 4 冊』（人民教育出版社、1982 年出版、1983 年印刷）92-130 頁

2　江藤名保子『中国ナショナリズムのなかの日本「愛国主義」の変容と歴史認識問題』（2014 年、勁草書房）23 頁

3　「关于建国以来的若干历史问题的决议（一九八一年六月二十七日中国共产党第十一届中央委员会第六次全体会议一致通过』『人民日報』1981 年 7 月 1 日

4　『新中国中小学教材建设史（1949-2000）研究丛书　歷史卷』（人民教育出版社 2010 年）326 頁

5　同上 337 頁

6　「中华人民共和国全国人民代表大会常务委员会告台湾同胞书（1997 年 1 月 1 日）」中央党史文献研究室『三中全会以来重要文献选编』（中央文献出版社、2011 年）

7　叶剑英「关于台湾回归祖国实现和平统一的方针政策（1981 年 9 月 30 日）」中央党史文献研究室『三中全会以来重要文献选编』（中央文献出版社、2011 年）

8　『初級中学課本第 4 冊』（人民教育出版社、1982 年出版、1986 年印刷）92-145 頁

9　『新中国中小学教材建设史（1949-2000）研究丛书　歷史卷』（人民教育出版社 2010 年）340-341 頁

10　前掲『中国ナショナリズムのなかの日本』23 頁

11　「纪念抗日战争 40 周年 学术讨论会在京结束」『人民日報』（1985 年 8 月 25 日）,「我国第二次世界大战史工作取得新的进展」『人民日報』（1985 年 9 月 4 日）

12 「军博抗战陈列内容作重大调整 将展出全民族的抗日战争史料，包括以国民党领导的军队为主体所担负的正面战场，敌占区人民抗日斗争等内容」『人民日報』（1985年2月28日）、「纪念抗日战争和世界反法西斯战争胜利四十周年展览在京开幕 王晨等领导同志同首都各界人士三百余人出席开幕式」『人民日報』（1985年8月15日）

13 「历史的召唤－《抗日战争时期国民党正面战场重要战役介绍》序」『人民日報』1985年6月12日

14 中国革命博物馆研究室『抗日战争时期国民党正面战场重要战役介绍』（四川人民出版社、1985年）

15 「关于抗日战争几个理论问题的讨论综述」『人民日報』（1985年10月21日）

16 『新中国中小学教材建设史（1949-2000）研究丛书　历史卷』（人民教育出版社 2010年）340-341頁

17 「首都各界人民纪念抗日战争和世界反法西斯战争胜利四十周年大会，人大常委会委员长彭真在纪念大会上讲话」『人民日報』（1985年9月4日）

18 「胡乔木在纪念中国抗日战争和世界反法西斯战争胜利40周年学术讨论会上的讲话」『人民日報』（1985年8月30日）

19 「中华人民共和国政府和大不列颠及北爱尔兰联合王国政府关于香港问题的联合声明（草签文本）」『人民日報』1984年9月27日

20 「歷史的啓示（社論）」『人民日報』（1985年9月3日）

21 党の公式見解は、抗日戦争の勝利、中華人民共和国の建国が世界の植民地の独立を促進し、民族解放の流れを作り、非同盟運動、第三世界の形成につながったとしている。「首都各界人民纪念抗日战争和世界反法西斯战争胜利四十周年大会，人大常委会委员长彭真在纪念大会上讲话」『人民日報』（1985年9月4日）

22 同上

23 『九年義務教育三年制初級中学教科書中国歴史第四冊』（人民教育出版社、1994年出版、1994年印刷）92-145頁

24 『新中国中小学教材建设史（1949-2000）研究丛书　历史卷』450頁

25 前掲『新中国中小学教材建设史（1949-2000）研究丛书　历史卷』293頁

26 「谎言掩盖不住血写的事实」『人民日報』（1990年10月14日）本記事は、2000年代に入って中学の語文の教科書に記載されている（前述第3章第3節）。「南京大屠杀史实不容否认」『人民日報』（1990年11月18日）

27 『中国外交概览（1987）』（中華人民共和国外交史編輯室、1987年）51-52頁、『中国外交概览（1988）』（中華人民共和国外交史編輯室、1988年）59頁、『中国

外交概覧（1989）』（中華人民共和国外交史編輯室、1989 年）46 頁、『中国外交概覧（1991）』（中華人民共和国外交史編輯室、1991 年）45-46 頁

28 『中国外交概覧（1991）』（中華人民共和国外交史編輯室、1991 年）11 頁

29 「把中日友好合作关系推向新阶段」『人民日報』（1992 年 9 月 28 日）

30 「日本首相海部表示 日本要牢记战争教训」『人民日報』1990 年 8 月 17 日、「日本海部首相承认 太平洋战争是侵略战争」『人民日報』1990 年 5 月 23 日、「海部在日本纪念战败 46 周年仪式上表示日本要牢记战争教训」『人民日報』1991 年 8 月 16 日

31 『中国外交概覧（1994）』（世界知識出版社、1994 年）40 頁

32 「中国人民是不可战胜的-纪念抗日战争胜利 45 周年」『人民日報』（1990 年 9 月 3 日）

33 「怎样看待资本主义的富」『人民日報』（1990 年 4 月 23 日）、「科特迪瓦总统谴责西方掠夺非洲资源」『人民日報』（1990 年 4 月 23 日）なお、課程教材研究所は、80 年代末から 90 年代にかけて、世界の史学界では政治史のみならず、経済、文化、社会生活史の内容も重視する流れができ、その中で経済史、文化史、社会生活史の充実の一貫として、日本による陥落区に対する経済略奪、国民党の暗黒の統治などの内容を加えたとしている。（前掲『新中国中小学教材建設史（1949-2000）研究丛书 歴史巻』443-444 頁）

34 「九年義務教育初中『中国歴史』第 4 冊（人教版）介紹」『歴史教学』（1994 年第 2 期）

35 「在莫斯科卫国战争纪念馆开幕式上将泽民主席发表重要讲话」『人民日報』1995 年 5 月 10 日

36 「江泽民同志的讲话 在首都各界纪念抗日战争 世界反法西斯战争胜利五十周年大会上（1995 年 9 月 3 日）』『人民日報』1995 年 9 月 4 日

37 『九年義務教育三年制初級中学教科書中国歴史第四冊』（人民教育出版社、1994 年出版、1994 年印刷）93-96 頁。

38 『九年義務教育三年制初級中学教科書中国歴史第四冊』（人民教育出版社、1995 年出版、1997 年印刷）87-89 頁。

39 清水美和『中国はなぜ「反日」になったか』（文芸春秋、2003 年）168 頁

40 江藤名保子『中国ナショナリズムの中の日本』（勁草書房、2014 年）145 頁

41 同上 61 頁

42 軍事科学院軍事歴史研究部『中国抗日戦争史下巻』（解放軍出版社、1994 年）625 頁

43 「军事专家研究证实 日军侵华我军民伤亡三千五百多万」『解放日報』1995 年 5 月 11 日

44 中国の学者も、軍事科学院が最近 3500 万という死傷者数の結論を出したが、信じて良いと言ってもよいだろう、自分たちもこれから研究するつもりである、としており、具体的な根拠を示していない。(「关于抗日战争中我国军民伤亡数字问题」『抗日戦争研究』3 期（1995 年 9 月）

45 2014 年には、中央党史研究室第一研究部及び中国第二歴史档案館『国民政府档案中有关抗日战争时期人口伤亡和财产损失资料选编』(中央党史出版社) が発行された。同書は、抗日戦争における中国の死傷者と財産の損失額を歴史的に実証するために、2005 年より調査を行ったとしている（筆者注：つまり、中央党史研究室も、公式見解となっている数値は歴史的に実証されていないと認めていることになる。)。同調査は、2005 年に胡錦濤国家主席も抗日戦争及び世界反ファシズム戦争勝利 60 周年記念大会におけるスピーチで同数値に言及したのを受けて実施されたもので、全国各地の党史研究室に指示が出され、現在残っている文献資料（公文書、新聞、日記、著書、現地調査、写真、映像、先行研究）を整理したとしている。全国の省・自治区・直轄市別の死傷者数、日本軍による家屋の占有、損壊、施設の接収、爆撃による損害などの具体的場所、被害額などを数値で列挙しているが、同数値がいかなる資料に基づくものか具体的な出典の注釈が不十分との印象がある。

46 『高級中学課本　中国近代現代史　下冊』(人民教育出版社、1993 年出版、1993 年印刷) 28-56 頁

47 『高級中学課本中国近代現代史下冊（必修）』(人民教育出版社、1995 年出版、1998 年印刷) 52-53 頁

48 『義務教育課程標準実験教科書中国歴史八年級上冊』(人民教育出版社、2001 年出版、2006 年印刷) 74-85 頁

49 第 5 章で実施したインタビューでは、学校でこうした聞き取り調査を行った経験のある者はいなかった。高校受験に必要ないため、飛ばされたケースが多いことが伺われる。

50 『全日制普通高級中学教科書　中国近代現代史　下冊』(人民教育出版社 2006 年出版、2006 年印刷) 26-44 頁

51 「在纪念中国人民抗日战争暨世界反法西斯战争胜利 60 周年大会上的讲话 (2005 年 9 月 3 日) 胡锦涛」『人民日報』(2005 年 9 月 4 日) 本講話において、胡錦濤は、国民党正面戦場は日本軍に大きな打撃を与えたとし、共産党の英雄と並

列で国民党軍の八百壮士を抗日英雄の代表として列挙し、抗日戦争における国民党の役割を再評価した。人民日報では関連の宣伝が行われた。

52　前掲『全日制普通高級中学教科書　中国近代現代史　下冊』26 頁

53　教科書の注釈には、「中国の新聞が田中上奏文を報道したが、今に至るまで『田中上奏文』の真偽には疑問がもたれる。当時、日本はこの文書を否定し、戦後も存在しないとしている。しかし、元外相の重光葵も、その後に発生した事態と日本のとった行動は、田中上奏文を教科書にしたようなもので、外国の田中上奏文に対する疑問は拭えないと認めた」と記載されている。『全日制普通高級中学教科書　世界近代現代史　下冊（選択）』（人民教育出版社、2006 年出版、2006 年印刷）30 頁

54　日中歴史共同研究の日本側座長を務めた北岡伸一は、「中国側は侵略と断定して、だんだんと細部に入って行ったが、我々は個々の事実をみていって侵略を判断するというアプローチの違いがあった。中国側は日中戦争は全体として計画的な侵略だったと主張したが、戦争の拡大を止める努力をした人もいるから、我々はその意見をとらない」としている。（「日中戦争　計画的な侵略でない」『読売新聞』2010 年 2 月 1 日）

55　報告書全体を通じて、中国側は、大陸侵略は明治維新以降終戦までの間、一貫した日本政府の政策であり、大陸で生じた一連の事象は日本の大陸侵略政策の実現で、侵略を必然のものと主張した。それに対し、日本側は、侵略を認め、日本軍の様々な「非法行為」が中国側に深い傷跡を残すことになったとしつつも、一連のプロセスでの両国の文化交流、そして、日本国内に中国との和平を目指す勢力もあったこと等の前向きな面を強調している。

『日中歴史共同研究報告書　中国側論文』外務省ホームページ　http://www.mofa.go.jp/mofaj/area/china/pdfs/rekishi_kk_c.pdf（2014 年 1 月 5 日閲覧）

『日中歴史共同研究報告書　日本側論文』外務省ホームページ http://www.mofa.go.jp/mofaj/area/china/pdfs/rekishi_kk_j-2.pdf（2014 年 1 月 5 日閲覧）

56　前掲『全日制普通高級中学教科書　中国近代現代史　下冊』44 頁

57　『全日制普通高級中学教科書　中国近代現代史　上』（人民教育出版社、2003 年出版、2006 年印刷）49 頁

58　94 年以降に中国版外交青書が取り上げた歴史認識問題

・94 年：なし（『中国外交概覧 1995 年版』中華人民共和国外交部政策研究室編、世界知識出版社、1995 年、36-43 頁）。

・95 年：閣僚の不規則発言、95 年の村山談話発出をめぐる日本国内の議論の影

響で、中国の要人が日本側と会見するたびに、正しく歴史に対応することの重要性を指摘したと記載（『中国外交 1996 年版』中華人民共和国外交部政策研究室編、世界知識出版社、1996 年、29-36 頁）。

・96 年：政治家の「従軍慰安婦」や「南京大虐殺」を否定する発言、橋本総理、閣僚、国会議員の靖国神社参拝（『中国外交 1997 年版』中華人民共和国外交部政策研究室編、世界知識出版社、1997 年、44-46 頁）。

・97 年：両国関係は顕著に発展し、前向きな成果を得たとして特定の問題を提起していない（『中国外交 1998 年版』中華人民共和国外交部政策研究室編、世界知識出版社、1998 年、41-51 頁）。

・98 年：江沢民の訪日を、歴史と台湾問題について包括的、深く、系統立てて中国側の立場を表明し、成功であったと評価している（筆者注：日本では歴史認識問題を厳しく提起した江沢民の訪日に対して厳しい評価がなされている）。（『中国外交 1999 年版』中華人民共和国外交部、政策研究室編世界知識出版社、1999 年、39-46 頁）。

・99 年：日本政府の閣僚の靖国神社参拝、石原都知事の「南京虐殺」の否定発言（『中国外交 2000 年版』中華人民共和国外交部政策研究室編、世界知識出版社、2000 年、51-52 頁）。

・00 年：「20 世紀最大の虚言・南京大虐殺を徹底的に論証する集会」の開催、森総理の国会での発言「日本が侵略戦争を行ったか否かは、歴史の発展の中で判断すること」（『中国外交 2001 年版』中華人民共和国外交部政策研究室編、世界知識出版社 2001 年、48-50 頁）。

・01 年：歴史教科書問題、小泉総理の靖国神社参拝（『中国外交 2002 年版』中華人民共和国外交部政策研究室編　世界知識出版社、世界知識出版社、2003 年、42-45 頁）

・02 年：小泉総理の靖国神社参拝（『中国外交 2003 年版』中華人民共和国外交部政策研究室編、世界知識出版社　2003 年、185-186 頁）

・03 年：チチハルにおける日本軍の遺棄化学兵器事件、小泉総理の靖国神社参拝（『中国外交 2004 年版』中華人民共和国外交部政策研究室編、世界知識出版社 2004 年、154-155 頁）

・04 年：小泉総理の靖国神社参拝（『中国外交 2005 年版』、中華人民共和国外交部政策研究室編、世界知識出版社、2004 年、148 頁）

・05 年：小泉総理の靖国神社参拝、歴史教科書問題（『中国外交 2006 年版』、中華人民共和国外交部政策研究室編、世界知識出版社、2006 年、146-147 頁）

なお、全ての外交青書に共通して、中国の要人が日本側と会見するたびに、正しく歴史に対応することの重要性を指摘したことを記載している。

59 『普通高中課程標準実験教科書　歴史1必修』（人民教育出版社、2007年出版、2014年印刷）58-61頁、『普通高中課程標準実験教科書　歴史　選択2　近代社会の民主思想と実践』（人民教育出版社、2007年出版、2013年印刷）104-106頁

60 『人民日報』データベースを検索すると、05年は記念式典、関連シンポジウムの実施のほかに、シンクタンクから多数の抗日戦争の研究論文が発表されているのがわかる。

61 「普通高中歴史課程標准」（中華人民共和国教育部、2003年5月21日）第三部分内容の標準　一.必修課程歴史（Ⅰ）2. 列強侵略与中国人民的反抗斗争

62 『普通高中課程標準実験教科書歴史Ⅰ必修　教師教学用書』人民教育出版社ホームページ http://www.pep.com.cn/gzls/js/tbjx/kb/jsys/bx1/（2014年12月30日アクセス）同時に、盲目的な愛国ではなく、恨みで恨みを返すべきではない、とも指摘している。

63 『普通高中程標準実験教科書歴史選修2近代社会的民主思想与実践教師教学用書』人民教育出版社ホームページ、http://www.pep.com.cn/gzls/js/tbjx/kb/jsys/xx2/（2014年12月30日アクセス）

64 かかる教科書の記述が、中国の人々の対日観にマイナスの影響を与えていることについては、第5章で詳述したい

65 また、これまで日本政府が指摘してきた事実関係に疑問のあるもの、過度に刺激的なものも含まれていよう。前述のとおり事実関係については、歴史専門家の議論に委ねたい。

第4章　多様化する教科書：
各地の歴史教科書に描かれた抗日戦争と戦後の日本

第1節　歴史科目の新カリキュラム改革

　第1章第1節で述べたとおり、85年以降、教科書の「検定制」への移行が進められ、大学、研究機関、地方の教育庁も教科書を編纂するようになった。残念ながら、90年代から試用された「検定制度」による初めての教科書は入手できなかったが、課程教材研究所は、特に上海市の高校の歴史教科書『高級中学課本（試用本）歴史』（上海教育学院著、上海教育出版社出版、1991年）について、第一に、これまでの教科書と異なり、西暦1500年前後から記載し、西洋による新大陸の発見により、新旧大陸がそれぞれ別々に発展していた局面を変え、西洋諸国の海外への殖民、拡張と資本主義化の促進を説明したこと、第二に、一つの教科書で中国と外国の歴史を記述するスタイルをとったこと、第三に、各国の歴史、特に中国と外国の歴史を関連付けて考えさせたこと、第四に、中国史を世界史の一部として説明したことを特徴としており、中学と高校の学習内容の重複を避けることができたと指摘している[1]。これが90年代に実施された上海市の歴史科目の第一期教育改革だった。

　こうした中国史と世界史を同じ教科書で記述するという教科書の編纂方法は、教育改革の流れの中で2004年に制定された高校の歴史教科書の「課程標準」に採用される。上海の教科書の編纂方法が中央、そしてその他の地方へと広がっていったと見て良い。

　上海市で04年から実施された第二期教育改革では、「文明史観」に基づく

テーマ別の記述方式を採用した。上海市の高校歴史教科書の前言には、「高校の歴史教科書は文明史を基本ラインとし、人類がいかに自己の生存、発展のために絶えず創造活動を行ったか、そのプロセスと成果を皆さんにお示しする」[2] と書かれている。高校の歴史教科書は全4冊あり、上海市課程改革委員会の検定を通過し、2004年から2006年にかけて試用された。この教科書は、2006年から全市で正式に使用が開始されたが、2006年の「ニューヨークタイムズ」の報道により2007年9月に使用が停止されたのは前述のとおりである[3]（第1章第2節第3項）。

しかし、上海の歴史教科書の使用停止については、中国国内で議論が起こり、上海市側に同情的な意見も多い[4]。使用停止以降も、上海市は独自の「課程標準」を修正せず、そのまま使用している[5]。何よりも、使用停止になった高校の歴史教科書の執筆責任者である蘇智良・上海師範大学教授が書いた中学の教科書は、現在もなお引き続き使用されており[6]、使用禁止になった教科書の関係者は今もなお学術活動を継続できている。これは、党中央は、既にこうした教科書の「文明史観」への流れを完全に止められないことを示している。

こうした「文明史観」に基づく教科書に対しては、根強い抵抗勢力があるのも事実である。課程教材研究所は、中国と外国の歴史を一緒に記述するスタイルは、記述されている時代の順序が時系列でなくあべこべであり、連続性の強い5千年の中国の歴史を学生に理解させることはできない、世界史を中国史の背景としてのみ扱うのは、世界を理解しようとする学生の需要に合わず、弊害が多く、中国の国情に合わないとして批判している[7]。また、一部の教科書は、故意に階級闘争を回避し、事件を削除し、一部の政治闘争を脚色しており、このような現象はろくでもなく、歴史教科書は歴史の専門書ではなく、政府の立場、大衆の受け入れ能力、特に教師の知識を考えて編纂しなければ生存できない[8]、と批判している。一部の学者からは、全ての種類の教科書を廃止し、元の国定教科書の形に戻すよう党中央に陳情までなされている[9]。更に、『人民日報』には「文明史観」に関する記事は掲載され

たことがない[10]。すなわち、「文明史観」は党の公式の立場ではなく、ボトムアップの、教科書編集に携わった歴史学を専門とする学者の下からの動きであり、これを党中央、教育部が認めざるを得なくなったということを示している。『人民日報』は党の歴史は唯物主義の観点を貫くべきとの党中央党史研究室による論文を掲載し[11]、「文明史観」への警戒も示している。現在、中国国内では、歴史教科書の編纂方法についての議論が活発に行われており[12]、中国では多様な歴史観が出現しつつある。

第2節　地方版教科書：
上海市の歴史教科書に描かれた日本

以下では、上海市で使用されている歴史教科書に描かれた抗日戦争と戦後の日本を検証する。これは、上海市教育委員会の検定を通過した地方版教科書である。

第1項　使用停止となった上海市の高校の歴史教科書

以下では、2007年に使用が停止された上海市の高校の教科書『拓展型課程教材　歴史　高中三年級』の対日記述のうち、抗日戦争と戦後の日本に関する部分を分析する。先行研究としては、菊池一隆が内容を概説し、「明治維新の意義を認めつつも、敗戦後の『経済の奇跡』の一部以外は」、「総じて日本近代化の歩みを侵略戦争と結び付けて疑問を投げかけている」、「戦後処理の不徹底により、日本は現在も侵略戦争の『影』を背負い続けている」[13]と総括し、日本について厳しい内容であると捉えている。しかし、当時の人民教育出版社の06年「教学大綱」版教科書[14]の内容と比較すると、06年上海版の歴史教科書は大きな変化が起こっていることがわかる。

図 43　抗日戦争に関する記述文字数の比較

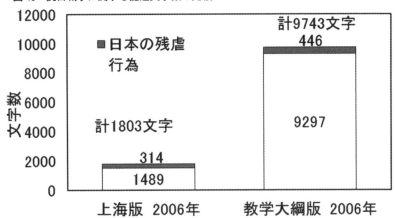

1　抗日戦争に関する記述

まず、抗日戦争に関する記述の分量が、2006年の上海版では大きく減少している。文明の発展、国の近代化を重視する「文明史観」に基づくと、抗日戦争に関する記述の分量は大きく減少する。これは後述する他社の教科書でも同様である。また、日本の残虐行為は、「教学大綱」版より若干少ないものの、一定の割合で記述されている（図43）。では、具体的内容はどうだろうか。

表7　06年上海版歴史教科書における抗日戦争の記述（要約）[15]
『歴史　高中三年級（試験本）』第41課　民族独立へ　抗日戦争

民族の独立、民主国家の樹立は中国革命の目標。中国人民は抗日戦争の勝利により、民族独立の決定的な一歩を踏み出した。
1931年9月、日本の侵略者は「九一八」事変を発動、東北三省を占領。溥儀を傀儡に、偽「満州国」を設立。1936年12月、西安事変。蒋介石は拘束され、共産党との協力による抗日を受け入れる。1937年7月、日本軍は華北で「七七」事変を発動。再度の国共合作の開始、抗日民族統一戦線の樹立。
日本の軍国主義者は長期にわたり中国併呑をたくらんでいた。蒋介石が共産党の革命根拠地を囲んでいるすきに、「九一八」事変を発動、天津、北平を脅かした。蒋介石は民族の危機にもかかわらず、張学良と楊虎城に陝西省北部の紅軍攻撃を命じた。張と楊は蒋介石を拘束し、共産党の周恩来などの調停を経て蒋介石は内戦停止、共同の抗日に同意した。「七七」事変後、紅軍は八路軍、新四軍となった。

抗日戦争の防御段階での正面戦場は、国民党部隊が主力だった。日本軍は「八一三」事変を発動し、上海を攻撃、蔣介石は70万の軍を派遣し、淞滬会戦を組織。中国軍は3か月の血の戦いののち撤退、国民政府は重慶に移転。国民党軍はまた忻口の会戦、徐州の会戦、武漢の会戦を組織。日本軍は平漢路、粤漢路の東部の地域の占領後、西へ進む力がなくなり、中国を投降させる目的を達せず、戦争は持久段階へ。
日本軍の4時間で上海占領、3か月で中国滅亡との妄言は、淞滬の会戦で砕かれる。一年あまりの会戦で、中日双方の犠牲は大きかった。日本軍は徐州へ進攻、中国軍は徐州で会戦を組織し、台児庄で大勝を得た。日本軍の再度の進撃で中国軍は徐州を撤退。日本軍は武漢へ迫り、蔣介石は花園口の黄河の堤防を破壊し、日本軍の進撃を阻止した。
共産党の八路軍、新四軍は、国民党の正面戦場に協力するほか、敵の後方戦場を開き、山東、チャハル、華北、山西、河南などに抗日根拠地を樹立、ゲリラ戦、地雷戦、地下道戦などを実施。彭徳懐の指揮下で八路軍の百余りの団が2千キロにわたり敵の交通線、傀儡軍の拠点を破壊。
日本軍による抗日根拠地への掃討。日本の侵略者は抗日の意志をくじくため、狂ったような大虐殺、細菌戦、毒ガス戦、「三光政策」を実施。
八路軍、新四軍は百万まで増大、日本の傀儡軍170万人あまりを殺傷するか、捕虜に。
日本軍は南京で6週間に及ぶ大虐殺を行い、30万の武器をもたない平民が日本軍に殺され、多くの女性が強姦され、殺戮された。日本軍はハルピンに731部隊を設置し、中国人で人体実験。日本軍の戦場での毒ガス弾使用は1千回あまりを超え、二百万の毒ガス弾が中国に遺棄されている。20万の中国人女性が慰安婦にされ、多くの労働者が日本軍と日本企業に強制連行され働かされた。
抗日戦争は世界各国から支援を受けた。1941年の太平洋戦争勃発後、抗日戦争は世界の反ファシズム戦争の重要な構成要素となった。ソ連の中国東北への出兵、米国の広島、長崎への原爆投下、中国軍の各地での反撃により、8月15日、日本の天皇は無条件降伏を宣言。中国人民の抗日戦争勝利。
ソ連の経済、軍事援助、航空志願隊の派遣。カナダ共産党と米共産党のベチューンをトップとする医療隊の派遣。インドの医療隊。米空軍の飛虎隊の命がけでヒマラヤ山脈を越えた援助物資の運送。

　2006年の「教学大綱」版（前掲第3章第6節の表6）との違いは、2006年上海版ではまず、抗日戦争は独立した章ではなく、第二次世界大戦後の国民党と共産党の内戦である「解放戦争」と並んで一つの章「民族独立へ」で扱われている。抗日戦争の流れを、国共合作、正面戦場、敵の後方根拠地の樹立、「南京大虐殺」などの日本軍の残虐行為、国際支援との順番で簡潔に

記載している。また、他の教科書にはない「慰安婦」の記載がある。これは、本教科書の執筆責任者である蘇智良・上海大学教授が「慰安婦」問題の専門家であることの影響であろう。

2006年「教学大綱」版と比べると省略されたのは、百団大戦の彭徳懐を除いた国共両党の抗日戦争の英雄、国共両党の会議や指導者の演説、汪精衛政権の樹立、日本軍による「経済略奪」、皇民化教育、共産党によるストライキ指導、蒋介石のファシスト独裁、皖南事変、抗日根拠地の共産党による大生産運動などである。そして、抗日戦争による3500万人の死傷者、5600億ドルの損害という党の公式見解も記載していない。すなわち、上海版の教科書では、共産党の功績も国民党に対する非難も、また日本に対する非難も、大幅に減少している。

2 戦後の日本に関する記述

以下では2006年上海版と2006年「教学大綱」版の戦後の日本に関する記述を見ていきたい。

人民教育出版社2006年「教学大綱」版と比べると、2006年上海版は、日本の戦後に関する記述が約4倍に増加している。「文明史観」から見ると、文明を大きく発展させた日本の戦後は、一定の評価がなされていることがわかる（図44）。

それでは、記述内容はどう違うのだろうか。

表8　06年「教学大綱」版『世界近代現代史』戦後の日本に関する記述（要約）[16]

| 第四章 両極体制のもとでの世界 | 第一節 戦後初期の国際関係と二極体制の形成 | 独日ファシズムに対する処理 | 日本は米軍に連合国軍の名目で占領された。極東軍事裁判が日本のファシズムに対する裁判を行った。米国は自国の利益から多くの中国人を殺害した日本ファシズムの戦犯を免訴とし、天皇制を残した。1946年から48年まで極東軍事裁判が開かれ、25名がA級戦犯となった。そのうち7名が死刑、16名が無期懲役、2名が懲役だった。 |

第4章　多様化する教科書：

図44　戦後の日本に関する記述文字数の比較

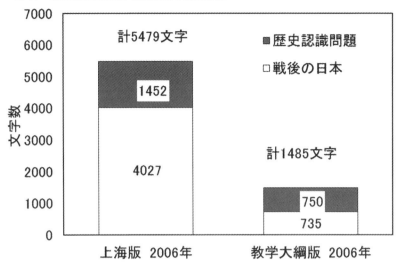

第二節 戦後の主要資本主義国家		西欧	西欧諸国と日本が米国の経済的覇権を脅かし、資本主義世界の米欧日鼎立の情勢を形成した。
		日本	戦後、日本は広範な社会改革を行い、生産の中の立ち遅れた要素を排除した。この間、冷戦の深化、特に中国大陸の情勢の変化により、米国は対日政策を変更し、日本を支援し始めた。米国は、日本にひいきした対日講和条約締結を主導し、日本に対する占領を終了した。
			日本政府は戦後、国民経済を非軍事化し、全力で経済建設を行い、外向きの経済発展戦略を固め、先進的な科学技術を導入し、生産性をあげ、同時に教育を重視し、人材を育成した。1955年以降、日本経済は高度成長期に入り、朝鮮戦争とベトナム戦争による米軍からの特需が日本経済を牽引した。60年代末、日本は米国に次ぐ世界第二の経済大国となった。80年代以降、日本は科学技術産業に力を入れ、経済を緩やかに成長させた。1987年、日本の一人当たりGDPは米国を超え、資本主義大国のトップとなった。
			朝鮮戦争勃発後、米は日本を社会主義に対抗する重要な拠点とすべく、日本経済を支え、多額の援助を行った。60年代末までに日本は40%の伝統工業品を淘汰し、新たな技術と産業が国民経済を牽引した。

			経済力の増大に伴い、日本は政治大国の地位を追求し、世界において更なる影響力を持とうとした。70年代中期以降、日本の軍事費は毎年増加し、米国の重要な戦略パートナーとなった。1975年以降、日本政府は「防衛」の名目で軍事力を増強し、米国との軍事協力を強化した。80年代以降、日本の軍事費は毎年6％以上の成長率を見せ、本来公表していた制限を何度も越えた。90年代以降、日本は「国際協力」の名目で、毎年海外に軍隊を派遣している。日本の軍事力の膨張は、アジア各国の人民の警戒を引き起こしている。
		矛盾と問題	右翼勢力が復活している。ファシズム、軍国主義等の右翼勢力は第二次世界大戦で壊滅的な打撃を受けたが、残余を排除できていない。日本には、絶えず侵略戦争の罪から逃れ、軍国主義の夢を温めようとする者がいる。世界大戦後半世紀以上にわたり、日本の右翼勢力は失敗に甘んじず、日本政府も日本ファシズムの侵略を受けたアジアの人民に真の謝罪をしていない。日本経済の発展に伴い、日本では軍国主義思想が再度勢力を得て、一部の閣僚も侵略の歴史をごまかす発言を行い、政府要人もほとんど毎年東条英機等のA級戦犯を祭っている靖国神社を参拝している。同時に、日本の右翼勢力が何度も歴史教科書を改ざんし、アジアの人民への侵略の罪を否定しようとしている。例えば、日本の歴史教科書は中国への「侵略」を「進入」とし、日本が戦争を発動した目的は、アジア人民の「解放」であったとし、日本軍の犯した罪を提起さえしない。一部の世論がこれに呼応し、南京大虐殺は「虚構」であるとし、日中戦争は中国が「しかけた」ものである等としている。
第十章 中華人民共和国の国防と外交	第二節 外交事業の発展と国防建設の成果		中米関係の緩和は、直接中日関係の発展を促した。1972年、日本の首相田中角栄が訪中し、中日国交正常化の取決めに署名した（日中共同声明の署名式の写真を掲載）。

　2006年「教学大綱」版の戦後の日本は、主に①極東軍事裁判、②米主導の講和条約、③科学技術導入、教育重視による経済発展、④政治大国化の野望、防衛費の増強、自衛隊の海外派遣に対する警戒、⑤日本政府による謝罪の不足、靖国神社参拝、政治家の不規則発言、歴史教科書問題といった歴史認識問題に分けられる。戦後の日本の経済政策については評価しているものの、戦後の政治的民主化はそもそも提起せず、戦争に対する反省も不十分で

あるとの立場を示している。戦後の日本に関する記述のうち、半分近くを歴史認識問題が占めており、全体として日本に対して厳しい姿勢をとっているのが特徴である。では、06年上海版の教科書はどうだろうか。

表9　06年　上海版『歴史　高中三年級（試験本）』戦後の日本に関する記述（要約）[17]

第31課 復興と繁栄	戦後の民主改革	第二次世界大戦後、日本は米国の占領下で民主改革を実施。明治維新以来の日本の現代化のプロセスを完結。サンフランシスコ講和条約で日本は形式的に独立、政治、経済、軍事的には米国の統制下。戦後の民主改革は日本経済の回復と発展の基礎、日本は第二の経済大国へ。経済力の増大に伴う日本の政治大国への願望。
		軍国主義は戦前の日本の政治制度の産物、アジア太平洋地域の国と人々に災難をもたらした。戦後米国は、日本で民主改革を強行。改革の内容は、新憲法の制定、農地改革、財閥解体。
		戦後、米国は、天皇制と裕仁天皇個人を分けた上で、新憲法問題を検討することを決定。
		米は天皇に「人間宣言」を発表させ、日本の天皇制保持の要求を満たした上で、天皇制の内容を変えた。1947年5月の「日本国憲法」は、天皇から大権を奪い、国事の形式上の儀礼を行わせ、実質の君主でなくした。
		新憲法の第一条は、天皇は日本の象徴で、国民統合の象徴とし、その地位は主権をもつ国民の意志に基づくとし、天皇は憲法改正案や法律、政令、条約、国会召集、解散、選挙、内閣総理大臣、最高裁長官の任命などの権利を持つが、これらの権利の行使は内閣の提案と承認に基くとした。
		課外学習：裕仁天皇の人格宣言は、自身を人であり神ではないとした。これは明治維新以来の天皇制への改革であり、封建的、血縁の世襲統治の撤廃であった。
		農地改革で地主制度を廃止し自作農制度を樹立、農業の発展を促進。農地改革により、地主の土地を政府が強制的に買い上げ、農地委員会を通じて小作農に分配。土地を購入したのは農家の80％。農村の90％が自作農地に。大地主制度は撤廃された。
		米国占領当局の指導で、財閥の持ち株会社を解散、財閥家族の企業経営への参与を禁止。企業の所有権と経営権の分離。低い身分の生まれの、開けた思想の企業家が企業の経営陣と

		なり、日本経済飛躍の基礎に。
		財閥の家族会議は排他的。三井、三菱、安田、住友などの財閥家族と責任者に一律に辞職させ、「私人独占禁止法」を制定し、財閥の復活を防止。
		閲読と思考：財閥解体後の企業は、経営上独立性と柔軟性を保持し、戦後の技術革新、産業構造の変化に対応した。創造力のある上中層の管理者が企業の指導的地位につき、企業経営の現代化、戦後の高度経済成長の条件を提供。家族経営と社会のエリートによる管理は何が違うのか考えよう。
		戦後の民主改革は、米軍の単独占領と日本人の民主的権利の要求という歴史的条件のもとで、資産階級による上からの民主改革。欧米の資本主義の積極的要素を取り入れ、自身の政治・経済分野の封建的要素を取り除き、明治維新が残した問題を解決し、日本の現代化を促進。
	サンフランシスコ体制	1948年以降、米ソ冷戦、中国人民解放軍の勝利により、米はアジア太平洋の戦略上の重点を中国から日本へ転換、対日政策も弱体化から支援へ変更、日本経済の再建。
		朝鮮戦争による特需、警察予備隊設置、海上保安庁増員。A級戦犯釈放、1951年9月、軍国主義者の公民権を回復、右翼団体の復活。
		1951年9月、サンフランシスコ講和条約。ソ連などが疑義を提起。米の強制で49か国が署名。
		サンフランシスコ講和条約には、各国が日本の主権を承認すると書かれたが、同盟国と日本が締結した条約に基づき、外国部隊が日本領土に駐留できるとし、また、南西諸島と小笠原諸島、沖ノ鳥島などを国連の委任統治とし、米国一国が管理するとの提案が同意された。
		サンフランシスコ条約で、日本は形式上独立、しかし政治、経済、軍事的には米の支配下に。
		サンフランシスコ講和条約と同時に、日本は米国と日米安保条約を締結、米軍の日本駐屯の権利を認め、日本政府の要求に応じて日本の内乱の鎮圧を可能とした。米軍とその家族に治外法権を与えた。半独立、半占領の体制がいわゆるサンフランシスコ体制。
	経済の奇跡	戦後の民主改革は、日本の高度経済成長の出発点。1950年代、日本は朝鮮戦争の間、米軍基地かつ補給線となり、特需で国内の景気をけん引。60年代の東京五輪を機に、インフラ

		を整備。1968年の明治維新百年の際に世界第二の経済大国になったと宣言。
		東京の幹線鉄道、首都高速、名神高速がオリンピック前に開通。日航、全日空のジェット機の導入、航空事業の発展。消費熱。家電製品が爆発的に普及、主婦の家事労働からの解放。（新幹線の写真）
		課外学習：日本の成功の原因：①国を挙げての経済建設、②私営企業への支援、③政府の積極的な経済への関与、④先進的な外国技術の導入、⑤科学的な経営管理、⑥現代的な教育、⑦政治的民主化
		6. 70年代に、日本は世界最大の鉄鋼輸出国、造船国に。自動車工業の発展。化学・電子工業は米に次ぎ世界二位。輸出額は世界第一位。80年代後半から世界第一の債権国と外貨備蓄に。
		経済力の増大に伴い、自主的に。1960年、日米安保条約改定により、米軍の日本の内政干渉の特権を排除。70年代、多国間自主外交の方針を確立。80年代から国連の活動に積極的に参加、安保理常任理事国入りを狙う。
	探求と議論	日独の戦争の罪に対する異なる態度。独国民は全国民的にナチスの歴史を反省、被害者に賠償、指導者も何度も謝罪。日本は米の庇護の下で天皇の責任を追及せず、大多数の戦犯も処罰されず、軍国主義に対する認識に間違いがある。右翼の台頭、政治家の発言。日本の安保理常任理事国入りの希望はアジアの隣国と平和を愛する人々からの抵抗を受けた。日本の歴史を認めない態度に鑑み、国際的に認められたリーダーシップを発揮できる国になれると考えるか。
		1987年以降、防衛費はGNPの1％を突破し、毎年増加した。1990年以降は、湾岸戦争をきっかけに海外派兵を禁止した現行憲法改正を何度も試みる。湾岸戦争後、ペルシア湾に6艘の掃海艇を派遣。
	史料	1945年10月15日、日本政府は336万の軍隊の武装を解除。海外の375万人の日本軍の解散と復員を実現。東京に設置された極東軍事法廷は28名のA級戦犯を審理、横浜、マニラ、南京、シンガポールなどでもB級、C級戦犯を審理。有罪となったのは4226名、941名が死刑。（『環球時報』2003年4月17日）
	復習と思考	終戦時、日本の工業の基礎は戦火で破壊されていた。しかし、日本の優秀な技術者と企業管理者、経済を理解した政治

		家、先進的な技術で社会経済を運営するシステムは健在。戦後、原材料を購入する資金を手にしてすぐ生産を開始し、経済を回復させた。1946年から48年にかけて経済成長率は100％超。日本の戦後経済の急速な発展の原因は何か。
		日本の「新歴史教科書」は歴史を歪曲し、民間団体は「凶化書」とまで呼んだ。日本の戦争に対する態度をどう見るか。
	歴史の海	靖国神社：明治維新以来の対外戦争の戦死者を祭っており、日本軍の武器、戦利品、遺品、遺書などを展示。1978年10月にA級戦犯を合祀。日本の国家指導者の靖国神社参拝は日本の侵略を受けたアジアの国の人々の抗議と日本国内の人々と一部の政党の不満を引き起こした
第43課 封鎖と開放	国際舞台への復帰	1972年のニクソン訪中は、日本を震撼させた。同年9月、田中角栄首相は首相就任二か月で訪中、米国に先駆けて中日国交正常化を実現。

　06年上海版は、中国で戦後の日本の民主改革を正面から評価した初めての教科書といえる。本教科書は、戦後の日本の民主改革は、「<u>日本が明治維新以来めざしてきた現代化を完成させた資産階級による上からの改革である</u>」と指摘し（注：下線は筆者）、その内容を新憲法制定、財閥解体、農地改革であると説明した。新憲法制定については天皇制を詳細に説明し、天皇の地位は主権のある国民の意志に基づくとし、天皇の行為は内閣の提案と承認に基づくことを説明した。また、財閥解体による家族経営の撤廃、多様な人材の経営層への登用、農地改革による大地主制の撤廃も指摘している。また、サンフランシスコ講和条約は日本を形式上独立させたに過ぎず、実質的には日米安保条約により米国の統制下にあったと指摘した一方で、戦後の民主化が高度経済成長の出発点となり、東京五輪を目指して国の建設が進んだこと、明治維新百周年の1968年に第二の経済大国となったことを紹介している。

　一方で、防衛費の増大、自衛隊の海外派遣、安保理常任理事国入りを目指す動きを紹介し、戦後処理については独と比較して反省が不十分であることや、極東軍事裁判、歴史教科書問題、靖国神社について詳細に記述している。

本教科書は日本の戦後について、政治、経済両方のプラス、マイナスの側面からより包括的に記述しようとしている。歴史認識問題や日本への警戒は依然として指摘されているが、日本の戦後の発展を日本の資産階級による上からの民主改革のおかげであるとし、肯定的に評価したことは、資産階級による改革は成功しない、社会主義のみが中国を救えるとしてきたこれまでの党の「正しい歴史観」[18] に対する大きな挑戦であった。国を発展させるのは民主改革が起点となるという教科書執筆者の考えが伺われる。

また、日本の新憲法については、中国にとっては敏感な問題であろう国民主権、基本的人権、平和主義という日本の憲法三原則に関する説明を避け、天皇制の変化のみに焦点を当てて解説し、天皇の地位と行為が国民の民主的な意志に基づくものであるとし、国民に主権があることを指摘した。これも、第二章第4節で述べた、資本主義国の政治制度は資産階級のための統治の道具であり、広範な民意を代表することはできないとの党の「正しい歴史観」に対する大きな挑戦である。更に、2008年の北京五輪を控え、東京五輪を目指した当時の日本の経済建設から学ぼうとする姿勢も見られる。本教科書は、日本の戦後の発展の原動力を分析し、その経験から学ぼうとする姿勢と、歴史認識問題に対する不満とを分けて対応し、良いものは学び、批判すべきは批判するという態度を示している。

はじめにの第一節第2項で述べたとおり、日本政府は中国政府に対し戦後の日本の平和の歩みに対する評価を求めているが、本教科書は、ある程度日本政府のこうした要望に近づいた教科書であったともいえよう。

第2項　現在上海で使用されている高校の歴史教科書

以下では、2007年に上記教科書の使用が停止された後から使われている上海市中小学（幼児園）課程改革委員会『高級中学課本高中歴史第六分冊（試験本）』（華東師範大学出版社、2013年）の抗日戦争と戦後の日本に関する記述を分析する。

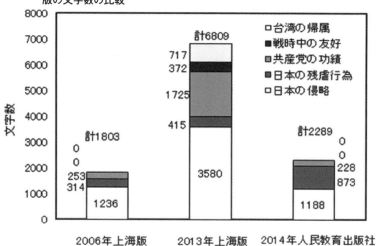

図 45：抗日戦争に関する 2013 年上海版と 2006 年上海版、2014 年人民教育出版社版の文字数の比較

1　2013 年上海版の抗日戦争の記述

ここでは、2013 年上海版の抗日戦争の記述を 2006 年上海版、2014 年人民教育出版社版と比較する。

2013 年の上海版は、2007 年に第二期教育改革の高校歴史教科書が使用停止になり、臨時教材が使用された後、2009 年の初版のものである。2013 年上海版の抗日戦争の文字数は大幅に増加した。逆に 2006 年に初版が出版され、現在も使用されている 2014 年人民教育出版社版の方が、抗日戦争の文字数、内容ともに 2006 年上海版に近い構成になっている。今回入手できた現在使用されている教科書の中では、2013 年上海版が抗日戦争に関する記述が最も多い（図 45）。

それでは、記載内容はどうだろうか。

表 10：2013 年上海版の抗日戦争の記述（要約）『高中歴史　第六分冊』[19]

	七七事変	1937 年 7 月 7 日夜、日本軍は盧溝橋付近で軍事演習を実施、兵士 1 名の失踪を口実に城内の捜査を要求し、中国軍に拒絶されると攻撃を開始、中国守備軍も反撃。全民族の抗戦の開

第一課抗日民族統一戦線の樹立		始。7月8日、共産党は民族統一戦線を築き、日本の侵略者に抵抗するよう全国に電報を発出。蒋介石は廬山談話を発表。共産党は蒋介石に国共合作宣言を提出、国民両党の合意で紅軍は国民革命軍の八路軍と新四軍。蒋介石は共産党の合法的地位を認める談話を発表。第二次国共合作、抗日民族統一戦線の成立。
	八一三事変と南京大虐殺	日本軍は上海、南京を占領し、中国に降伏を迫ろうとする。1937年8月13日、淞滬会戦の開始。14日、南京国民政府は「自衛抗戦声明書」を発表。これは、抗日戦争初期の初めての大規模な会戦、日本の侵略者の3か月で中国を滅ぼすとの妄想を打ち砕く。中国の兵士は上海の人民と全国の同胞の支援で、劣った装備で日本の現代化された軍隊と戦い、愛国主義的な悲壮な物語を残した。11月、中国軍は上海撤退。
		1937年12月13日、南京陥落。国民政府は重慶へ移転。日本軍による南京大虐殺。南京の平民と捕虜が集団で銃殺され、焼かれ、生き埋めにされ、その数30万以上に達した。日本軍は至る所で強姦、放火、略奪を行った。そのファシズム的行為に中国と世界の人民は憤慨。
	文献選抜	盧溝橋、第一の防衛線で我々の墓である。民族の運命は我々の銃口にかかっている。存亡はこの一挙にかかっている。 －鄭振鐸『盧溝橋』より
	図を見て学ぼう	第88師524団第一営の八百名の兵士は蘇州河の四行倉庫を防衛。謝晋元副団長は任務を全うするまでは簡単に死なないと述べた。日本軍は飛行機、艦船、戦車を使い四行倉庫を攻撃したが落とせない。上海市民も勇士に食糧を支援。八百の勇士は四昼夜奮戦、日本軍百名を消滅させた。
	参考文献	小野賢二、藤原彰、本多勝一の書いた『南京大虐殺：日本軍兵士の戦場日記』（中国社会科学文献出版社、2007年）は南京大虐殺に参加した19名の兵士の日記をもとに、南京大虐殺の残忍な場面を再現。
	文献選抜	12歳の少女から60歳の老女までみな強姦された。夫は寝室から追いやられ、妊婦は腹を割かれた。あちこちに顔が黒く変色した遺体。家も店も略奪された。夜は火が夜空を照らし、昼は煙が充満。活力と希望に満ちた首都はすでに空っぽで心が痛む。（宣教師 Vautrin の日記）
	練習	中国共産党の「国共合作宣言公布のために」は「民族内部が団結して初めて日本帝国主義の侵略に勝てる」とし、基本的要求と保障を提出した。当時の状況を分析し、なぜこれが国

		共両党合作の政治的基礎になったのか分析しよう。
第二課 正面戦場と敵の後方の抗日根拠地	平型関の大勝と敵の後方根拠地の樹立	1937年8月、共産党中央は洛川で会議を開き、「抗日救国十大綱領」を採択、敵の後方に抗日根拠地を樹立することを決定。9月、国民政府による太原の会戦、八路軍115師は平型関で日本の精鋭部隊1千名あまりを殲滅、これは抗日戦争開始以来の初めての勝利。平型関の大勝は全人民の士気を高めた。毛沢東は、今後の抗日戦争の指導思想を、「独立自主のゲリラ戦と運動戦」と総括した。八路軍は山西、チャハル、河北、山東、河南などの抗日根拠地を、新四軍は蘇州南部、安徽中部の抗日根拠地を樹立。人々を動員し、敵の後方戦場と正面戦場が共に日本の侵略者を攻撃。1938年10月、抗日根拠地の面積は百平方キロあまり、人口も5千万人以上に。
	徐州、武漢の会戦	1938年春、日本軍は徐州を攻撃。中国第五戦区司令官の李宗仁は60万の軍隊を指揮。3月、日本軍は台児庄を攻撃、中国軍は日本軍1万人あまりを殺傷、台児庄の戦役は抗日戦争開始以降の中国軍の最大の勝利。中国軍は犠牲を恐れず市街戦では決死隊を組織し、失地を回復した。5月、徐州が陥落。中国軍は4ヶ月戦い、日本軍の武漢進攻を遅らせた。6月、日本軍は武漢を攻撃、国民政府は日本軍を消耗させるため持久戦を実施。10月、武漢陥落。日本の速戦即決のたくらみは破産。日本軍の武漢占領後、抗日戦争は持久段階に入った。5月から10月までの間に、日本の海軍は飛行機136機、航空兵116名を失った。
	百団大戦	日本は中国に対する侵略政策を調整し、国民党には政治的な投降の働きかけを主、軍事的攻撃を副とし、主要な兵力を共産党の抗日根拠地へ向けた。日本軍は根拠地を掃討し、封じ込め政策を実施。八路軍は彭徳懐の指揮で百団大戦を実施し、5千里にわたる戦線で、華北の日本の傀儡軍2万5千人あまりを殲滅、鉄道470キロを破壊し、日本軍の西北、西南への進攻を牽制した。毛沢東はこれを称賛する電報を出した。
		<u>1940年8月、八路軍が正太鉄道を攻撃した際、戦火で父母を失った日本の女児2人を助けた。1人は5、6歳、もう1人はまだおくるみに入った赤ん坊だった。聶栄臻総司令が現地の日本の司令部に手紙を出し、女児を引き取り、親戚に育てさせることを求め、また日本の兵士にこの罪深い戦争に反対するよう求めた。1972年の中日国交正常化の後、成人した女児の1人が中国へ来て聶栄臻元帥を訪ねて謝意を表明し、感動的な一幕となった。</u>

		敵の後方戦場は日本軍と傀儡軍の大部分の兵力を殲滅、徐々に中国人民の抗日戦争の主戦場になった。
	中国遠征軍の英領ビルマ作戦	太平洋戦争勃発後、日本は東南アジアへ進攻。英は中国に英領ビルマ作戦への派兵を要求。1942年初、中国は「中英の英領ビルマ・雲南道路共同防衛協定」に基づき、遠征軍10万人を派遣。日本軍と激戦の結果、遠征軍は包囲されていた英軍7千名を救出、日本軍に大きな打撃を与えた。しかし、米英中の目標が一致せず中英合同軍は撤退。雲南西部に撤退した部隊は、再度中国遠征軍司令部を組織。半年に及ぶ英領ビルマ作戦により、中国西南の国際運輸ラインを確保、太平洋の連合国軍の反撃を支援。
	図を見て学ぼう	1942年初、戴安瀾は二百の師を率いて英領ビルマ作戦に参加、多くの功績をあげた。敵5千名あまりを殲滅。5月18日の英軍撤退のための防衛戦で、銃弾が肺を貫通し、傷が糜爛し、26日に死亡。享年37歳。1956年、中国政府内務部が彼を革命烈士に追認。
	練習	1. なぜ敵の後方戦場と正面戦場が共に日本の侵略者を攻撃する態勢になったといえるのか。 2. <u>資料を見て回答しよう。「中日両国人民はそもそも恨みもなく、日本の権力者による専制や、対内的な暴政、対外的な戦争の結果、日本人民は生活不安に陥り、故郷を離れ、未亡人、孤児を生み出している。日本軍は中国の平和な住民に対し、放火、殺人、強姦、略奪を意のままにし、非人道的であり、中国人に与えた傷は深い。実は、中日の両民族は空前の大災難にあり、これは日本の権力者がもたらした万ほどの悪の罪状なのだ。」これは、聶栄臻元帥が2人の日本の女児を助けるため日本軍に出した手紙（1940年8月22日）である。この手紙を見てどう思うか。</u> 3. 英領ビルマ遠征軍の作戦の役割と意義を述べよ。
	探索と議論	1938年5月、中国国内の速勝論と亡国論に対し、毛沢東は「持久戦を論じる」を発表、抗日戦争を持久戦だと論じた。「持久戦を論じる」を読んで、内容を理解し、当時の歴史と結びつけ、感想を語ろう。
第三課 抗日戦争の勝利	共産党第7回大会	1945年4月、共産党第7回大会が延安で開催され、毛沢東は政治報告「連合政府を論じる」を発表。人民の力を育て、党の指導で日本の侵略者を打ち負かし、全人民を解放する政治路線を決定。議長席の壁には「毛沢東の旗のもと前進」との横断幕があった。朱徳、劉少奇、周恩来も報告を行った。共

	産党は毛沢東思想を全ての仕事の方針とすることを決定。
日本の投降	8月6日、9日、米は日本に原爆を投下。8日、ソ連の対日宣戦、東北出兵。毛沢東の「日本の賊への最後の一戦」の声明は、八路軍、新四軍、その他の人民武装勢力に総攻撃を要求。8月15日、日本の裕仁天皇は無条件降伏を宣言。9月9日、南京で日本の投降式。抗日戦争は1840年以降、中国が外敵の侵略に抵抗し完全に勝利した初めての民族解放戦争。抗日戦争の勝利は中華民族の偉大な精神を発揚、中華民族の復興に向かう歴史の転換点。中国は世界の反ファシズム戦争の東方の主戦場で、中国の戦場が長期にわたり日本軍の主要兵力を牽制、日本軍150万を殺傷もしくは捕虜とし、日本の侵略者の壊滅に決定的役割を発揮。中国人民の抗日戦争は、連合国がファシズムの反動勢力に勝利するために確固たる歴史的貢献をした。抗日戦争期間中、中国軍民の死傷者は3500万、直接的な経済損失は1千億ドル、間接的な損失は5千億ドルに達した。極東軍事裁判、中国、ソ連等の軍事裁判は日本の戦犯を裁き、侵略戦争を発動した罪人を処罰した。これは歴史的な裁判で、その正義は揺らぐことなく挑戦することもできない。
台湾の光復	1945年10月25日、中国政府の代表が連合国中国戦区の台湾省で投降式典を行い、世界に向けて、台湾は正式に中国の領土に戻ったと宣言。1895年、日本は侵略戦争で清政府に不平等な「下関条約」締結を強要、台湾を占領。1941年12月、中国政府は「対日宣戦布告」で、中国は下関条約を含む全ての中日間の条約を撤廃し、台湾を回復すると宣言。1943年の中米英のカイロ宣言も、日本は台湾などを中国に返還するとした。1945年7月のポツダム宣言は、カイロ宣言の条件は必ず実施されるとした。同年8月、日本は投降の際、「日本投降条項」においてポツダム宣言の各規定の義務を忠実に履行するとしている。台湾は中国の分割できない一部であり、太平洋戦争勃発後の4つの国際法的文書が、台湾の中国帰属に揺るがすことのできない法的基礎を提供している。10月25日、台湾各界で祝賀大会開催。10月25日は台湾の光復節とされた。
練習	1. 毛沢東は第7回党大会の開幕スピーチ「二つの中国の運命」において、中国人民の目の前にあるのは明るい道と暗黒の道であり、我々は明るい前途を勝ち取るべきであると述べた。明るい道、明るい中国の運命、暗黒の道、暗黒の運命とは何か。明るい運命を勝ち取るには如何なる指針に従うべきか。

| | | 2. 抗日戦争勝利の主な要因を分析せよ。 |
| | | 3. 台湾の歴史の表を完成させ、史実で台湾は中国の分割できない一部であることを説明せよ。 |

　下線部は、これまでの教科書とは明らかに異なる記述内容を示した。2013年上海版の内容は、06年「教学大綱」版に近い。盧溝橋事変、抗日民族統一戦線の樹立、正面戦場、「南京大虐殺」、後方根拠地の樹立、百団大戦、共産党第7回党大会などは、06年「教学大綱」版とほぼ同じ内容である。一方で、日本の「経済侵略」、汪精衛の「傀儡政権」樹立、国民党による独裁と反共活動などは、記載されていない。「南京大虐殺」については、30万人以上の犠牲者が出たこと、いたるところで放火、虐殺、強姦があったという既定の内容を簡潔に記載している。06年「教学大綱」版のように、日本の残虐行為を感情的に非難するような記述はない。

　他方で、2013年上海版は抗日戦争中の毛沢東の演説を複数回取り上げている。これは、06年版の教科書が米メディアに毛沢東がいなくなったと報道され[20]、使用停止になった影響もあろう。

　特筆すべきは、これまでどの教科書も取り上げていない聶栄臻元帥が戦場で日本の孤児二人を救い、その女の子が成人して国交正常化の後、訪中して聶元帥に感謝したこと、聶元帥が当時女の子を日本軍に引き渡す際に添えた日本軍宛の手紙を掲載していることである。同手紙は、日中両国は何の恨みもないのに故郷を失い、家族を失い、この戦争に何の意味があるかと訴えたことを掲載している（筆者注：図35で戦時中の友好としてカウントした）。

　更に、台湾について取り上げ、台湾が日清戦争後の下関条約で日本に割譲されたこと、及び1941年の太平洋戦争勃発の際の「対日宣戦」、43年の「カイロ宣言」、45年7月の「ポツダム宣言」、同8月の「日本投降条項」を国際法的根拠とし、台湾は中国の一部であると記載した。

2　2013年上海版の戦後の日本に関する記述

　以下では、2013年上海版の戦後の日本に関する記述を分析する。

図 46 戦後の日本に関する 2013 年上海版と 2006 年上海版、2014 年人民教育出版社版の文字数の比較

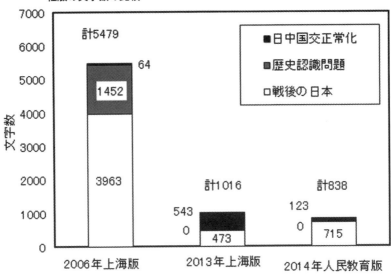

　2013 年上海版は、戦後の日本に関する記述が 2006 年版に比べて大幅に減少し、2014 年人民教育出版社版に近い文字数になっている。歴史認識問題は記載されていない(図 46)。では、記載内容はどうなっているのだろうか。

表 10　2013 年上海版『高中歴史　第六分冊』戦後の日本に関する記述（要約）[21]

| 第10課 大国関係 の再構成 | 米欧日関 係の変化 | 西欧各国と日本経済の回復と発展に伴い、資本主義陣営の内部で構造調整が生じた。 |
| | | 20 世紀 60 年代以降、日本の経済は急速に発展、1968 年に米ソに次ぐ世界第三の経済大国に。米の覇権的地位の没落と日本経済の発展により、日米貿易摩擦が加速。70 年代、日本は何度も経済大国に相応しい政治的役割の発揮を強調し、多国間自主外交政策を実施。1950 年から 70 年まで、日本の工業生産成長率は年間 14％、鉄鋼、自動車、家電製品などの技術は世界をリード。日米貿易で、米国の赤字は 1968 年の 10 億ドルから 1986 年には 520 億ドルに。経済発展は日本と米国の闘争を引き起こした。1960 年の新日米安保条約は旧条約にあった、米国は日本の暴動を鎮圧できるとしていた条項を削 |

第4章 多様化する教科書： 181

		除。1961年、池田勇人首相は、日米関係の目標は対等なパートナーシップだと述べ、1972年、沖縄が返還された。同年、田中角栄首相は多国間自主外交を唱え、米中に先駆けて日中の国交を回復した（田中角栄首相、大平正芳外相と毛沢東の会見の際の写真を掲載）。資本主義陣営は米国の一人勝ちから徐々に米欧日の三勢力鼎立となっている。
第26課 外交舞台の開拓	中日国交回復	中米関係が突破的に発展する中、日本も対中政策を変更。1972年7月、田中角栄内閣は中日国交正常化を最重要課題とし、中国政府もこれに積極的に反応。9月、田中首相は訪中し、中日国交正常化について会談を行った。訪中前、キッシンジャーが田中になぜそんなに急ぐのか尋ねたが、田中は「中日関係は米日関係よりも歴史が長い」と答え、大平正芳外相も「日本は米と歩調を合わせる時代は過ぎ去った、日本は今責任ある行動をとり、独自に決定するべきだ」と述べた。
		1972年9月29日、中日両国は「共同声明」に署名、中日両国の現在までの不正常な状態の終了を宣言、日本は中華人民共和国政府が中国の唯一の合法政府で、台湾を中国の分割できない一部と認め、両国は正式に外交関係を樹立した。日本側は過去の戦争を通じて中国国民に重大な損害をもたらしたことの責任を痛感し、これを深く反省し、その前提において中国政府は中日両国人民の友好のために戦争賠償の請求を放棄した。中日関係は新たな時代に入った。
		1978年8月、両国は平和友好条約を締結、平和共存五原則を基礎に、両国の恒久的な平和友好関係を発展させるとした。お互いの関係において、全ての平和的手段で一切の争いを解決し、両国間の経済、文化的関係を更に発展させるとした。両国の善隣友好関係は新たな段階に入った。
	練習	3. 1972年、日本はなぜ対中政策を変更したのか。日本政府は過去の侵略戦争にいかなる表明を行ったのか。

表11　2014年人民教育出版社『歴史1必修』戦後の日本に関する記述（要約）[22]

第24課 外交の新局面を開く	中米、中日関係の正常化	中米関係の改善は、直接中日の国交樹立を促した。第二次大戦後、日本は長期にわたり米国に追随し、中国を敵視する政策をとっていた。米国は中国と関係を緩和させようとし、日本を迂回した。これは、日本で大きなショックを引き起こした。1972年、就任したばかりの田中角栄首相は周恩来の招請で訪中し、外交関係樹立のための共同声明に署名した。

第26課 世界の多極化の趨勢の出現	前言	日本は米国の支援と自身の努力により、世界の経済大国となり、政治大国の地位を目指し始めた。
	日本の政治大国の地位の追及	第二次大戦中、日本経済は大きく破壊された。戦後、米国は日本の工業設備を強制的に没収し、戦勝国に対する賠償を実施させるのと同時に、日本政府の民主改革を進め、軍国主義の社会・経済的基礎を取り除き、生産関係の封建的で立ち遅れた要素を消去した。これは、日本の経済回復に基礎を提供した。1948年、冷戦の悪化に伴い、米国は日本の経済回復を支援した。米国はまず日本の対米賠償を何度も削減し、最後にはこれを免除し、没収した工業設備をすべて日本に返還した。米国は日本経済の再生に必要な資金と物資も提供した。朝鮮戦争勃発後、米国は日本で大量の軍事物資を調達し、日本は特需による収入を得た。朝鮮戦争は、西側各国の軍拡を進め、物資購入ブームが起こり、日本は再度世界の市場に扉を開いた。日本政府は国内外の経済情勢に基づき、国情にあう経済戦略をとった。日本政府は出資を拡大し、教育を重視し、貿易立国、輸出第一のスローガンを出した。20世紀80年代に、日本は米国に次ぐ第二の経済大国になった。経済力の発展に伴い、日本は国際舞台で独特の役割を求めるようになった。80年代、日本は政治大国となる目標を提起した。
	学習の窓	20世紀80年代、日本は経済大国になり、国内で国際問題に関する発言力が求められるようになった。「経済大国」、「政治小国」とのイメージの変更が求められた。中曽根康弘総理はある演説で、世界の政治において日本の発言権を強化し、日本の経済大国としての影響力を増すだけでなく、政治大国としての影響力も増大させなければならないと述べた。
第27課 世紀末の世界の局面	多極化の進展	EU以外の日本、ロシア、中国などの政治力も絶えず増大している。日本は冷戦崩壊を政治大国の列に入る好機と考え、国連安保理常任理事国の地位を得るために努力している。

　2013年上海版からは、2006年上海版にあった日本の戦後の民主改革の記述がなくなった。2013年上海版は、日本の高度経済成長を説明した後、日米関係の変化、日本の自主外交政策への転換、その結果として米に先駆けた中国との国交正常化という流れで説明している。そして、日中国交正常化が田中首相、大平外相の尽力によるものであるとした上で、日中共同声明の内容を説明し、日本が先の戦争の責任を痛感し、深く反省したこと、中国政府

が両国の友好のために賠償を放棄したこと、日中平和友好条約の一切の争いを平和的手段で解決するとの文言と、これにより両国関係が新たな段階に入ったことを指摘している。

2014年人民教育出版社版は、これまでの同社の教科書の中で初めて、戦後の日本の民主改革が日本経済発展の基礎となったと記述した。これは、2006年上海版の影響であろう。しかし、2006年上海版のように民主改革の内容の詳細には触れていない。また戦後の賠償の軽減、朝鮮戦争の特需と政府の政策、教育重視、貿易立国政策により経済発展を実現したこと、経済力の増大につれて国際的に役割を発揮し、政治大国、安保理常任理事国入りを目指すようになったことを指摘し、基本的にこれまでの同社の教科書の内容を踏襲している。また、日中国交正常化については、簡単に、中米関係改善、ニクソン訪中の結果として、田中角栄の訪中、日中共同声明の署名が説明されている。

2013年上海版は、2014年人民教育出版社版に比べて、未来にわたる両国の平和的関係の重要さを理解させる内容になっているといえよう。

第3節　全国版教科書：
民間出版社の教科書に描かれた日本

以下では、全国的に使用されている民間出版社の教科書を分析する。

第1項　「革命史観」から「文明史観」へ

現在、全国で使用可能な高校の歴史教科書は、人民教育出版社版（北京）、北京師範大学版（北京）、岳麓書社版（湖南）、人民出版社版（北京）、大象出版社版（河南）の5種類がある。これは、教育部の検定を通過し、全国で使用することが認められた教科書である。現在、最もシェアが大きいのは岳麓書社版であり、全国の70％に達している[23]。ここではシェアが最も大きい岳麓書社版と、「課程標準」研究・制定グループ長の朱漢国北京師範大学

教授が主導した人民出版社版の教科書に描かれた抗日戦争および戦後の日本に関する記述を分析する。

　岳麓書社版も人民出版社版も両方とも「文明史観」に基づいている。これらの教科書が依拠した「普通高中課程標準」では、前言部分で高校の歴史の目標を「歴史唯物主義の観点で人類の歴史的発展と規則を理解する」と掲げているものの、教科書の内容を指定した部分では、唯物史観をとらず、人類の発展の歴史、つまり政治、社会、経済、文化の発展の歴史という視点から描き、社会主義制度は、欧米の資本主義制度と並んで、人類の政治制度の一つとして描かれている。同「課程標準」は、「革命史観」については、ごく簡単に「階級、階級の関係と階級闘争を正しく理解する」と触れたのみで、その後にすぐ「歴史の角度から様々な政治制度の誕生、発展とその歴史的影響を見て、政治的変革は社会の歴史的発展の多くの要素が影響しあった結果であることを理解し、それに対して科学的な評価と解釈を行うこと」、「専制から民主、人治から法治へは、一つの長い困難な歴史的過程であり、かつ社会主義政治文明建設のために奮闘する人生の理想である」とし、政治的変革は社会の様々な要因の結果であるとし、大衆の革命により封建王朝、資産階級が倒され、社会が発展するという「革命史観」への決別を告げている。また、これまでのイデオロギー的な評価や解釈ではなく、「科学的な評価と解釈」を重視し、「専制から民主」へ、「人治から法治」へと転換することが、共産党が指導する社会主義政治文明の理想的姿であると大胆にも指摘している[24]。

　岳麓書社版の歴史教科書はその前言で、「先進的な政治制度は経済発展、文化の繁栄を促進し、遅れた政治制度は優秀な文化を破壊し、生産力発展の足かせとなる」とし、あたかも共産党による文化大革命を想起させる記載がある。そして、「数千年の文明史において、人類は政治制度の確立、改革と改善を通じ、社会の進歩を促した。このプロセスにおいて、統治者のトップダウンの改革もあれば、人民大衆が竿を持ち立ち上がった抗争もあり、徳のある有識者の未来に名を残す努力もあれば、卑しい賊の万年にわたる汚名も

ある」とし、これまでの「革命史観」と異なり、資産階級によるトップダウンの改革も評価すべきは評価するとの立場をとり、人民大衆による革命、すなわち「竿を持ち立ちあがった抗争」と並列に扱っている。そして、「科学的な評価と解釈を経て、専制から民主へ、人治から法治への長い困難な歴史の過程を理解することは、人類文明の重大な成果であり、我々の社会主義政治文明を建設するためにたゆまぬ努力をするという理想を更に強固なものにしていくだろう」、と「課程標準」の内容をほぼ引用している[25]。

このように、岳麓書社版はその前言に、階級闘争、唯物史観というようなイデオロギー的な内容は全く取り上げていない。こうした歴史教科書が中国の一地方である湖南省の出版社から出され、教育部の検定を通過し、これまで国定教科書を作成してきた人民教育出版社版の教科書を圧倒し、全国で70％のシェアを得ている、これこそが、中国の現在の歴史教育の現状である。中国の歴史教育は21世紀に入り、大きく変貌したと言ってよい[26]。

では、人類の発展、文明の発展を重視したこれらの教科書において、抗日戦争と戦後の日本はどのような位置づけで描かれているのであろうか。

第2項　人民出版社版、岳麓書社版の教科書に描かれた抗日戦争

以下では、人民出版社、岳麓書社の高校の歴史教科書に描かれた抗日戦争を分析する。

抗日戦争の記述文字数は、出版社によって大きなばらつきがある。2006年の「教学大綱」版の抗日戦争の記述は9千字を超えていたが、各社の「課程標準」版における抗日戦争の記述は大きく減少しており、2012年人民出版社版は3千字強、2013年岳麓書社版は1700字強である。「南京大虐殺」など日本の残虐行為についても、人民出版社版の169字から人民教育出版社版の873字までばらつきがある。

また、人民教育出版社版と岳麓書社版は、抗日戦争の記述のうち、日本の残虐行為が3分の1以上を占めているが、人民出版社版は5％程度である。抗日戦争における共産党の功績は三社ともに10％から20％程度になってい

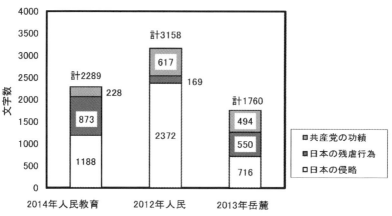

図47 抗日戦争の文字数の比較

る（図47）。それでは、人民出版社版と岳麓書社版の教科書の内容の詳細はどのようなものだろうか。

表12　2012年人民出版社『歴史必修第一冊』抗日戦争の記述（要約）[27]
テーマ二　近代中国の国家主権を維持するための闘争　偉大な抗日戦争

中国を侵略した日本軍の罪	1937年7月7日、日本軍は兵士1名の失踪を口実に、宛平城の捜査を要求、中国軍の拒絶にあい、攻撃開始。7月末、北京、天津陥落。日本は華東と華北に向けて攻撃開始、3ヶ月で中国を滅ぼす妄想を抱く。8月13日、日本軍は上海へ進攻、八一三事変。上海陥落。
	1937年12月、南京陥落。日本軍は、武器を放棄した軍人と武器を持たない平民に六週間に及ぶ殺戮を実施、30万人が殺害され、多くの女性が蹂躙された。
	1938年5月、日本軍は徐州を占領。12月、広州、武漢陥落。中国は華北、華中、華南の多くの領土を失う。
	日本は国際法に違反し、中国で細菌・化学兵器を製造、人体実験を行い、20の省で細菌戦と毒ガス戦を実施。侵略の過程で、南京大虐殺のような事件を多く起こし、中国人民に大きな罪を犯した。（中国における日本の細菌・毒ガス部隊の分布図）
	日本軍は中国人で中国人を制する政策をとり、裏切り者を利用し、傀儡政権を作り、殖民統治、経済略奪、奴隷化教育を実施。中華民族は最も危険な時に面した。中国の軍民は、強い民族団結力を示した。

資料カード	支那を征服するにはまず満州、蒙古を征服し、世界を征服するには支那を征服する必要がある。支那が完全に我が国に征服されれば、その他の中小アジア、インド、南洋などの民族は、我々を敬い降伏するだろう。世界に東亜は我が国の東亜であり、我々を侵略できないことを知らしめる。－田中上奏文
全民族の抗日戦争	1937年8月14日、国民政府は「自衛抗戦声明書」を発表。八一三事変後、紅軍は国民革命軍の八路軍、新四軍に。9月、国民党は共産党が提供した国共合作宣言を発出、抗日民族統一戦線の正式な樹立。労働者、農民、兵士、学生、商業界、各民族、民主党派、社会各層の愛国者と海外の華僑が共に抗戦に参加。国共両党の協力。国民党は正面戦場で多くの戦役を組織、共産党は敵の後方戦場を開拓し、共に日本軍の侵略に抵抗。
	淞滬の会戦では、上海とその周辺地で三ヶ月の激戦。日本の3ヶ月で中国を滅ぼすとの妄想を打ち砕く。日本の大規模な援軍に対し、中国軍隊は決死隊を組織し奮闘したが、ほとんどが戦死。
	太原の会戦では、八路軍も参加。平型関で日本軍を待ち伏せし、抗日戦争で初めての大勝を得た。
	1938年春、徐州の会戦。李宗仁の指揮で台児庄で1ヶ月あまりにわたり戦闘。中国兵約1万9千5百名の犠牲とひきかえに日本軍1万人あまりを殲滅。抗日戦争以来最大の勝利。正面戦場は日本軍を消耗させたが、敵の進攻を止められず、1938年10月、広州、武漢陥落、戦争は持久段階へ。
	1937年、共産党は陝北の洛川で会議を開催、全民族の力を動員した全面的な抗日路線を決定。八路軍、新四軍は敵の後方でゲリラ戦を展開、抗日根拠地を建設。1937年9月、陝甘寧辺区政府成立、全国の抗日根拠地の指揮の中枢と総後方に。共産党の指導で、抗日根拠地の軍民は、日本軍の掃討を撃退。1940年後半、彭徳懐が率いる百団大戦。
	モンゴル抗日ゲリラ隊、回族支隊など少数民族部隊も活躍。敵の後方戦場が徐々に抗日戦争の主戦場に。
	国民党軍は正面戦場で引き続き日本軍を攻撃。1940年5月、湖北の棗宜の会戦で、張自忠総司令は9昼夜日本軍と戦い、犠牲に。
知識の連結・華僑の抗日戦争支援	8年の抗日戦争の間、海外の華僑が中国の国債10億ドルを購入。また、1940年には飛行機217機、戦車27台、救護車1千台、綿花、薬品等を提供。4万人あまりの華僑が帰国して直接戦闘に参加。世界各地で日本製品ボイコット運動を展開。華僑の抗日への支援は、勝利のために重要な貢献。
思考学習	なぜ抗日戦争は全民族の戦争といえるのか。

資料カード	全面的な全民族の抗戦のみが、最後の勝利を得ることができる。－共産党中央洛川会議－
思考学習	なぜ抗日戦争は持久戦だといえるのか。
抗日戦争の偉大な勝利	1941年12月8日、太平洋戦争勃発、9日、中国政府は対日宣戦。1942年1月、世界反ファシズム陣営成立。中国戦区の最高総司令は蒋介石。
	1944年、後方根拠地の軍民が局部的な反撃。1945年春、第7回党大会開催、党の任務を大衆動員、日本の侵略者の撃退、全国人民の解放とする。毛沢東思想を党の指導思想に。
	1945年7月、ポツダム宣言、8月、米軍の広島、長崎への原爆投下、ソ連の対日宣戦。
	毛沢東による「日本の賊への最後の一戦」の発表、正面戦場と敵の後方の軍民の反撃。
	8月15日、日本は無条件降伏を宣言し、9月2日に投降文書に署名、10月25日台湾復帰。抗日戦争は中国人民が帝国主義の侵略に抵抗した中で得た初めての完全な勝利。抗日戦争は反ファシズム戦争の重要な構成要素。中国軍民の死亡は3500万以上、直接損失は1千億ドル、間接損失は5千億ドルあまり。反ファシズム戦争の勝利に大きな貢献。(世界の反ファシズム戦争の時間的統計：中国が13年11ヶ月16日と最も長いことを示す)(1937年から45年の中国戦場の日本陸軍総兵力表：中国が多くの日本の兵力を牽制していたことを示す。)
資料カード	<u>抗日戦争は日本に大きな経済的圧力をかけた。1940年以降、日本の食糧、日用品などは配給制となり、1941年には成人の毎日の主食は330g、1943年にはこれも維持できなくなった。1945年7月、配給される主食は280gになった。中国の長期的な抗戦が日本を倒した。</u>
史学の争い	<u>誰が日本を倒したのか？ 米の原爆、ソ連の宣戦、中国人民の長期的な抗戦？知識と資料カードを結びつけ、意見を述べよう。</u>
思考学習	なぜ、中国の抗日戦争が世界の反ファシズム戦争の重要な構成要素だといえるのか。

　これまでの教科書と異なる部分を下線で示している。2012年人民出版社版の抗日戦争の記述の特徴は、第一に、「南京大虐殺」、細菌・化学兵器の製造といった日本の残虐行為については30万という数字とともにこれまでの既定の内容が簡潔に書かれており、人民教育出版社版、岳麓書社版、上海版と比べて記述量が最も少ない[28]。人民教育出版社版が、具体例を挙げて日本の一般市民が軍人となり残虐行為を行い、人間性を失った獣になってしまっ

たと感情的に記載し、また、チチハルの遺棄化学兵器事件を掲載している[29]のと対照的である。

　第二に、今回入手した「課程標準」版の教科書の中では唯一、田中上奏文を掲載し[30]、支那を征服するためにはまず満州、蒙古を征服しなければならず、世界征服のためにはまず支那を征服しなければならないとの内容を紹介し、中国侵略が日本の一貫した政策であったとの立場を取っている。2006年「教学大綱」版の『世界近代現代史』は田中上奏文を掲載したものの、その注釈で、田中上奏文は中国で報道されたもので、今に至るまでその真偽には疑問があり、当時も戦後も日本はこの文書の存在を否定していると記載していたが[31]、2012年人民出版社版にはかかる注釈もない。

　第三に、国民党の正面戦場も共産党の敵の後方戦場も同じ比重で取り上げ、抗日戦争期間中の国民党による反共活動は記載されていない。また、共産党の第7回党大会と並んで、蒋介石が世界「反ファシズム戦争」の中国戦区の最高総帥となったことを記載し、国民党と共産党の両方の抗日戦争における尽力を記載した。

　第四に、中国が日本の降伏に大きな貢献をしたことを繰り返し強調している。例えば、戦争中の日本の食糧、物資不足は中国人民の長期にわたる抗戦の結果であること、また、世界「反ファシズム戦争」の期間の統計表を掲載し、欧州戦場、ソ連戦場、太平洋戦場、ソ連の対日作戦と比べて、中国の戦場が満州事変から13年11ヶ月間と最も長いこと、中国国内にいた日本の陸軍の師団数と太平洋戦場にいた日本の陸軍の師団数の統計表を掲載し、中国が日本の陸軍の多くを足止めし、他の戦場の連合軍を間接的に支援していたことを強調している。

　第五に、死傷者、損害額は、党の公式の立場である3500万、直接損失1千億ドル、間接損失5千億ドルを掲載している。

　2012年人民出版社版は、各項目の記述内容が人民教育出版社版に近い部分もあれば、それよりも踏み込んだ記載もあり、党の公式見解に近い内容といえよう。では、岳麓書社版の抗日戦争の記述はどうだろうか。

表13 2013年岳麓書社『歴史 必修1』抗日戦争の記述（要約）[32]
第20課 新民主主義革命と中国共産党 抗日戦争

1937年7月7日日本による盧溝橋事変。日本帝国主義の全面的な中国侵略戦争、中国の全面抗戦の開始。
日本軍は大虐殺、細菌戦、毒ガス戦などの残虐な手段で意のままに中国人を殺害。
日本軍は南京占領後、放火、殺害、強姦、略奪を行い、6週間で30万人を虐殺。証拠は山のようにあり、中国側の史料以外に日本の「東史郎日記」、独の「ラーベの日記」などがある。
1938年、関東軍は東北に細菌実験基地とその専門部隊731部隊を設置、コレラ、チフス、ペストなどの病原菌をつくり、人体実験を実施。1940年から45年までハルピン地域だけで3千人あまりを実験で殺害。
1939年後半以降、日本軍は広範に毒ガス弾を使用。<u>1941年2月8日、山西定襄県上零村の百名の群集が二つの教室に閉じ込められ毒ガスが放たれ、45名が死亡。</u>
日本は中国人で中国を治める政略で、汪精衛などの傀儡政権に殖民統治を実施させる。日本軍は占領区における治安静粛運動などで残虐な統治を実施。
抗日戦争中、国共両党は協力した。1937年9月22日、共産党は「共産党の国共合作宣言のために」を発表、翌日、蒋介石は談話を発表し、第二次国共合作が実現、抗日民族統一戦線が成立した。紅軍は新四軍、八路軍に。
抗日戦争には、国民党が主導した正面戦場と共産党が主導した敵の後方戦場が存在。二つの戦場がお互いに協力し、日本軍の歩みを牽制。
抗日戦争初、中期は、国民党の正面戦場の役割が大きい。十数回の会戦を組織。淞滬の会戦では3ヶ月で中国を滅ぼすとの日本の妄想を打破し、徐州の会戦では台児庄で大勝、武漢会戦では日本軍を消耗させ、これ以上の攻撃を困難にさせ、戦争を持久段階に。我が方は弱かったため、上海、南京、武漢などが陥落。
共産党は敵の後方根拠地でゲリラ戦を実施。1937年8月、八路軍は山西省の平型関で日本軍を殲滅、八路軍の初めての抗日戦争での大勝。持久戦に備えるため、八路軍、新四軍は敵の後方根拠地を設置。山西、チャハル、河北、華南、山東などに広がる。
1940年、彭徳懐が指揮する百団大戦。日本軍の拠点、交通線を破壊。
1941年12月、日本は真珠湾を攻撃、太平洋戦争勃発。蒋介石は実力を温存するため抗戦に消極的に。敵の後方戦場が徐々に抗日戦争の主戦場に。
日本軍は敵の後方根拠地を掃討、殺しつくし、焼きつくし、奪いつくす「三光政策」を実施。
中国共産党は群集を動員し、八路軍と新四軍を指導し、日本軍による掃討を粉砕。抗日戦争の勝利に大きな貢献。

> 1945年8月15日、日本の無条件降伏。抗日戦争はこの百年来の反侵略戦争の中で中国が初めて勝ち取った完全な勝利、世界の反ファシズム戦争の重要な構成要素で、中国はその勝利に重要な貢献。抗日戦争勝利の後、台湾を回復。

> 1937年から41年まで、中国は独力で百万の日本軍を攻撃し、1945年までで、日本が海外に派遣した兵力230万のうち、120万が中国に牽制された。<u>中国の戦場が日本軍の戦争の全支出340億ドルのうち120億ドルを費やさせ、日本軍39万人あまりを殲滅。中国の軍人は130万人あまりが死亡、中国の物的損害は5百億ドルあまり。平民の死傷者と財産の損失は数えきれないほど多い。</u>

　下線部はこれまでの教科書と比べて新しい記述を示す。

　2013年岳麓書社版の特徴は、第一に、抗日戦争を独立した課にしていない。驚くべきことに、共産党成立後から新中国成立までの歴史をまとめて一つの課「新民主主義革命と中国共産党」のわずか8頁にまとめてしまい、抗日戦争はそのうちの一部として扱われている。2006年「教学大綱」版『中国近代現代史』では、共産党成立から新中国成立までの歴史に上下二冊の教科書の4分の1が割かれ、中国の近現代史において非常に重要な位置を占め、共産党政権の正統性を強調していたのと対照的である。抗日戦争の内容は、盧溝橋事変、「南京大虐殺」や毒ガス兵器使用などの日本軍の残虐行為、傀儡政権、治安静粛運動、国共合作、国民党の正面戦場と共産党の後方戦場、百団大戦、太平洋戦争勃発、「三光政策」、共産党の抵抗、日本の無条件降伏、「反ファシズム戦争」への中国の貢献との順番になっており、これまでの既定の内容をほぼ継承している。

　第二に、日本の残虐行為の記述が比較的に詳細である。内容も具体例を挙げており、これまでどの教科書にも記載されたことがない日本軍による山西省の学校の教室での一般市民への毒ガス兵器の使用が記載されている。

　第三に、抗日戦争前半は国民党の正面戦場と共産党の敵の後方戦場が協力して抗日戦争を戦っていたが、太平洋戦争勃発後に蒋介石は消極抗戦の態度をとり、共産党の後方戦場が主戦場となったとの党の既定の立場を取っている。人民出版社版は、抗日戦争後半の蒋介石の消極抗戦は記載していないのと対照的である。

図 48　戦後の日本に関する文字数の比較

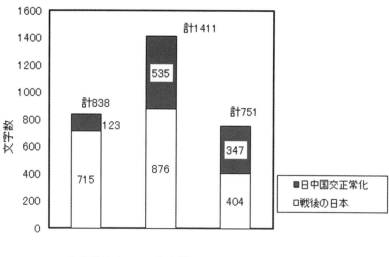

　第四に、抗日戦争における中国側の死傷者数と被害額について、党の公式見解である死傷者3500万、被害額は直接損失1千億ドル、間接損失5千億ドルを記載せず、中国の軍人の戦死が130万人あまり、物的損害は5百億ドルあまりで、平民の死傷と財産の損失は数えられないほど多いとした。第3章で指摘したとおり、現時点で被害者と被害額に関する共産党の公式な数値には具体的な根拠が示されておらず、岳麓書社版を執筆した学者は、党の公式見解に疑問を感じている可能性がある。

　岳麓書社版は、抗日戦争の記載内容は既定の内容を継承しているものの、他社の教科書よりも簡素化されており、抗日戦争を含む共産党成立から新中国建国までの歴史の重要性は低下している。また、日本の残虐行為や抗日戦争における国民党の役割の記述は既定路線に沿うものであるが、死傷者数、被害額に関する党の公式見解は採用していない。

　各社はそれぞれ党の既定路線から大きく逸脱しない、検定を通過する範囲内で、それぞれの主張を表明すべく、工夫をこらしていることが伺われる。

第3項　人民出版社版、岳麓書社版の教科書に描かれた戦後の日本

では、これらの教科書に戦後の日本はどのように記載されているのだろうか。

文字数を比較すると戦後の日本についても、各出版社間で記述量にばらつきがある。人民出版社版も岳麓書社版も、国交正常化については人民教育出版社よりも多くとりあげている（図48）。では、具体的な内容はどうだろうか。

表14　2012年人民出版社『歴史必修第一冊』戦後の日本に関する記述（要約）[33]

テーマ5現代中国の対外関係	二外交関係の突破	中日国交正常化	第二次大戦後、日本は米に追随し、中国敵視政策をとり、台湾と「外交関係」を維持。米が頭越しに中国と和解の動きを示し、日本の朝野を震撼させた。日本の世論も、日本が政治・経済的に各国と競争できる有利な地位を得るために、国交正常化を求めた。日本の対中友好的な政党、社会団体と人々の促進のもと、1972年9月、田中角栄首相が訪中。双方は、「日中共同声明」に署名。声明は、両国の不正常な状態の終了、外交関係の樹立を表明。日本側は過去の戦争による中国人民への重大な損害に対する責任の痛感、深い反省を表明。日本政府は中華人民共和国政府が唯一の合法政府で、台湾は中華人民共和国の一部であることを認めた。日本は台湾と「外交関係」を断絶。1973年、両国は大使館を設置、大使を交換、貿易、航空、海運、漁業、科学技術、文化など一連の協定を締結。
			国交正常化は両国が長期的に敵対していた歴史を終わらせ、両国の善隣友好関係の新たなページを開く。
		思考学習	当時の中日間の不正常な状態とは何を指すのか。
テーマ9現在の世界政治の多極化の趨勢	新興勢力	急速に発展する日本	終戦時、日本経済は困難な状況にあった。政府は経済発展を国の方針に。国際関係ではローキーで、日米同盟を機軸にし、対外経済を発展。教育重視政策も経済発展を牽引。これらの政策が資本主義の発展に有利な環境を提供。1950年代から日本は高度経済成長期に。60年代末には第二の経済大国へ、80年代は科学技術産業を重点に。1987年、一人当たりのGDPは米国を超えた。80年代末、バブル崩壊で経済低迷。しかし、世界の経済における地位は依然として高く、1990年には世界のGDPの14%を占め、世界最大の債権国、海外純資産は世界一、輸出大国でありかつ援助大国。（輸出される自動車の写真）
			経済発展につれて、「政治大国」への要望が高まる。独立した外交政策をとり、第二次世界大戦後のヤルタ体制の束縛から逃

		れようとし、世界の政治構造の重要な一極になろうとしている。
	知識の連結：戦後初期の日本の困難	日本は戦争で310万人が死亡。軍事生産体制が瓦解し、多くの工場が倒産。海外からの復員も加わり失業率上昇。1945年は天災で食糧不足、社会は不安定に。
	知識の連結：日本経済の高度成長	60年代から日本の対米貿易は黒字。80年には粗鋼と自動車の生産高は米を抜く。60年代以降、日米貿易摩擦が過熱。
	思考学習	日本は島国で敗戦国、しかし戦後急速に発展し経済大国になった。その原因を探求しよう。

　下線部はこれまでの教科書と比べて新しい記述を示す。

　2012年人民出版社版は第一に国交正常化について、2013年上海版と同様、米中接近による衝撃、田中総理訪中、日中共同声明における日本の戦争の責任の痛感と深い反省の表明が説明されている。

　新しい点としては、日本の世論、各界、各団体が国交正常化を求めたこと、日本がそれまで台湾（中華民国）と外交関係を有していたこと、日本が、中華人民共和国政府が唯一の合法政府で、台湾は中華人民共和国の一部であると認めた[34]としている点である。

　第二に、戦後の日本の発展の要因について、他の教科書と同様、対外経済の発展、教育重視、科学技術の重視を指摘しているが、人民教育出版社版のように米の賠償軽減、朝鮮戦争特需の影響は記載していない。新しい点としては、80年代末のバブル崩壊後も日本経済は世界で重要な地位にあること、日本が戦後のヤルタ体制から逃れ、国際政治の一極を追求していること、終戦時の日本は死亡者が多く、産業が衰退し、失業者があふれていたのに、なぜ戦後急速に発展したのか考えさせるような内容となっていることである。

　では、2013年岳麓書社版の記載はどのようになっているだろうか。

表15　2013年岳麓書社『歴史　必修1』　戦後の日本に関する記述（要約）[35]

第25課 世界の多極化の趨勢	日本は世界経済大国に	第二次大戦後、米による連合国軍の名目での単独占領下で、日本政府は米国追随政策をとった。敗戦後の日本は国土は荒廃、経済は衰退。冷戦勃発後、米は日本を極東の反共の基地とするため日本を支援し、戦争賠償を減免、資金・物資の援助を開始。
		米の占領下で民主改革を実施、明治維新で残った封建要素の除去は、日本の高度経済成長の条件に。科学技術、教育の重視、経済計画の指定等の国家権力で経済発展を促進。1956年から72年の高度経済成長により、世界第二の経済大国へ。（写真：日本の新幹線）
		経済大国になると同時に、米国一辺倒外国を変更、日米関係を機軸とした全方位外交に転換。欧州と日本の勃興につれ、資本主義世界は、米日欧の三極鼎立に。
第26課 世界の民族の林に立つ―新中国外交	歴史的な握手	日本は米国の頭越し外交に衝撃を受け、1972年9月、田中角栄首相が訪中、「日中共同声明」に署名、国交正常化。
		1972年7月、国交正常化を主張していた田中角栄が総理就任。右翼勢力の反対の中、大きなリスクを冒して訪中。中国政府は誠意をもち、平和を重視し、日本側の懸念を打ち消し、最終的な国交正常化を実現。
		「日中共同声明」において、日本は「過去において日本国が戦争を通じて中国国民に重大な損害を与えたことについての責任を痛感し、深く反省する」と表明。中国側も、「中日両国国民の友好のために、日本に対する戦争賠償の請求を放棄することを宣言」。
		中米、中日の国交樹立が、中国外交の新たな局面を開き、多くの西洋国家が次々と我が国と外交関係を樹立。

　2013年岳麓書社版は、人民教育出版社版と同様に、日本の戦後の発展の要因として、米の支援、賠償軽減、科学技術、教育重視、経済政策を挙げている。他方で、米の占領下での民主化政策を記載し、明治維新で残った封建要素を除去し、高度経済成長の条件となったことを記載しており、これは2006年の上海版の記述を引き継いでいる。民主化政策の詳細については記載していない。

　また、国交正常化については、「右翼勢力」の反対の中、田中角栄総理が

リスクを冒して訪中し、中国政府が誠意をもってこれに対応し、国交正常化を実現したこと、また、日中共同声明において日本が責任を痛感し、深く反省したこと、中国側も両国の友好のために賠償を放棄したことを記載している。

第4節　第三の仮説の検証：
中国の教科書は共産党のコントロール下にあるか

以下では、第三の仮説「中国の教科書は、共産党のコントロールの下で作成されている」を検証したい。

本章における分析により以下のことがわかった。

2006年上海版は、これまでの教科書と比べて抗日戦争の記述が大幅に減少し、戦後の日本について政治、経済について正負両面から論じ、特に、戦後の日本の民主改革及び経済発展を高く評価していた。

しかし、同教科書の2007年の使用停止処分の影響か、現在使用されている2013年上海版の教科書の抗日戦争部分は内容も分量も、06年「教学大綱」版に近い内容になった。また、毛沢東の功績もより重点的に取り上げ、台湾の日本の植民地化の過程と戦後の経緯についてより詳細に扱っている。抗日戦争の分量は、今回入手できた現在使用されている「課程標準」版教科書の中で最も多い。一方で、2013年上海版は、人民教育出版社版のような日本を感情的に批判する表現を避け、戦争が日中の双方の国民に惨禍をもたらしたことを指摘し、中国の聶元帥が戦場で助けた日本の孤児との交流を描き、平和の大切さを考えさせる内容も掲載している。

また、2013年上海版は、戦後の日本に関し、2006年版のような戦後日本の民主改革の詳細な記述は無くなったものの、日中国交正常化の際の田中首相、大平外相の努力、日中共同声明による日本の戦争への反省の表明、日中平和友好条約の一切の争いを平和的手段で解決するとの文言、そして両国関係が新たな時代に入ったことを説明している。日本の軍拡、政治大国化の野

望といった日本への警戒を示す記述はない。2013年上海版は、これまでの人民教育出版社版の教科書に比べ、未来にわたる両国の平和的関係の重要さを理解させる内容となっているといえよう。

　人民出版社版、岳麓書社版の教科書においても、抗日戦争の記述量が減り、抗日戦争そのものの位置付けが、これまでの「教学大綱」版と比べて低下している。

　記述内容については、全体としてはこれまでの既定の内容を引き継ぎ、日本の残虐行為、国民党の正面戦場、共産党の敵の後方戦場、世界「反ファシズム戦争」への貢献という観点から書かれている。具体的な内容は、最新の研究成果を反映するものもみられる。人民出版社版の内容は特に党の公式見解に近く、中国の世界の「反ファシズム戦争」勝利における国際的な貢献を繰り返し強調し、またその真偽につき議論があることを記載せずに田中上奏文を掲載している。岳麓書社版の教科書においては、抗日戦争の記載は更に簡素化され、独立した章ではなく、共産党成立後の党の歴史の章の一部となり、抗日戦争の位置づけは更に低下した。岳麓書社版と2006年上海版はさらに、抗日戦争の死傷者、被害額の数値について党の公式見解を掲載せず、具体的な根拠が示されない党の公式見解への疑問を投げかける姿勢も見られる。

　また、戦後の日本については、人民出版社版も岳麓書社版もともに、国交正常化当時の日中共同声明における日本による戦争責任の痛感と深い反省の表明を記載し、また国交正常化が田中角栄総理のリスクを負った決断であったこと、日本の世論、各界、各団体の支持のもとであったことを記載し、中国国内の日本が戦争を反省していないという誤解を打ち消すものとなっている。これは、「課程標準」に基づく2014年人民教育出版社版が簡潔に国交正常化の事実のみを記していること、また「教学大綱」に基づく2006年人民教育出版社版が日本政府は真の謝罪をしていないとしていることと対照的である。更に、岳麓書出版は日本の戦後の発展が戦後の民主改革を基礎としていると指摘し、人民出版社版には日本の戦後の発展の要因を考えさせる内容

も掲載されている。

　「文明史観」に基づく「課程標準」版の各地の教科書は、「革命史観」に基づく「教学大綱」版の人民教育出版社の教科書に比べて、抗日戦争の位置づけは大きく低下し、民主化、経済発展を主とした日本の戦後、日中国交正常化はより重視されるようになったことがわかる。

　このように、各地の「課程標準」版の歴史教科書は、国定教科書を作成してきた人民教育出版社版の教科書に比べて、党の既定路線から大きく逸脱せず、検定を通過する範囲内で、それぞれの主張を表明すべく、工夫をこらし、多様な観点を打ち出していることがわかった。

　以上より、第三の仮説「中国の教科書は、共産党のコントロールの下で作成されている」は、まさに揺らぎつつある。各地方の教科書の内容は多様化し、党の公式見解を維持するものもあれば、党のこれまでの公式見解に疑問を投げかけるような内容も掲載されるようになりつつある。

〈注〉
1　前掲『新中国中小学教材建設史（1949-2000）研究丛书 历史卷』521-533頁
2　『歴史　高中一年級第一学期（試用本）』上海教育出版社　2006年
3　「改変歴史教科書需要社会寛容」『中国図書商報』 2007年9月25日
4　佐藤公彦『上海教科書の「扼殺」—中国のイデオロギー的言論統制・抑圧』（株式会社日本僑報社、2008年）
5　ホームページ『上海市小中学（幼稚園）課程教材改革専題網』には、2004年に制定された「上海市中学歴史課程標準」がそのまま掲載されている。http://www.shkegai.net/all_image/info/200611171419.pdf　（2014年12月30日アクセス）
6　『九年義務教育課本　歴史　七年級第一学期』（上海師範大学編著、華東師範大学出版社、2011年）http://www.shkegai.net/all_image/info/20130219344.pdf（2014年12月30日アクセス）、『九年義務教育課本　歴史　七年級第二学期』（上海師範大学編著、華東師範大学出版社、2011年）http://www.shkegai.net/all_image/info/20130219342.pdf　（2014年12月30日アクセス）
7　前掲『新中国中小学教材建設史（1949-2000）研究丛书 历史卷』556-557頁

8　王世光「文明史写法与中国历史教科书改革」『教育学報』第 5 巻、2009 年 4 月　王は教育部課程教材研究所研究員
9　前掲「改变历史教科书需要社会宽容」
10　筆者は「文明史観」に対する党の立場を把握するため、『人民日報』データベースで「文明史観」というキーワードで検索してみたが、一件もヒットしなかった。(2014 年 11 月 13 日)
11　「堅持用历史唯物主义指导党史研究」『人民日報』2005 年 9 月 30 日
12　1949 年から 1998 年までは、CNKI(中国論文検索データベース)に掲載された歴史教科書に関する学術論文は 275 篇だったが、1999 年から 2013 年までの間に 1361 篇に増え、学界でも歴史教科書に関する著作が増えたことが指摘されている。张天明「回顾与展望；新课改以来我国历史教科书编制研究」『当代教育与文化』第 6 巻第 4 期 (2014 年 7 月)
13　菊池一隆『東アジア歴史教科書問題の構図』(法律文化社、2013 年) 291 頁
14　『全日制普通高級中学教科書　中国近代現代史　下冊』(人民教育出版社 2006 年出版、2006 年印刷) 26-44 頁
15　『高級中学課本拓展型課程教材　歴史　高中三年級(試験本)』(上海市中小学(幼児園)課程改革委員会、上海教育出版社、2005 年出版、2006 年印刷) 205-207 頁
16　『全日制普通高級中学教科書　世界近代現代史下冊』(人民教育出版社、2006 年出版、2006 年印刷) 57-58、63-66、139 頁
17　上海市中小学(幼児園)課程改革委員会『高級中学課本拓展型課程教材　歴史　高中三年級(試験本)』(上海教育出版社、2005 年) 152-158、216 頁
18　中国の教科書は、かつては戊戌変法を「資産階級による改良運動」であり、「半植民地、半封建社会の中国では成功しない」(『中国近代現代史上冊』(人民教育出版社、2003 年) 64 頁)、辛亥革命を「資産階級の軟弱性と妥協性により反帝国主義、反封建の革命の果実は、袁世凱に奪われた」(同 88 頁) としていた。
19　上海市中小学(幼児園)課程改革委員会『高級中学課本　高中歴史　第六分冊』華東師範大学出版社、2013 年、2-15 頁
20　Where is Mao? Chinese Revise History Books, The New York Times, September1,2006
21　上海市中小学(幼児園)課程改革委員会、『高級中学課本　高中歴史　第六分冊』(華東師範大学出版社、2013 年) 45-46、127 頁　日中国交正常化の際の日中共同声明の台湾に関する文言は、日本政府は中国政府の台湾に関する立場を「理

解し、尊重」する、である。

22　『普通高中課程標準実験教科書　歴史1必修』(人民教育出版社、2007年出版、2014年印刷) 114、117、123, 124、128頁

23　「岳麓与韩国签约 湘版历史教材首次走出国门」『中国新闻出版』2010年8月31日。この報道以外に、歴史教科書のシェアに関する公開情報は見つからなかった。

24　中華人民共和国『普通高中歴史課程標準 (実験)』(人民教育出版社、2003年) 9頁

25　『普通高中課程標準実験教科書　歴史　必修1　政治文明の歩み』(岳麓書社、2013年)

26　人民出版社版の前言は、「課程標準」の記述をそのまま引用している。

27　『普通高中課程標準実験教科書歴史必修第一冊』(人民出版社、2009年出版、2012年印刷)　35-42頁

28　ただし、中国における日本の細菌・毒ガス部隊の分布図を掲載している。

29　前掲『普通高中課程標準実験教科書　歴史1　必修』(人民教育出版社) 76-77頁

30　田中上奏文は、『普通高中課程標準実験教科書　歴史　必修1』(北京師範大学出版社、2013年) にも掲載されていない。5種類の高校の「課程標準」版教科書のうち大象版のみが入手できなかった。

31　『全日制普通高級中学教科書　世界近代現代史　下冊 (選修)』(人民教育出版社、2006年出版、2006年印刷) 30頁

32　『普通高中課程標準実験教科書　歴史　必修1　政治文明の歩み』(岳麓書社、2004年出版、2013年印刷) 84-86頁

33　前掲『普通高中課程標準実験教科書　歴史　必修第一冊』(人民出版社) 91-92頁、160-161頁

34　実際には日中共同声明の文言は「認めた」ではなく、「理解し、尊重する」である。

35　前掲『普通高中課程標準実験教科書　歴史　必修1　政治文明の歩み』(岳麓書社) 111-112頁、117頁

第 5 章　中国の人々の記憶の中の教科書に描かれた日本：

30 名の在日中国人へのインタビュー調査

　この章では、第 4 の仮説「価値観の形成される多感な青少年の時期に学ぶ教科書の対日記述は、中国の人々の対日観の形成にとり、大きな影響力を持つ。」を検証したい。前章までで分析した教科書が描いた対日観は、実際に中国の人々にどのように届いたのだろうか。

第 1 節　はじめに

　筆者が中国の教科書の対日記述を研究テーマにすると決めた際、中国の留学生から、本研究は意味がない、中国の教科書に書かれていることは党の宣伝にすぎず、中国では誰も信じていない、自分たちの対日観への影響はないと指摘された。また、90 年代に愛国主義教育が強化され、教育の現場では日中の戦争が強調されたが、90 年代の中学、高校生の対日感情はむしろ良かった、「反日教育」が行われたとは思えないとも指摘された。教科書の対日記述は、中国の人々にどのように記憶され、どのように受容されたのだろうか。

　先行研究は、「愛国主義映画」に関して中国人留学生 40 名と中国国内の青少年 10 名を対象に面接調査を行い、中国の学校教育現場の日本人イメージ形成の中で、歴史科目と「愛国主義映画」が最も大きな比重を占めていること、教科書と「愛国主義映画」は相補的な働きをしており、教科書で知った歴史的知識を「愛国主義映画」が映像の形式で一層鮮明に記憶させ、教科書に対するより深い理解につなげていると指摘した[1]。

また、別の先行研究では、首都北京で大学生399名に対しアンケート調査を行い、日本人に対するイメージが多様化していること、「好きなところもあれば、嫌いなところもある」という中国人の対日感情の複雑さが指摘されている。そして、中国の学校教育は情報源の一つとして大学生の対日認識に一定の役割を果たしているものの、対日イメージへの影響は絶対的ではなく、一定の負の影響はあるものの、「反日植え付け効果」は示されず、むしろ、反日感情は新聞、雑誌、テレビなどマスコミの日本報道との関連性が高いと結論づけている[2]。

　これを裏づけるように、世論調査の結果においても、日本に関する情報源として、中国のニュースメディア、中国のテレビドラマ、情報番組、映画作品の方が、教科書を含む中国の書籍よりも選択率が高い[3]。

　他方で、前章までで分析したとおり、教科書の対日記述の内容は時代により異なり、中国のメディアを含む中国社会全体の日本に対する雰囲気も時代により異なる。本研究では時間や環境の制限から、中国メディアの日本関連報道については分析対象としない。また、上述の先行研究では、中国の教育が人々に与えた影響に関する年代別の分析が行われておらず、また、学校の現場で日本に関する教育がどのように行われたのか、中国の人々がその教育をどのように感じていたのか、また、それはメディアの日本関連の報道を含む社会的雰囲気の違いにより変化するのかは明らかではない。よって、本稿では、対象者を20代と30歳以上42歳まで（以下では「30代以上」と称する）という年齢別に分け、現在記憶に残っている学校での対日教育について聴取した。

　20代が過ごした中学時代は1999年から2006年まで、高校時代は2001年から2009年までで、ちょうど教科書は「教学大綱」版から「課程標準」版に移行する時期である。30代以上は中学時代が1986年から1998年まで、高校時代が1989年から2001年までであり、いずれも、「教学大綱」版の教科書を使用している。また、主な聴取の内容は学校教育の現場での対日教育であるが、副次的背景として記憶に残る日本に関する報道、映画、ドラマ、

両親、祖父母など周りの人の日本に対する意見なども聴取した。

　インタビュー調査は、2014年7月7日から11月25日までの期間で実施した。調査協力が得られたのは、日本に滞在している中国人30名であり、一般の中国人よりも日本を理解していると考えられ、集計結果を大陸の中国人全体に一般化することは難しいだろう。また、教育の効果、記憶という数値化が難しい分野であり、本研究の結果は限定的な側面がある。

　一方で、思想面での統制を強めている現在の中国では、教科書の内容についての意見を問うアンケート調査やインタビューの実施が可能かという問題もある。また、調査対象となった中国人は、少なくとも高校教育までは中国で受けている（1名は初級中学から高校教育を経ず直接専科大学に入っている）。調査の内容は、中国の学校教育の現場での対日教育の記憶であり、その現状を知る一資料にはなるであろう[4]。

第2節　分析の準備

　学校で日本に関しどのような教育を受けたのかを問うには、調査協力者との間に、ある程度の信頼関係が必要だと思われる。まったく見知らぬ人間から街頭で声をかけられても、警戒感があり、調査協力に応じてくれない可能性が高い。実際に、本調査は政治的な内容を含むと思われ、調査を断られたことがある。そこで、調査協力者の選定は早稲田大学を拠点とし、雪だるま式によるサンプリング方法を用いた。友人、知人の紹介、そのまた紹介という形で進めた。調査を受けて頂いたのは、留学生、教員及び会社員であり、23歳から42歳である（年齢構成は表16）。また、出身地も様々である（表17、18）。男女比は、20代は半々になるよう努めたが、30代以上は圧倒的に男性の方が多くなった（表19）。理由は、30代以上は既に働いている年齢で、そもそも多忙な社会人のインタビュー対象者を確保するのが非常に困難で、男女比のバランスをとるのが困難であったことが挙げられる。

表 16　年齢構成

23歳	5
24歳	4
25歳	3
26歳	1
27歳	3
28歳	2
29歳	3
30-35歳	5
36-40歳	2
40-42歳	2

表 17　30代以上の出身地

寧夏自治区	1
天津市	2
上海市	1
江蘇省	2
浙江省	1
山東省	1
吉林省	1
海南島	1

表 18　20代の出身地

福建省	2
遼寧省	2
山東省	2
浙江省	1
貴州省	1
湖北省	2
江蘇省	2
湖南省	1
上海市	3

河北省	1
山東省から上海市へ	1
上海市から天津市へ	1
黒竜江省から広東省へ	1

表19　男女比

	20～29歳	30歳以上
女	12	2
男	8	8

　表17、19の30歳以上に29歳が1名入っているが、両親が教員で、通常より2年早い4歳で就学しており、31歳の者と同じ教科書で学んでいるため、30歳以上にカウントした。

　また、20代が中高生時代をすごした2000年代は、高校の歴史教科書が「教学大綱」版の『中国近代現代史』から「課程標準」版の『歴史』に切り替わった時期であり、使用した教科書を分類した（表20）。なお、30代は人民教育出版社の「教学大綱」版の『中国近代現代史』を使用しており、また40代は中学では人民教育出版社の『中国歴史』を、高校では『世界歴史』を使用している。

表20　20代が使用した高校の教科書

人民教育出版社近代現代史	12
人民教育出版社課程標準版	3
岳麓書社	2
上海版	2
専門課程のため使用せず	1

　また、大学入試で歴史を受験したか否かが、対日観の形成に違いがあると考えたため、大学入試の参加の有無、歴史が重視された文系、歴史が重視されない理系の別も集計した（表21，22）。

表 21　20 代の大学入試参加の形式

文系	14
理系	2
日本留学で大学入試参加せず	4

表 22　30 代以上の大学入試参加の形式

文系	8
理系	2

　質問内容としては、①中学校、高校の授業で日本に関し学んだ内容、日中の戦争は強調されたか、②教科書で学んだあと、日本に対して悪いイメージをもったか、③日中の戦争を学んだあとのクラスの友人の反応、④教師の教え方、⑤日本に関して学校が実施した映画鑑賞、抗日記念館参観等の活動、⑥大学入試に出題される日本、⑦記憶にある語文、地理、政治の教科書の日本に関する内容、⑧教科書は反日的な青少年を育成していると思うか、⑨教科書への疑問、⑩教科書の役割、⑪家族、親せきが語る日本、⑫教科書のメディアと比べた影響力などである。必要な場合は質問項目を事前に伝え、調査協力を依頼した。また、調査協力者が気持ちよく話せるよう、質問の表現や順番は適宜協力者によって変えている。なお、⑪の家族、親戚の語る日本は聴取結果が一般化できなかったため、分析対象から除外した。今後母数を増やして検討する必要があろう。

　インタビューは調査協力者の住居の近くの飲食店等で行われた。緊張する可能性があるため録音は行わず、メモを取り、記録を作成した。作成した記録は調査協力者に送付し、内容に誤解・齟齬がないか確認をとった。

　彼らの経験を総括してみると、学校で教えられる日本に関する共通要素が浮かび上がってくる。以下では、彼らの記憶に残る学校で教えられた日本について、明らかにしていきたい[5]。

第3節　分析結果

第1項　入試対策のため、3年分の内容を2年間で詰め込む中学と高校

　20代、30代以上の全員が、入試のために中学、高校の3年間で学ぶべき内容を2年から2年半で終えてしまい、授業は政府の規定の授業時間通りには教えられない、授業は入試対策を重点に進められ、入試に出ない内容は簡単に触れるのみと回答した。

・高校でも中学でも、入試に対応するため3年間のカリキュラムを2年で終えてしまう。先生は試験に出る箇所を重点的に教えている[6]。
・中高の6年一貫教育で、学生は中学の3年間に中学と高校の内容を終えてしまい、高校の3年間は数学オリンピックなどの特別活動の準備に充てた（地域随一の進学校出身者）[7]。

第2項　中学：日中の戦争や残虐行為は重点ではない

1　中学校では歴史科目は重点でない

　第2章、第3章で述べたとおり、中学の歴史教科書の方が高校の歴史教科書よりも、「南京大虐殺」等の日本の残虐行為を詳細に描いている。しかし、20代及び30代以上の多くが、中学の授業において日中の戦争は強調されていないと回答した。

　20代に共通するのは、歴史科目は、中学では高校ほど力を入れて学んでおらず、「南京大虐殺」等の内容は簡単に触れただけということである。

・定期試験のために日時、事件、場所を暗記した。歴史は高校入試に必要なく、重点でなくあまり覚えていない。「南京大虐殺」等の内容は多くなく、知っていればよいとの感じであり、先生は特に強調しなかった。

授業は古代史に重点が置かれた[8]。
- 教科書の「南京大虐殺」等の記憶は薄い。中学は真面目に勉強せずバスケットばかりやっていた[9]。
- 高校入試に歴史はなく、先生は中学1、2年で決まった内容を教えればよいと考え、生徒への要求も高くなかった。歴史、地理は週に1回くらいで、理科はもっと多かった。中学の教科書は七三一部隊、「南京大虐殺」、「三光政策」の類が多く書かれていたが、それほど強調されていない。

20代では1名のみが、抗日戦争が強調されたと回答した。

- 抗日戦争について、とても重点的に勉強させられた。教科書の内容以外に先生が板書し、ノートをとることも多かった。抗日戦争にどう勝利していったのか、試験に出ない内容まで学んだ。日中関係は機微な問題なので入試に出ないが、暗記させられた。中学の時はたまたま自分の担任が歴史教師だったから、他のクラスよりも多く学んだのかもしれない。学校でビデオを見ることはなかったが、抗日戦争だけは別であった[10]。

大多数の教師は入試対策を重点とし、高校入試で重要でない抗日戦争は強調しなかったが、個別の教師によっては強調した例もあることがわかる。

30代以上の全員が中学では日本の侵略は強調されていない、中学の重点は、語文、数学、英語といった「正科」で、その次に重要なのが物理、化学で、歴史、地理、政治は副次的地位で「副科」と呼ばれ、中学の歴史は重要ではなかったとした。教科書に「南京大虐殺」が書かれていたか記憶にない者も多い。

- 歴史は「副科」との扱いで、週に1、2回しかなかった。語文、数学、

英語のほうが大切だった。歴史はつまらないと思っていた。年表の暗記だけ。「南京大虐殺」が教科書に書かれていた記憶はない。関心がなく、遊びに一生懸命だった[11]。

・中国史4冊、世界史2冊だった。日本がどのように書かれていたのか印象にない。「正科」が重要で、歴史は「副科」で記憶にない。政治、地理も1、2年生で勉強したが、日本については記憶にない。週に1、2回の授業で、進学率が重視されたため、入試で必要ない科目の扱いは軽い。「南京大虐殺」があったかも覚えていない[12]。

2　高校入試で重視されない歴史科目

20代は約半数（13名）が高校入試で歴史を受験していた。しかし、いずれも語文、数学、英語より配点は低く、教科書持ち込み可能な試験であったケースもある。また、抗日戦争の出題は少ないと指摘している。

・教科書持ち込み可能な試験だった。毛沢東による井崗山会議、国共合作などが出たが、印象が薄い。歴史、地理、政治3科目で合計150点。語文、英語、数学は各150点。歴史は配点も低い[13]。

・抗日戦争は重点ではない。共産党の功績が重点。配点も多くなく、主要3教科の英語、語文、数学がそれぞれ120点、物理、化学がそれぞれ70点、歴史、政治がそれぞれ50点。試験に最も出題されないのが文化大革命、次が抗日戦争。「三光政策」や「南京大虐殺」は出ない[14]。

30代以上は高校入試に歴史科目があったは2名のみである。多くの省で高校入試に歴史は必要とされていなかった。その2名も、20代と同様に、歴史の配点は低かったと回答した。

以上から、中学時代の歴史科目の扱いは「副科」としての扱いで、語文、英語、数学といった「正科」や、物理、化学より重要視されなかったことが

わかる。30代以上が中学時代をすごした80年代末から90年代には高校入試で歴史が必要とされることも少なく、2000年代に入り、高校入試に歴史が加わるケースが増えたものの、配点が低く、それほど重視されなかったことがわかる。また、抗日戦争は受験の重点でないことが明らかになった。

第3項　高校：日中の戦争は中学と同様に重点ではない
1　高校の授業における日中の戦争の位置づけ

高校の授業における日中の戦争の扱いについて、20代の多く（13名）が強調されていないと回答している。

- 理系なので歴史は週に1回。抗日戦争は重点でなく、古代から現代までバランスよく学ぶ。日本の侵略も八カ国連合軍による侵略と同じ扱いで、特に強調されていない（岳麓書社教科書使用、理系）[15]。
- 近現代史は共産党の視点から国共の対立を描いている。章建ても国共の10年の対峙、抗日戦争、解放戦争と続き、抗日戦争は国共対立の外部要素。授業はほとんどが入試対策。抗日戦争は強調されず、他の章と同じ扱い（文系）[16]。
- 「南京大虐殺」、七三一部隊の内容は、授業ではあっという間に通過していった（文系）[17]。
- 高校では歴史の授業もあったが、大学入試に参加しないので真面目にやらず、興味なし。「会考」（筆者注：卒業試験）は受けた（大学入試参加せず）[18]。
- 抗日戦争の単独の章はなく、内容も少ない。どの章も内容の重要性は同じ。抗日戦争が出題されない年もある。理系選択の学生は歴史は必修の3冊の教科書しか学ばず、「会考」の通過が求められるのみ。今は理系の学生の方が多く、歴史を真剣に学ぶ人は少ない（人民教育出版社「課程標準」版使用、理系）[19]。
- 抗日戦争は主に国民党の失敗が語られ、印象が薄い（文系）[20]。

他方で、一部（5名）は日中の戦争について重点的に勉強させられたと感じており、授業で取り上げた日中戦争の感じ方には幅がある。しかし、抗日戦争を重点的に勉強したと感じているのは文系の学生のみである。

・高校の時は抗日戦争についてたくさん暗記させられた（文系）[21]。
・教科書には抗日戦争についてたくさん書かれている。入試のために、日中戦争の意義、西安事変の意義、戦勝の意義を覚えた。日本はただの悪人で、共産党がどれほど偉大か描いていた（文系）[22]。

30代以上は、20代とは異なり、全員が高校において日中の戦争は強調されていないと感じている。また、その背景として当時の日中関係が良好だったこと、日中の交流活動の方が印象深かったことを指摘している。

・理系だったので「会考」のため侵略の歴史や国共内戦の歴史の年表を覚えた。抗日戦争で出題されるのは百団大戦くらいで、つまらない。教科書は単なる試験対策。日本の残虐行為の記述もそれほどない。90年代は、米中関係の方が問題が多く、中国の「和平演変」をたくらむ米帝国主義に対抗しなければならず、日本の侵略を強調する必要もなかった（理系）[23]。
・授業において、「南京大虐殺」等の残虐行為がそれほど宣伝されたとは思わない。高校では大学入試のための試験対策の授業が行われており、事件の背景や意義の暗記が求められた（文系）[24]。
・歴史の流れを学んだ。「南京大虐殺」などの残虐行為は記憶に薄い。92年の天皇陛下訪中、96年の鄧小平訪日で社会には反日の宣伝はなく、親日的なものばかり（文系）[25]。
・30万という犠牲者数と「百人斬」の写真を覚えている。当時、反日感情は強くなく、寧波は細菌戦の被害地ではあるが、反日感情はそれほどでもなかった。寧波は遣唐使が到着した港で、日本から当時の遣唐使の

船が復元して届けられ、日本との交流活動の方が印象深い（文系）[26]。
・入試のため暗記した日本関連のものは少なく、数字のみ。8年抗戦、30万、三光（文系）[27]。

2　文系選択ならば大学入試で歴史は必修、理系選択なら必要なし

20代では文系選択の大半（14名中13名）が、歴史は大学入試の必修科目であったと指摘している。形式としては、「文系小総合」としての地理、歴史、政治の文系総合科目である。また、3プラス2の方式で、語文、英語、数学の3つの「正科」に加えて歴史、地理だったという者、もしくは歴史、地理、政治から1科目の選択であったと回答した者もいた。2000年代は、入試制度が地方別に移行していったため、地方により入試制度が異なっている。

30代以上でも同様に、文系選択の学生の多く（8名中5名）が必修科目として歴史を受験していた。3プラス2の方式や、「大総合」として、歴史、地理、政治、物理、化学で300点満点の科目として受験した者もいる。

なお、20代も30代以上も理系選択の学生の多くは、歴史を受験していない。理系の学生は歴史を重点として学んだわけではなく、学校で教えられた日中の戦争に関する印象は薄いことがわかった。現時点では、理系選択の学生の方が多く[28]、そもそも歴史科目を重点的に勉強していない学生が半数以上を占める。

3　日本の残虐行為は大学受験の重点ではない

2004年から2008年に大学を受験した20代は、文系受験者14名のうち11名が抗日戦争は受験の重点ではないと回答した。また、明治維新と戊戌の変法の比較、日清戦争の影響と洋務運動の失敗、大化の改新が、試験の重点であったとの指摘もあった。抗日戦争の出題は、会戦の発生年月、抗日戦争勝利の意義などで、模擬試験も12回あれば抗日戦争が出題されるのは1、2回であり、出題されない分野だとも指摘された。

30代が大学入試を受験した1992年から2001年も同様で、日清戦争、明治維新と戊戌の変法の比較が受験の重点で、抗日戦争は出題されたとしても、百団大戦、抗日根拠地、共産党の政策と毛沢東の演説、平型関会戦など共産党の功績を主として出題されたと回答した。

第4項　記憶に残る教科書に描かれた日本
1　印象の薄い語文、地理、政治の教科書に描かれた日本
　20代、30代以上はともに、語文、地理、政治に書かれた日本関連の内容を覚えているのは半数程度であった。これらの科目の日本に関する内容の印象は薄いことがうかがわれる。
　最も多く挙げられたのが中学の語文に掲載されていた魯迅の「藤野先生」である（20代6名、30代以上8名）。また、一部（20代3名、30代以上3名）が高校の語文の教科書の栗良平の「一杯のかけそば」を挙げ、非常に感動したと語っていた。授業で「一杯のかけそば」を劇で演じた者もいた。また、語文には抗日戦争の物語が掲載されていたことは覚えているが、具体的な内容までは覚えていない者も多く、語文の戦争関連の作品は、印象が薄いことがわかる。
　地理については、中学の地理に日本の地理が掲載されていたことを覚えている者が数名いた。

2　日中の戦争を強調した教師は少ない
　教科書の内容とともに重要なのは、教師の教え方である。教師の教え方によって、日本に関する印象は異なる。一部（20代2名、30代以上1名）を除いて、20代、30代以上に共通して、教師は日中の戦争を強調しなかったと感じている（ただし、20代は4名が未回答）。授業は試験対策が重点であり、個人的な感情は加えておらず、大学入試で重点でない抗日戦争は強調されていないとの印象であった。

- 「南京大虐殺」などの内容も多くはなく、知っていればよいとの感じで特に強調しなかった[29]。
- 先生は受験の要点を教え、特に個人的な感情はなかったと思う。ゴールはよい大学に入ることで、教科書は試験対策に過ぎない[30]。

また、前述のとおり一部の教師は日中の戦争を強調し、生徒に深い印象を残している。

- 人による。強調する人もいれば、そうでない人もいる。教科書にない内容まで強調する人も。地理の先生は現代の日本の「経済侵略」として海外の森林伐採、漁業乱獲、汚染企業の海外移転を強調した[31]。
- 高校の時のクラス担任は歴史の先生で、30歳くらいだったが日本に対してよい印象がないと思った。口ぶりもそうだし、日本を「小日本」と呼んでいた[32]。

3　印象に残る教科書に掲載された日本関連の写真は「南京大虐殺」の「百人斬」

教科書に掲載された印象に残っている写真として、半数近く（20代9名、30代以上6名）が「南京大虐殺」の「百人斬」、また複数（20代4名、30代以上2名）が、日本兵が中国人の死体を踏みつけている旅順における「虐殺」の写真を挙げた。ほかに、洋服を着た明治天皇、軍国主義化した青少年、日清戦争の賠償金を使用した八幡製鉄所、国交正常化、富士山と桜を背景にした新幹線が挙げられた。残虐な日本軍の印象が強く残っていることが伺われる。

4　日中の戦争について学んだあとのクラスメイトの反応

20代の約半数（11名）がクラスメイトは日本に批判的だったと感じている。

第 5 章　中国の人々の記憶の中の教科書に描かれた日本：　215

・男子が日本製品ボイコットと騒いでいたことは覚えている[33]。
・「南京大虐殺」を学んだあと、憤慨して教科書を破り捨てた学生もいた[34]。
・日本好きの私の悪口を言った。冗談で、洗脳されている、反面教師だともいわれた。日本の雑誌を見ているとからかわれた[35]。

30 代以上では、批判的と感じたのは 3 名、特に反応がなかったと回答したのは 6 名であった。

5　20 代と 30 代以上で別れる教科書の与える対日イメージ

20 代の多く（18 名）は、教科書の内容は、日本に対して悪い感情を引き起こすと感じていた。

・日本をいやだと思った。当時は大勢の流れに従っていた。日本人は怖かったというイメージがある[36]。
・確かに悪い印象を持つが、それほどひどいものではない[37]。
・あそこも悪い、ここも悪いと教えたら、日本嫌いになってしまうだろう[38]。

30 代以上は、教科書の内容が、日本に対して悪いイメージを与えると感じたのは半数以下（4 名）で、20 代と比べて差がある。

・確かに教科書は日本のマイナスのイメージを与える[39]。
・多かれ少なかれ、日本のことを嫌いだと思ったが、それほど深くはない。試験対策のため学んでいる部分が大きい[40]。
・自分からは別の世界のような感じで童話のような感じがした[41]。
・授業で戦争のことを学んでも、日本のことを嫌いだとは思わなかった。日本語の授業は 100％が今の日本に関するものだったから[42]。

30代以上は教科書で日中の戦争について学んでも、対日感情が悪化する程度は低かったことがわかる。

6 教科書に描かれた戦後の日本

20代、30代以上も共に教科書に描かれた戦後の日本は少なかったと感じている。覚えているのは、国交正常化、高度経済成長、科学技術の発展などであるが、日本の戦後の対中ODAや民主化といった内容を加えるべきとの意見が出された。

7 教科書が反日的な青少年を育成しているか

20代の半数（11名）が教科書は反日的な青少年を育成しているとの点に同意した。

・他の国に比べて日本との戦いの量は突出、政治的な必要性からの記述で、人々の民主化を求める動きに対し対外的に視線をそらす効果を狙っている[43]。
・事前に日本が悪い国だという設定があり、歴史的にも悪いことをした国だと書かれている。メディアもわざと日本を悪い国だというように描く。日本について良いことを言うと良いことがない[44]。

しかし、20代のうち7名は同意していない。

・共産党の功績が強調され、日本を恨ませるものではない。国民党の消極抗戦、共産党の正当な地位が強調されており、日本の残虐行為の印象は強くない[45]。

30代以上は対照的に、教科書により反日的な青少年が育成されていると考えたのは少数（2名）で、多く（8名）が同意しなかった。同意しない理

由として、教科書以外のルートからも日本に関する情報が得られたこと[46]、反日的な報道が少なかったこと[47]、反日教育か否かは、社会全体の雰囲気を見て判断すべきだ[48]と指摘されている。

　第3、4章で分析したとおり、2000年代の「教学大綱」版教科書が描く抗日戦争の分量は1990年代の教科書より減少している。加えて、2000年代に採用された「課程標準」版は「教学大綱」版に比べて、日中の戦争の分量が大幅に減少している。逆に、1990年代の教科書の方が日中の戦争に関する記述は多く、また中学と高校で2回同じ内容を学んでいるにもかかわらず、1990年代に中高生だった3、40代の中国人は「反日教育」が行われたとは感じていない。その要因として、日中関係に関するメディアの宣伝や社会的雰囲気が日本に批判的でなかったことを挙げている。教科書に日本に対するマイナスの記述が多くても、社会的雰囲気が日本に批判的か否かで受けた教育の印象が変わることがわかる。

第5項　教科書以外の要因の対日イメージへの影響
1　中学、高校での日本人との交流
　インタビューした20代の20名のうち約半数（8名）が中学、高校で日本との交流を経験している。姉妹校との交流[49]や、ホームステイ[50]、青年海外協力隊の日本語教師[51]などが、今でも深い印象を残している。なお、これはインタビューの対象が在日中国人であり、高校から日本語専攻の者もおり、大陸にいる一般の中国人よりも日本との交流の経験が多いことも推測される。この傾向を大陸の中国人全体に一般化することは困難だろう。
　30代は、日本との直接の交流の経験のない者がほとんどであった（7名）。

2　学校で実施された抗日映画の鑑賞
　20代20名のうち16名は、学校で抗日映画を鑑賞している。そのうちの多くが小学校と中学校で見ており、高校では大学入試対策のためそのような

時間は無かったようだ。学校で見せられた映画は、「劉胡蘭」、「地道戦」、「地雷戦」、「小兵張嘎」、「台児庄戦役」、「東京裁判」、「南京大虐殺」、「黄河絶恋」、「七三一部隊」である。小学校、中学校、高校のいずれにおいても抗日映画を見ていないと回答した者は4名のみだった。

　30代以上は、6名が学校では抗日映画を見ておらず、抗日映画以外の解放戦争やアヘン戦争に関する愛国主義映画を見た、4名が小学校と中学校で抗日映画を見たと回答した。1990年代よりも2000年代の方が、学校で実施される抗日映画の鑑賞は増えていることが伺われる。

　また、学校で抗日映画を見ていなくとも、20代も30代以上も共通して、ほとんどが家で抗日映画を見ていた。

　抗日映画のうち「地雷戦」、「地道戦」などの古いものでは、日本人は滑稽に描かれ、日本軍の残虐さの印象は強くなく、娯楽のようなものだったが、90年代以降の「南京大虐殺」や「黄河絶恋」、「七三一部隊」などは残虐なシーンが多く描かれるようになっている。20代、30代の半数（20代10名、30代以上5名）がこうした映画で日本にマイナスの感情をもったとしている。

- 「南京大虐殺」の映画を見たあと、女子生徒がショックを受けて泣いていた。憤慨し、全身にマシンガンをつけて日本へ行き、日本軍を皆殺しにしたいと思った[52]。
- 日本軍が集団で虐殺に来たらどうやって生き延びよう、銃で掃討したのち息のある人を刀でとどめをさす。どうやったら上手に死体のふりをできるか考えていた[53]。
- 感想文には日本へのマイナスの感情を書いた。反日感情は生活と宣伝に充満していた。学生にあのような残虐な場面を見せるべきではない。あのような映画は学生にとって心の負担となり健康を損なう[54]。

　他方で、半数（20代8名、30代以上3名）は抗日映画では対日感情は悪

化しておらず、こうした映画には興味がなかったとしている。

- 当時自分はこうした抗日映画を真剣に見なかった。戦争の映画なんて面白くない。ドラマ、映画等は党にコントロールされている。すべてのチャネルで日本に良い情報はない[55]。
- 学校の映画鑑賞会では、映画を見ずにゲームで遊んでいた。自分は興味がないし、見たくもなかった[56]。

また、こうした映画から無能で滑稽、髭を生やし、「バカバカ」、「ミシミシ」（メシメシ）言う日本の軍人の典型的なイメージ、そして、残虐な日本、侵略性の強い日本、殺人の方法が変態的であるという日本のイメージが形成されていると指摘された。

30代以上はこうした残虐な日本のイメージは教科書からではなく報道や映画、ドラマから来ていると指摘している。

3　抗日戦争関連施設の見学などの活動は少ない

20代も30代以上もともに多く（20代15名、30代以上8名）が、学校が実施した抗日戦争記念館視察などの活動を経験していない。しかし、一部（20代4名、30代以上1名）が「南京大虐殺」記念館、七三一部隊跡地の視察や、元軍人の報告会の経験があった。

- 毒ガス戦の被害地だが、記念館の見学に行かなかった。入試対策で忙しかったからではないか[57]。
- 南京に遠足に行ったが、なぜか記念館には行かず、玄武湖に行った[58]。
- 小学校のときは愛国主義関連施設はなかった。中学、高校のときにできた。平京戦役記念館や周鄧記念館に行ったが、抗日戦争の記念館はない。つまらないと思っていた[59]。
- 「南京大虐殺」記念館を見学に行った。ショックだった。対日感情が悪

220

くなった[60]。

・元国民党の兵士で日本軍につかまり殺されそうになったが、生き残った兵士から体験談を聞いた。

4　影響の大きいアニメ、ドラマ、日本製品などの日本文化

20代、30代以上に共通して、アニメなどの日本文化を好きであり、これらにより日本への悪いイメージが無くなったとしている。

・自分は中学のときから日本が好きだった。日本が戦争で残虐なことをしたと学んだが、自分が経験したことでもなく、戦争の歴史を学んでも実感できなかった。「南京大虐殺」も単なる知識として学んだ[61]。
・昼間は学校で教科書を学び、放課後は毎日クラスメイトと「スラムダンク」に夢中だった。日本の家電が歓迎され、松下のカラーテレビが憧れであり、CCTVでは「ドラえもん」が放送されていた。日本製品ボイコットというような雰囲気がなかった[62]。
・戦争の話よりも、アニメや漫画の方が印象に残った。日本のテレビゲームをするために、昼休みに友達と学校を抜け出した[63]。
・2000年以降は日本のアニメはテレビから消えた[64]。

第6項　教科書の役割と影響力

1　教科書とメディア（テレビ、映画、ネット）の影響力

20代の文系選択者14名のうち、2名が教科書の方が影響力が大きい、4名がメディアの方が大きい、同じくらいとしたものが7名であった。一方で理系選択もしくは大学入試に参加しておらず歴史を受験していない者は、5名がメディアの方が大きい、1名が同じくらいと回答した。文系選択者の方が、大学入試のために歴史を重点的に学習しており、教科書の影響が大きいことがわかる。なお、単なる入試のツールに過ぎないとする者もいた。

第 5 章　中国の人々の記憶の中の教科書に描かれた日本：　221

・大学入試の準備でほとんどの時間がとられる。教科書の影響大（文系）[65]。
・普段の生活の中で、日本がどれほど残虐かというものに触れてきた。幼稚園の子供に聞いても日本について悪いことばかり言うのでは。テレビで 24 時間抗日に関するものが放映されている（文系）[66]。
・教科書は党の正統性を強調し、宣伝の要素が強く、対日観への影響は大きくない。今の日本についてはテレビや映画、アニメから理解しようとしている。教科書は試験突破のために勉強し、試験が終わると忘れてしまう。日本を嫌いだとの印象は、報道、ネット上の反日的内容と日中の外交的衝突から来ている（文系）[67]。
・報道の内容は教科書の日本の侵略に関するものと同じ。教科書をもう一度取り出して読み直しているようなもの（文系）[68]。
・戦前の歴史の知識は教科書から、戦後の知識は報道から来ている。影響はメディアと教科書が半々くらい。子供の頃の教科書の影響は大きい。朝 7 時に登校し、夜 8 時半まで授業と復習をしている（文系）[69]。
・教科書、メディアが組み合わさって対日観を形成。マスコミや映画は党の主流な価値観に合うもので、マスコミが日本を敵視し、ずっと日本に関するマイナスの内容を報道。世論が誘導され、歴史に関心がない人も日本を敵視してしまう（文系）[70]。
・子供のころ、日本は悪いことをした国との感覚。映画などから刺激を受けて、主人公のように感情移入し、仕返ししろと思った。学校などでは真面目に勉強せず、教科書は聞き流していた。教科書は生活の一部に過ぎず、一般の生活の中で周りの人、映画やテレビ、ネットの影響の方が大きい（大学入試参加せず）[71]。
・教科書は入試のために暗記させられるもので、強制されたもの。ドラマや映画は自分で選んでみるもの。二国間に何か事件があると、日本が過去に何をしたのか大量に報道される。周りの人の影響も大きい（理系）[72]。

また、30代以上の全員が、教科書よりメディアの方が対日観への影響が大きいと回答した。

・教科書の内容はすぐに忘れてしまい、自分の心に触れなかった[73]。
・教科書は単なる試験対策でつまらない。政治的報道により、日中間の問題がクローズアップされ、日本に対する好き嫌いが分かれていくのではないか[74]。
・日本に対する悪いイメージは教科書からというより映画から。社会の雰囲気、テレビ、新聞、ドラマや映画、ネットの影響も大きい。当時は報道でも強い日本批判はなく、日中関係は良好だった[75]。

以上から、30代以上が中高生だった80年代末から90年代にかけては、教科書を通じて日中の戦争について学んだとしても、対日観に大きな影響はなかったことがわかる。その背景として、日中関係は比較的良好で、日本に批判的な報道は少なく、社会的な雰囲気が良好であったことが挙げられよう。20代が中高生だった2000年代は日本に批判的な報道が増え、また、2006年より夕方5時から8時までのゴールデンタイムにおける外国アニメの放送が禁止された[76]。その結果、メディアは日本に批判的な内容が主となり、教科書の内容とメディアの内容が一致し、文系で歴史を学んだ学生は教科書が比較的大きな影響を持つと考えるようになったと思われる。

2 教科書の役割

20代及び30代以上はともに、教科書は日中関係に関する知識を与え、特に子供のころ両親とテレビで見て初歩的な印象を持っていた日中の戦争の歴史について、系統的に理解させる役割があり、一定の影響があると考えていた。しかし、日本の戦後の歴史は教科書からは理解できず、報道やドラマ、その他の媒体を通じて理解しているとも指摘された。同時に、単なる試験のツールで暗記の対象にすぎないとする意見も存在している。

3　教科書への疑問

20代及び30代以上のほぼ全員が、今は教科書の内容が真実であるか疑問を感じていると回答した。

・南京に30万もの犠牲者はいなかったのではないか。今は内容に疑問がある。大陸の友人は信じているが[77]。
・政府の宣伝だとは大学に入り、外国に来てから思うようになった。大学入試の後、クラスの生徒が集まって教科書と練習問題の参考書を一箇所に積み上げて、これで終わった、もう勉強しなくて済むとみんなで破り捨てた。それほど試験のプレッシャーは大きい。教科書には慎重さが求められる。対立する意見を注釈で記載すべき[78]。
・子供のころは信じていたが、今は疑っている。国内に残っている友人は別。共産党政権を維持するための教科書で、洗脳されていた[79]。
・歴史事件の原因、背景、その結果を暗記させられた。若者の考え方を党の求めるイデオロギーに合致するよう求めている。大学生になってから教科書への不信感は強くなった[80]。
・学校で映画「東京裁判」を見たあと、感想文に、戦時中はマスコミが政府に統制されていたため、東京の人々は盲目になってしまったと書いたところ、先生から大学入試のためには、日本は怪しからん、戦後反省もせず、我々は警戒すべきである、そうでなければ彼らはまた誤った道を歩むだろうと書かないとA判定がもらえないと言われた。歴史観は党の統制のもとにある[81]。
・教科書の内容を検証しなければならない。共産党が抗日戦争で主な役割を担ったとしているが、実際には国民党が多くの役割を果たしている[82]。
・国民党の将校の死亡者の方が多く、共産党の将校の死亡者は1名で、東北の抗日義勇軍のリーダー楊靖宇も共産党員ではない。東北の工業インフラも日本が建設しており、毎日が「三光政策」だったわけではない。

歴史科目は暗記だけで、自分の意見は求められない[83]。
- 教科書は学者が書くべき。学者の様々な解釈を書くべきで、政治色がない方が良い[84]。
- 実際には共産党は百団大戦しかやっておらず、そのほかの戦役のほとんどは国民党がやった。教科書に魅力が無い。教科書は偏っており、政府の主流思想を宣伝し、人為的に事実の一部を隠し、歴史的事実に結論を下している。学生にあれこれと論述する内容を強制するべきではない[85]。
- 歴史は当時の事実を復元できれば良いのであり、学生になぜそうなったのか、どのような教訓を得られるのか、どうすればよいのかという方向性を与えるべきではない。それは自ら考えるべきこと。日本では異なる意見がある場合は注釈で対立意見が記載される。中国でもそうするべきである[86]。

以上から教科書への反感は主に、党の主流思想の押し付け、歴史的事実の人為的な解釈、対立する見解の記載が無いことに対してであり、まさに共産党の正統性を強調していること、すなわち党の「正しい歴史観」への反発であることがわかる。

第4節　第四の仮説の検証：
　　　　教科書の対日観形成への影響力　人々の教科書への反感

本章における分析により、以下のことが明らかになった。

第一に、中学も高校も、国が3年で学ぶとしたカリキュラムを入試対策の時間を捻出するため2年から2年半で終えてしまい、規定の時間数が教えられず、教科書も入試に出ない箇所は短時間で飛ばされる。

第二に、中学の歴史科目は「副科」として重視されておらず、高校入試の

重点でない。中学の教科書は高校の教科書よりも「南京大虐殺」等の日本の残虐行為がより詳細に記載されているが、中国の人々への印象は薄い。

　第三に、高校の歴史科目は、文系選択の学生には影響は大きいが、学生の6割から7割を占める理系の学生は重点的に勉強しておらず、理系の学生の記憶には、教科書にある日本との戦争の印象は薄い。また、歴史を受験する文系の学生にとっても、抗日戦争は入試の重点でなく、仮に抗日戦争が受験で出題されたとしても、日本の残虐行為ではなく共産党の功績が強調される形で出題される。日本に関する受験の重点はむしろ明治維新と戊戌変法の比較、大化の改新、日清戦争の影響（筆者注：洋務運動の失敗と中国の半植民地化の加速）という近代化、国の発展を重視する形で出題され、授業では抗日戦争は強調されていない。

　第四に、30代以上の80年代末から90年代に中高生だった人の方が、中学と高校で2回にわたり同じような内容の日中の戦争を学び、学んだ分量が多いにもかかわらず、彼らの対日観への教科書の影響は小さい。これは、文系の学生も含めて同様である。逆に、2000年代に中高生時代をすごした20代の人の方が、教科書で日中の戦争に関して学んだ量は減少しているにもかかわらず、教科書の対日観への影響は大きいと感じている。これは、30代以上が中高生を過ごした80年代末から90年代は、メディアに日本に批判的な報道が少なく、テレビでは抗日映画も放送されたが、日本のアニメも放送されており、社会全体の雰囲気が日本に批判的でなかったこと、2000年代に入りメディアに日本に批判的な報道が増え、更に日本のアニメのゴールデンタイムにおける放送が禁止された結果、教科書の内容とメディアの報道内容が一致しているとの印象を与えることになった結果であると考えられる。

　先行研究や世論調査で明らかになっているとおり、教科書の内容と分量は対日観に決定的な影響はなく、メディアを含めた社会的雰囲気全体を含めて対日観への影響を判断する必要があることがわかった。対日観への教科書の影響は、限定的なものである。

第五に、教科書が中国の若者に対して、日中の戦争に関する系統的な知識を与えるという役割は肯定された。価値観の形成される中高生の時期に、特に文系の学生は受験対策で重点的に学んでおり、教科書は中国の人々にマイナスの対日観を与えている。

　第六に、他方で、中国の人々には教科書への不信感が根強く存在している。教科書は党の主流な価値観の押し付けであり、受験のために丸暗記する対象に過ぎず、魅力がないと感じている。日本との関連では、抗日戦争における共産党の「中流砥柱」（筆者訳：主要な柱）としての役割が疑われ、抗日戦争では国民党の功績の方が大きかったとの意見もあり、まさに共産党政権の正統性の根拠が疑われている。教科書への反感から、受験が終了した際にクラスメイトが集まって教科書を破り捨てた例もあった。これらは、2000年代に入って実施された教育改革、すなわち、教科書の「難しく、煩雑で、偏った、古い」現状、「受身の学習」、「丸暗記」、「機械型訓練」という現状を変革し、学生に情報収集と証拠認証の能力、交流と協力の能力を身に付けさせることを目指した「課程標準」版導入の背景となっている[87]。

　以上より、中学における歴史科目の「副科」としての低い地位の扱い、入試対策の時間を捻出するため規定通りの授業時間をこなさない中学校と高校の授業形態、入試に出題されにくい抗日戦争、そもそも高校で歴史を重点的に学ばない理系選択の学生が6、7割を占めていること、そして党のイデオロギーを宣伝する教科書への根強い不信感、という現実が浮かび上がった。ここから判断すると、教科書は日本についてマイナスの印象を与えるものの、人々の対日観に対する影響力は、限定的なものである。

　よって、第四の仮説「価値観の形成される多感な青少年の時期に学ぶ教科書の対日記述は、中国の人々の対日観の形成にとり、大きな影響力を持つ。」は成立しないことが明らかになった。「反日教育」について我々が問題視すべきは、教科書における具体的な対日記述の内容や抗日戦争記念館における展示の詳細のみではない。愛国主義教育として中国においてメディアを通じて行われる大量のプロパガンダや抗日ドラマ、映画の方が、中国国民の対日

感情をより悪化させ、中国側が日本に対し柔軟な立場をとることを困難にしているといえよう。

〈注〉

1　李洋陽「中国学校教育における日本人イメージ」、『東京大学社会情報研究所紀要』、東京大学社会情報研究所、2005年2月24日、97-126頁
2　李洋陽「中国の学校教育と大学生の対日イメージ」石井健一　唐燕霞編著『日中社会学業所　グローバリゼーションと東アジア社会の新構想3　グローバル化における中国メディアと産業―情報社会の形成と企業改革』、2008年、株式会社明石書店
3　認定NPO法人言論NPO、China Daily「第10回日中共同世論調査」言論NPOホームページ　http://www.genron-npo.net/pdf/2014forum.pdf　（2014年12月13日アクセス）
4　対象者は、高校、大学で日本語を専攻としていた者、そうでない者、日本に来てから日本語を学んだ者、今でも日本語を話せない者まで様々であった。
5　インタビュー結果の詳細については、付録インタビュー調査の結果を参照ありたい。
6　2014年8月22日付インタビュー
7　2014年7月7日付インタビュー
8　2014年9月26日付インタビュー
9　2014年7月7日付インタビュー
10　2014年7月9日付インタビュー
11　2014年10月21日付インタビュー
12　2014年10月18日付インタビュー
13　2014年10月17日付インタビュー
14　2014年9月18日付インタビュー
15　2014年9月26日付インタビュー
16　2014年9月28日付インタビュー
17　2014年7月7日付インタビュー
18　2014年10月3日付インタビュー
19　2014年10月17日付インタビュー
20　2014年10月10日付インタビュー

21　2014年7月10日付インタビュー
22　2014年8月22日付インタビュー
23　2014年10月21日付インタビュー
24　2014年10月20日付インタビュー
25　2014年10月11日付インタビュー
26　2014年11月8日付インタビュー
27　2014年11月16日付インタビュー
28　たとえば、2014年の北京市の大学入試では全国統一試験に参加した64484名のうち文系は19389名、理系は45095名で、歴史を重点的に学ぶのは入試に参加する30％程度に過ぎない。また、上海においては、参加者5.2万人のうち、文系が約2.2万人、理系が約3万人で文系は42.3％である。『全国各地区高考信息査訊』http://gaokao.eol.cn/gkbm_6147/　（2014年12月14日アクセス）
29　2014年9月14日付インタビュー
30　2014年11月8日付インタビュー
31　2014年10月10日付インタビュー
32　2014年10月18日付インタビュー
33　2014年8月22日付インタビュー
34　2014年7月11日付インタビュー
35　2014年9月4日付インタビュー
36　2014年10月3日付インタビュー
37　2014年9月26日付インタビュー
38　2014年7月9日付インタビュー
39　2014年11月26日付インタビュー
40　2014年10月16日付インタビュー
41　2014年10月23日付インタビュー
42　2014年10月20日付インタビュー
43　2014年7月10日付インタビュー
44　2014年8月22日付インタビュー
45　2014年10月10日付インタビュー
46　2014年9月26日付インタビュー
47　2014年10月16日付インタビュー
48　2014年10月21日付インタビュー
49　2014年8月7日付インタビュー

50　2014 年 9 月 25 日付インタビュー
51　2014 年 9 月 1 日付インタビュー
52　2014 年 7 月 31 日付インタビュー
53　2014 年 7 月 11 日付インタビュー
54　2014 年 11 月 26 日付インタビュー
55　2014 年 7 月 10 日付インタビュー
56　2014 年 9 月 25 日付インタビュー
57　2014 年 9 月 11 日付インタビュー
58　2014 年 9 月 4 日付インタビュー
59　2014 年 10 月 11 日付インタビュー
60　2014 年 7 月 9 日付インタビュー
61　2014 年 9 月 4 日付インタビュー
62　2014 年 10 月 18 日付インタビュー
63　2014 年 11 月 8 日付インタビュー
64　2014 年 8 月 22 日付インタビュー
65　2014 年 7 月 7 日付インタビュー
66　2014 年 7 月 11 日付インタビュー
67　2014 年 10 月 10 日付インタビュー
68　2014 年 9 月 25 日付インタビュー
69　2014 年 9 月 26 日付インタビュー
70　2014 年 9 月 11 日付インタビュー
71　2014 年 7 月 31 日付インタビュー
72　2014 年 10 月 17 日付インタビュー
73　2014 年 10 月 8 日付インタビュー
74　2014 年 10 月 21 日付インタビュー
75　2014 年 10 月 11 日付けインタビュー
76　遠藤誉『中国動漫新人類　日本のアニメと漫画が中国を動かす』（日経 BP 社、2008 年）、202-203 頁
77　2014 年 7 月 9 日付インタビュー
78　2014 年 10 月 17 日付インタビュー
79　2014 年 7 月 9 日付インタビュー
80　2014 年 10 月 10 日付インタビュー
81　2014 年 9 月 11 日付インタビュー

82　2014 年 8 月 22 日付インタビュー
83　2014 年 7 月 7 日付インタビュー
84　2014 年 8 月 7 日付インタビュー
85　2014 年 11 月 26 日付インタビュー
86　2014 年 10 月 16 日付インタビュー
87　前掲「教育部关于印发 基础教育课程改革纲要（试行）的通知」

最終章　教育の「革命史観」から「文明史観」への転換

第1節　教科書作成者の意図党の「正しい歴史観」からの脱却

本稿は、これまで以下の4つの仮説を検証してきた。

第一の仮説：中国の教科書の対日記述は、共産党が抗日戦争を戦って新中国を建設し、初めて人民を国の主人にしたという党の「正しい歴史観」を強調し、共産党の正当性を維持するための思想工作である。中国の教育において、日本は重要なキャラクターで、日中の戦争の記述の分量も多い。

第二の仮説：中国の教科書は、日本に対する悪感情を利用しようとする政権の意図のもとに、日本を悪く描いている。

第三の仮説：中国の教科書は、共産党のコントロールの下で作成されている。

第四の仮説：価値観の形成される多感な青少年の時期に学ぶ教科書の対日記述は、中国の人々の対日観の形成にとり、大きな影響力を持つ。

まず、第一の仮説については、第2章において、21世紀に入り、語文を除いて、教科書における対日記述の占める割合は小さくなっていることがわかった。これは、「課程標準」が21世紀に入り、グローバル化の中で国民の教育レベルの向上を目指し、教科書の記述内容を多様化させたためである。これまで共産党の正当性の根拠となっていた抗日戦争の位置づけは、「課程

標準」版の教科書の中では大きく低下しており、国を近代化させた明治維新の記述量が日本の侵略に関する記述量を上回った。教科書の編集者は、共産党政権の正当性の根拠を、世界への開放、グローバル化の中での経済発展の維持、そのための人材の育成へと転換しつつあると思われる。日本への警戒の必要性は指摘しつつも、教科書においては、抗日戦争を戦ったということに共産党政権の正当性を求めることから脱却しつつある。

　次に、第二の仮説については、第3章において、抗日戦争に関する教科書の記述は、その時代の中国の内政、外交上の政策の影響を大きく受けていることが明らかになった。抗日戦争に関する記述は、第一に台湾問題、少数民族対策、華僑対策といった内政の要素、第二に歴史認識問題に代表される日中関係や、欧米との協力、第三世界との連携、中国の国際地位の向上を求めた中国の外交政策の影響で改訂されている。現在、公開されている資料を調査した範囲では、教科書の対日記述に「日本に対する悪感情を利用しようとする政権の意図」があるとする明らかな根拠は存在しなかったが、調査対象とした人民教育出版社版の教科書においては、抗日戦争の記述が党の政策に利用されてきたことは明らかである。

　さらに、第三の仮説については、第4章において、現在使用されている各地の「課程標準」版の歴史教科書は、これまでの人民教育出版社の教科書と比べて、党の既定路線を大きく逸脱せず、検定を通過する範囲内で、それぞれの主張を表明すべく工夫をこらし、多様な観点を打ち出していることがわかった。抗日戦争の死傷者数、被害額に関する党の公式見解を掲載しないものも現れ、教科書が共産党のコントロールから脱却しつつあることが明らかになった。また、中国の教科書の内容の多様化が認められたことは、様々な歴史観の存在が認められつつあることを示しており、日中の歴史認識問題についても両国の間に議論のための環境を提供することが期待される

　最後に、第四の仮説についてである。第5章において、歴史科目の「副科」としての低い地位の扱い、入試対策の時間を捻出するため規定通りの授業時間をこなさず、受験の重点しか教えない中学校と高校の授業形態、入試

に出題されにくい抗日戦争、そもそも歴史を重点的に学ばない理系選択の学生が6、7割を占めていることが明らかになった。ここから判断すると、教科書は中国の人々の対日観にマイナスの影響を与えているものの、その影響力は限定的なものである。更に、党のイデオロギーを宣伝する教科書への根強い不信感という現実も指摘された。これはその後の「課程標準」採用に向けた教育改革の基盤となった。

第2節　国の発展、全人類の利益に向けた教育へ

第1項　史実の尊重、教科書の内容の安定化に向けた努力

本稿における分析から浮かび上がったのは、「課程標準」の採用により、中国の教科書では、共産党の革命や抗日戦争に政権の正統性を求める時代は終結しつつあるという現状である。以下は、教科書作成者の「課程標準」版への想いであり、地方の学者の教育改革への情熱がよくわかる。長くなるが、教育改革の現場の声をそのまま紹介したい。

聶幼犁・華東師範大学教授（上海市の教科書検定委員会委員で上海大学入試問題作成グループ長、上海歴史教科書研究会会長）は、以下のとおり指摘している。

　　改革は大きく、リスクも大きい。しかし、これは価値のあるリスクだ。間違いの一歩があっても、この一歩は進むべきだ。一つの教科書の天下であり、教科書が一種類しかない構造は、これまでの数回の教育改革では動かせなかった。今は動かせたのだ。大多数の人がこれに賛成し、極端に反対する者は少ない。

　　歴史教育は、中華民族の優れたところばかり宣伝してはだめだ。間違いと足りないところも語る必要がある。欠点を語ったからといって、学生が愛国的でなくなることを心配する必要はない。今の学生生活は開放

的な社会であり、我々が当時生活していた閉鎖的な社会ではなく、彼らは馬鹿ではない。先生の言うことをすべて信じるわけではない。今の学生に良いところばかりを語り、不足を語らず、他人の不足ばかりを語っても駄目である。

　主要国の現代化の特徴、成果と失敗の経験を語らなければならない。学生は現実的な問題に直面している。父母や親族がリストラされる等の現象もある。就業と失業は工業化の進展の中で多くの国が経験した問題である。歴史教育にはこのような内容がない。歴史的に経験したもので、学生が知りたい内容が教科書にはない。大学入試が終わってから、外国語の教科書を捨てる人は少ない。後で役に立つからだ。しかし、政治の教科書、歴史の教科書は捨てられてしまう。役にたたないからだ。これらの教科の学習は強要されてのものである。歴史が重視されないのは、歴史科目が子供たちに知恵を授けていないからだ。

　教員は教科書の中でどれが編集者の観点が入った紹介なのか、どれが客観的な記載なのか見分けられるだろうか。最も基本的な史料さえしらないのに、学生に結論を出させ論評させる、そして試験をさせる。こうして学生の思想を硬直化させてきたのだ。

　歴史は科学ではない。容易に結論を下してはならない。歴史は証拠が大事であり、「史は証拠から来て、結論は史から出発する」。基礎教育において、学生の証拠意識とその認証能力を培うことに留意しなければならない[1]。

　王斯徳・華東師範大学歴史学部教授（華東師範大学人文学院院長、『中国歴史教学問題』雑誌主編、教育部中学歴史「課程標準」研究・制定グループ副組長、新「課程標準」華東師範大学版初級中学歴史教科書主編）は、以下のとおり述べている。

　　過去に国際関係といえば、協力や競争が強調された。競争を強調した

際は一歩も譲らなかったが、今はこのような極端なことではいけない。過去の国家間の矛盾の処理に際して、国際主義も語られた。しかし、この国際主義はイデオロギーの面から語られ、主に無産階級による国際主義が語られた。今の国際関係は、人類全体の利益からすべての物事を処理すべきである。人類の利益が全てに優先する。我々はこの理想に向けて、努力しなければならない。

　日本はかつて我々を侵略したことがある。我々はこの歴史を忘れてはならない。しかし、我々はただこれを覚えているだけではいけない。記憶して、そのあとどうするのか。これこそが重要な問題である。我々がこの歴史を記憶するのは、根本的な目的は平和のため、日本人を含めた平和のためである。

　我々が語っているのは人類社会の歴史であり、人を中心とした歴史である。問題はどのような角度から歴史を見るかであり、階級闘争の角度から見るものも、生産方式の変化から見るものもある。人類は様々な歴史の段階で根本的な問題に直面してきた。それはいかに生存し、発展するかという問題であり、歴史的時期により直面する問題は異なる。ある問題はうまく解決され、ある問題は解決されていない。これらは、人類に豊富な材料を提供してくれている。人類の生存、発展と闘争は社会全体の活動で、その特徴を研究しなければならない。それは主に三つの方面、すなわち政治、経済、思想文化にわたっている。

　以前の中学、高校の歴史教科書は、基本的に大学の教科書の濃縮版で、今回の課程改革で約5分の2が削除された。改革の幅は大きい。削除されたもの、残されたものは我々の歴史観を反映している。例を挙げると、農民戦争、農民一揆は中国での発生が最も多い。削除するかしないかは議論が大きい。中学の「課程標準」版には、最終的に古代は陳勝呉広の乱、近代は太平天国の外国による侵略への反抗しか残されなかった。

　さらに、農民戦争を何のために語るのか。過去は農民戦争の必然性、

正義、勝利の原因、失敗の原因、どのように戦争をしかければよいのか、その影響、結果などを語り、すなわち農民戦争のための農民戦争であり、「造反有理」を語っていた。今、農民戦争を語るのは、社会の安定の角度から語らなければならない。社会が一定の段階まで発展すると、社会はなぜ不安定になるのか。

かつて、我々は初期の資本主義の野蛮性、暗黒性、腐敗性を語っていた。初期の資本主義には確かに野蛮な面もある。しかし、資本主義の発展はすぐに成し遂げられたものではない。野蛮性は語らなければならないが、封建主義から資本主義への転換は社会の前進である。封建主義から資本主義へと転換する社会が如何なる問題に直面し、如何にして解決したのか、経験と教訓を総括すべきである。

アジアやアフリカの革命についても同様である。過去、我々はアジアやアフリカがどのように独立を勝ち取ったかを語っていた。しかし、現在の教科書は、彼らが独立してから、どのような発展の道をたどり、どのような国家スタイルをとり、どのように経済を発展させたかを語るべきであり、革命後どうしたかに重点を置くべきである。

教科書は以下の二つを実現すべきである。第一に、如何に正確に歴史を再現するかである。もちろん、完全に再現することは不可能である。しかし、できるだけ歴史に近づくべきであり、歴史を歪曲すべきではない。第二に、どのように歴史を解説し、どのように歴史を再認識するかは、時代性の強い問題である。異なる時代の中で人によって歴史の解釈は異なる。現代人は、時代という高さから歴史を眺めるべきである。歴史の研究は時代性を強調する必要があるが、一方で意のままに歴史をもてあそぶことを防止しなければならない。歴史は相対的に安定したものであるべきだ[2]。

こうして「革命史観」に基づく教科書の時代は終了し、教科書は、様々な歴史の段階の、様々な体制の国の国家建設の成功と失敗、すなわち人類の文

明の発展の歴史から学ぶ「文明史観」の時代に入った。第4章第3節で述べたとおり、各地の「課程標準」版教科書では、共産主義革命も、資産階級による上からの改革もその成果と失敗を客観的に学んで自国の発展の知恵とし、史実を尊重し、意のままに歴史を解釈しないという態度を貫こうとしている。そして、「文明史観」に基づく教科書の最終目標は、中国の「専制から民主、人治から法治」への転換であり、これがまさに「社会主義政治文明の建設」の理想の姿なのである[3]。

第2項　教育の「革命史観」から「文明史観」への転換

　こうした教科書の内容の多様化の流れの中で、日本への警戒の必要性は指摘しつつも、教科書における抗日戦争の位置づけは相対的に低下し、日本の国家建設の経験から学ぼうとする姿勢がみられるようになった。中国の現代化建設のために、近代化を実現した明治維新や、日本の戦後の財閥解体などの経済改革、公害、防災、人口問題が紹介され、こうした経験から学ぼうとする姿勢も現れた。また、日本人を含めた人類の平和の重要性が認識され、国交正常化の日中共同声明における日本の反省、日中平和友好条約における一切の紛争の平和的解決という両国の合意も紹介されるようになったのである。

　そして、ここから明らかになるのは、胡錦濤政権までの共産党の日本に関するプロパガンダと教科書の日本に関する内容の温度差である。

　図49は『人民日報』データベースで、1980年1月1日から現在までで見出しに「抗戦」（筆者注：抗日戦争）との言葉を含む記事数の推移である。ここから、1945年から終戦数十周年となる節目の年、例えば1985年、1995年、2005年に記事数が増加していることがわかる。1985年は、国民党の正面戦場の再評価に関する記事が多く、翌86年の教科書改訂にはそれが直接反映されている。しかし、1995年、2005年の抗日戦争のプロパガンダについては、教科書の内容に大きな影響は及ぼしていない。特に、2005年は1980年以降二番目に多くのプロパガンダが行われているにも関わらず、翌

図 49　見出しに「抗戦」との言葉がある『人民日報』記事数

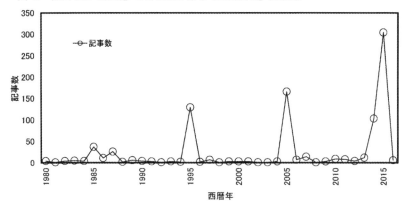

　2006年から本格的に普及した「課程標準」版の教科書では、抗日戦争の記述は大きく減少している。胡錦濤政権までは、党のプロパガンダと教科書の内容は一定の距離を保ってきたことがわかる。

　しかし、党内にはこうした教育改革に対する反対勢力もいる。「文明史観」はまだ党の公式見解にはなっていない。特に、習近平政権以降は言論統制の強化が進められている。はじめにの第2節で述べたとおり、2014年5月に習近平国家主席は、上海の小学1年生の教科書から古代詩8首が削除されたことを批判し[4]、更に、2014年9月には江蘇省の小・中・高校で「南京大虐殺」の副読本が配布されている[5]。習近平政権では、胡錦濤政権の時よりも厳しい言論制限が加えられており、歴史学者は党の公式見解と異なる成果を出しているものの、政府内部や社会の公の場、教育の場では公式見解が強化され、中央規律委員会が研究成果を党の「正しい歴史観」と異なるとして問題視し、厳しい統制がなされつつあるとも指摘されている[6]。改革派雑誌『炎黄春秋』は、歴史学界における党の公式見解と異なる研究成果を発表し続けてきたが、2016年7月、休刊へと追い込まれた[7]。

　図49のとおり、終戦の節目の年ではない2014年に抗日プロパガンダが増加しており、2014年は日本に対して厳しい宣伝工作が行われた年であった。この流れを引継ぎ、2015年には中国では「抗日戦争及び世界反ファシズム

戦争勝利70周年記念式典」が開催され、1980年以降最も厳しい抗日プロパガンダが行われており、こうした動きが今後教科書にどのように影響するのか注目される。

更に、現在中国のインターネットには、2015年10月の高校歴史教科書の改定「課程標準」の初稿が掲載されている。これはまだ公式に採用されたわけではないが、唯物史観を指針とすることをより強調し、「文明史観」との概念は消え「専制から民主」「人治から法治」への転換との目標も削除されている[8,9]。

しかし、現時点ではこうした動きは教科書の改訂にまでは至っていない。2014年の「南京大虐殺」の教材化は「副読本」であり、教科書ではない。第2章で述べたとおり、91年の江沢民の近現代史教育に関する指示ののち、国家教育委員会は「副読本」の出版で対応し、政治科目を除き教科書には大きな修正がなされなかったことを想起したい。また、現在インターネットに掲載されている改定「課程標準」の初稿は唯物史観を指針とするとしつつ、歴史資料の大切さ、歴史の叙述と歴史的な事実は異なることを学生に理解させることを目標としており、唯物史観と実証的な歴史学という矛盾する内容を掲載している。ここからも、党の「正しい歴史観」を支持する勢力と、実証的な歴史学を追求する学者たちの間で歴史教育のあり方について対立があることがわかる[10]。また、この学者たちの意志と努力がこの20年間の中国の教科書の内容の大きな変化を支えてきたのは明らかである。中国国内で教育改革に関する議論は続いていくだろう。

そして、「文明史観」に基づく現在の「課程標準」は、党内からも一定の支持を得ていた。「課程標準」は、党のイデオロギーに影響力を持つ中央党校と党中央文献研究室の意見も聴取して作成されている[11]。「教学大綱」から「課程標準」への改革は、学者を含めた中国の人々のこれまでのイデオロギーに偏った教育への反発という民意の表れであり、ボトムアップの動きであったが、党内でも一定の支持を得ていたことがわかる。何よりも、教科書の検定制度化、多様化、「教学大綱」から「課程標準」への教育改革は中国

教育部の決定であった。

　「文明史観」に基づく教科書では、「革命史観」ではこれまで否定されていた資産階級による上からの改革も評価されるようになった。これは、共産党は資産階級を含むすべての人民を代表する政党へと転換しつつあり、その革命政権としての時代は終わりを告げつつあることを反映していた[12]。歴史学者は、共産党の正統性の根拠を革命や抗日戦争にではなく、中国の文明の発展、人類の利益の維持、平和な環境の確保に転換させようとしていたのである。これは学術界における「専制から民主、人治から法治」への転換、「社会主義政治文明建設」の理想の姿に向けての努力の現れであった[13]。

　21世紀の「課程標準」の採用は、教育の「革命史観」から「文明史観」へという大きな転換を意味していた。中国の教育は現在大きく変貌しつつある。

〈注〉

1　「"中学历史课程 教材学术研讨会"纪要」『历史教学』第478期　2003年9期
2　「"中学历史课程 教材学术研讨会"纪要」『历史教学』第478期　2003年9期
3　中華人民共和国『普通高中歴史課程標準（実験）』（人民教育出版社、2003年）9頁
4　前掲「人民日报评论 习近平批评去中国化是在批评谁」『人民日報』（2014年9月10日）
5　「南京大屠杀死难者国家公祭读本进小学教材，仅限江苏」『澎湃新聞網（上海）』（2014年9月1日）http://news.163.com/14/0901/20/A5394AJN00014SEH.html　（2014年12月30日アクセス）
6　『シリーズ日本の安全保障　チャイナリスク』川島真、岩波書店、2015年、285-307頁
7　「中国の改革派雑誌が休刊」『日本経済新聞』朝刊（2016年7月20日）
8　http://blog.sina.com.cn/s/blog_9312d2890102w79g.html　（2016年7月3日アクセス）本課程標準は公式に発表されたものではなく、現時点ではネットに出回っているものである。掲載者のコメントとして、これまでの課程標準に比べて変化が大きく、内容に進展があるといえるが、歴史に対する理解と解釈を混同し

ており、歴史学科の特質をはっきりととらえていないと不足点を指摘している。
9　中国学術情報データベースCNKIにおいては、2015年10月の高校歴史教科書の改定「課程標準」初稿に関する論文は検索してもヒットせず、議論の公開を控えていることが伺われる（2016年7月3日アクセス）。
10　改定中の「課程標準」に関する議論の詳細は補論「14年間の抗日戦争：歴史学のあり方をめぐる軋轢（あつれき）」において詳述したい。
11　前掲　「"中学历史课程 教材学术研讨会"纪要」
12　01年には、「三つの代表」論が提起され、共産党は私営企業家も含めた中国の最も広範な人民の根本的利益を代表することとなった。
13　前掲中華人民共和国『普通高中歴史課程標準（実験)』（人民教育出版社、2003年）9頁　2011年版の課程標準においても同様の記載が維持されている。前掲の2015年「課程標準」初稿からはかかる記載は削除されている。

補　論　14年間の抗日戦争：
歴史学のあり方をめぐる軋轢

第1節　中国教育部の指示

2017年1月3日、中国教育部は各省、自治区、直轄市の教育庁などに「小中学校の教科書において、14年間の抗日戦争との概念を全面的に実現する」との指示を出した。同指示は、各教科書を修正し、2017年春の教材から全面的に実施すること、また、教科書を精査し、8年の抗日戦争との文字があれば全て14年とし、内容も修正し、14年の抗日戦争との概念を突出させるよう求めた[1]。これまで抗日戦争は1937年7月7日の盧溝橋事変から1945年8月15日の終戦までの8年間とされていた。今回、中国政府は公式見解を変更したことになる。

本補論においては、これまでの高校の歴史教科書が1931年の満州事変（九一八事変）以降1937年の盧溝橋事変までをどのように描いているかを検証し、また、今回の中国教育部の指示の背景について初歩的な分析を行いたい。

第2節　中国の高校の歴史教科書における1931年から1937年までの対日記述

第1項　「教学大綱」及び「課程標準」が求めた内容

2002年の「教学大綱」は、1931年の満州事変以降の対日記述につき、明確に定めている。すなわち「1931年日本の帝国主義は九一八事変を発動、我が国の東北三省を占領、溥儀を皇帝に偽満州国を建国。蒋介石をトップとする国民政府は不抵抗政策をとり、愛国的な軍民が奮起して日本の侵略者に

図 50　高校の歴史教科書の 1931 年から 1937 年までの対日記述文字数

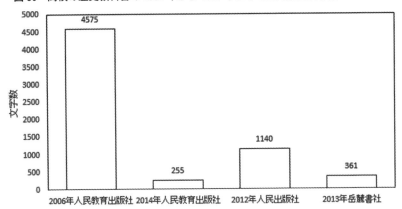

抵抗した。抗日救亡運動が急速に広がった。1935 年、日本の帝国主義は華北事変を起こし、民族は空前の危機に面した。12・9 運動が勃発し、抗日救亡運動が全国的に活発化した。1936 年の西安事変の平和的な解決は、抗日民族統一戦線の初歩的な樹立を示していた。」[2] というものである。

　他方で、2006 年の「課程標準」には、満州事変以降の対日記述について明確な指示がない。前述のとおり、抗日戦争について「中国を侵略した日本軍の罪状を列挙し、中国軍民の抗日闘争の主要な史実を簡潔に述べ、全民族の団結した抗戦の重要性を理解し、抗日戦争の勝利が、中国が外国の侵略に反抗した闘争において占める歴史的な地位を検討する」としているのみで[3]、1931 年の満州事変以降の記載内容は教科書執筆者の裁量に委ねられている。

　それでは、実際にはどのような記述内容になっているのだろうか。

第 2 項　記述量の減少

　高校の歴史教科書における記述文字数を比較した（図 50）。

　前述のとおり、2006 年の人民教育出版社版は「教学大綱」に基づくものであり、2014 年の人民教育出版社版、2012 年の人民出版社版及び 2013 年の岳麓書社版は「課程標準」に基づくものである。「課程標準」採用以降、

1931年から1937年までに関する対日記述文字数は、大きく減少していることがわかる。また、「課程標準」に基づく教科書の中でも、この6年間に関する対日記述量はばらつきがあり、党の公式見解に近い立場をとる人民出版社の教科書の記述量が最も多い。また、意外なことに、過去国定教科書を作成してきた人民教育出版社の教科書の記述量が最も少ない。

第3項　記述内容の簡略化

各教科書の記述内容はどうなっているだろうか。

1「教学大綱」に基づく高校歴史教科書の記述

以下では、「教学大綱」に基づく高校の歴史教科書における1931年から1937年までの対日記述を分析する。

表23　2006年人民教育出版社『中国近代現代史　下冊』第一章　国共の十年の対峙（要約）[4]

第三節 九一八事変	九一八事変	日本は中国の領土をよだれをたらして狙っていた。1927年6月、日本の田中義一首相は東方会議を開催し、満州を本土から分離し、日本の勢力の下に置く侵略の方針を決定した。1931年、世界恐慌が日本にも及び、困難な状況になった。日本は中国東北への侵略戦争を発動し、人々の視線をそらし、中国の富を略奪し、危機の影響から回復しようとした。国民党政府が紅軍を全力で殲滅していることも、日本に機会を与えた。1931年9月18日夜、日本の関東軍は南満州鉄道の柳条湖の鉄道を破壊し、中国軍が破壊したと言いがかりをつけて、東北の駐屯地の北大営を攻撃し、瀋陽を占領した。蒋介石は張学良に電報を出し、局地的な衝突とし、事態の拡大を避け、中央が交渉で処理するとの指示を出した。20万の東北軍は戦わずして撤退し、半年もせず、東北三省は陥落した。蒋介石は国連に支援を求め、国連の調査団は1932年10月に報告を出したが、国際協力を解決策として提示した。これは、協力の名目で、中国の東北三省を帝国主義列強の共同管理の植民地とするものだった。（注：資料として、田中上奏文の記載あり。）

		九一八事変発生後、共産党は声明を出し、群衆による闘争で、日本帝国主義に反対しようと呼びかけた。東北人民と撤退しなかった一部の東北軍は、抗日義勇軍を結成し、日本の傀儡軍に損害を与えた。東北の愛国将軍の馬占山が率いる黒竜江省民衆抗日救国義勇軍が有名である。共産党も幹部を東北に派遣し、ゲリラを行った。中国共産党は各地で抗日連合軍を結成した。楊靖宇らが主な指導者である。楊は一軍を率いて日本の傀儡軍の胆を冷やした。楊は抗日連合軍の総指揮者となり、埋伏し、敵に大きな損害を与えた。
	抗日民主運動の発生	国民政府の日本への妥協は、国民党内の愛国人士の不満を引き起こした。1932年末、中国民権保障同盟が上海で成立し、宋慶齢が主席に、蔡元培が副主席となった。彼らは政治犯釈放及び人民の抗日という民主的権利を要求し、抗日民主運動の発展に重要な貢献をした。日本は熱河は満州国であり、長城が国境であると主張し、1933年1月、山海関を攻めた。続いて日本の傀儡軍10万が熱河を攻めた。熱河主席の湯玉麟は戦わずして逃げた。日本軍は長城のラインに沿って攻めてきて、チャハルが危険になった。国民党の愛国将軍の馮玉祥と共産党の吉鴻昌が協力し、チャハル抗日同盟軍を組織して戦い、日本軍と激戦となり、多倫を回復し、チャハルから日本の傀儡軍を追い出した。蔣介石はこれを指示の一元化を阻むものとし、兵を派遣し、日本の傀儡軍と協力して同盟軍を攻撃し、同盟軍は失敗した。国民党十九路軍の蔡廷鍇が1933年11月に、福建に中華共和国人民革命政府を樹立し、紅軍と抗日停戦協定を締結した。蔣介石が日本軍と結託しこれを攻撃した。蔣介石は日本軍と交渉し、厦門に駐兵しないことを条件に、日本軍の支援を求めた。日本軍は邦人保護を理由に軍隊を派遣し、蔣介石を支援した。
第四節 紅軍の長征	蔣介石の「外敵を排除するにはまず国内を安定させる」（中文：攘外必先安内）政策	九一八事変以降、全国人民は憤慨し、内戦を停止し一致して外敵に当たることを要求した。蔣介石は「外敵の排除にはまず国内を安定させる」政策を打ち出し、引き続き日本帝国主義に妥協し、共産党に対する包囲・反動の方針をとった。

第五節 抗日民族統一戦線の初歩的な形成	華北事変	1935年、日本軍は華北で絶えず事件を起こし、華北事変と呼ばれた。日本の関東軍が大挙して関を超え、天津と北平に迫った。国民政府は何応欽と華北駐屯軍指令の梅津美治郎に協議させ、「何梅協定」に署名させた。これは中央軍は華北を撤退し全ての抗日運動を取り締まるとの内容であった。日本陸軍省は「華北交渉問題処理要綱」を制定し、華北駐屯軍に断固とした措置をとり必要な準備をするよう求めた。それで、梅津は中国にひどい要求をしたのである。日本は華北五省の反共自治運動を画策し、華北を第二の満州国にしようとした。
		国民政府は日本の「華北政権特殊化」の要求を受け入れ、華北地域の政治、経済を植民地化し、民族危機が高まった。
		日本の侵略者は日中経済連携の名目で、河北、山東、山西の三省を日本の綿花畑とし、鉄道を支配し、鉱業を独占。日本の特務は秘密情報の中で、華北は我が帝国の最後の新たな植民地であると述べていた。日本の華北における経済勢力の拡大は、英米の経済利益を損ない、英米は国民党の親英米派を通じて日本に抵抗しようとした。
	瓦窰堡会議	1935年、中国共産党は「八一宣言」を出し、内戦停止、一致した抗戦を呼びかけた。同年末、共産党は瓦窰堡で会議を開き、抗日統一民族戦線樹立の方針を決定した。会議終了後、毛沢東は、「日本帝国主義の策略に反対する」との報告を行った。毛は日中の矛盾を主要な矛盾とし、そのほかの矛盾は重要ではない、抗日民族統一戦線は共産党により指導され、抗日政府と抗日軍の土台となると述べた。瓦窰堡会議以降、全国に抗日救亡団体が次々と成立した。蒋介石の「外敵を排除するにはまず国内を安定させる」政策は、益々人心を得られなくなった。
	12・9運動	1935年12月、共産党の指導で、北平の学生は抗日救国デモを行った。国民党当局が警官を出してこれを鎮圧した。これが、12・9運動である。国民政府は日本の華北特殊化の要求にこたえて冀察政務委員会樹立を予定していると報じられた。北平の学生、労働者、農民、市民、東北から避難した人民が一緒になり、華北自治に反対のデモを行った。学生の愛国的行為は国民党の売国政策に打撃を与え、日本の中国併呑の陰謀をあばき、共産党の内戦停止抗日救国の主張を宣伝した。12・9運動以降、北平と天津の学生は、中国共産党の呼びかけにこたえて、労働者、農民と協力する道を進み、次々と南下宣伝団を組織し、農村、工場

		で抗日救国を宣伝した。
	西安事変	1936年12月、蒋介石は西安に来て、張学良と楊虎城に共産党殲滅計画を迫った。張と楊は蒋介石を拘束し、抗日を迫った。これが西安事変である。国民党の親日派の何応欽は張と揚への攻撃を準備し、親英米派の宋美齢や宋子文は平和的解決のために奔走した。共産党は全民族の利益から平和的解決を主張し、周恩来を協議に派遣した。各方面の努力を経て、蒋介石は内戦停止、共産党と協力した抗日を受け入れ、西安事変は平和的に解決された。西安事変は国民党内部も団結した抗日の願望が強かったことを示している。共産党は団結した抗日への誠意を示し、国共両党は協力した抗日への序幕をあけた。

「教学大綱」に基づく2006年版の人民教育出版社の歴史教科書は1931年以降の6年間について詳細に記載している。この6年間の日本の侵略については、第3章第6節で検討した「第二章　中華民族の抗日戦争」とは別の章となっており、「第一章　国共の十年の対峙」において、国民党と共産党の対立の中で描かれている。

記述内容の特徴としては、第一に、満州事変については、日本の長年の中国侵略の方針の結果であるとし、田中上奏文を掲載し、満州事変は必然であったとの立場を示している。第二に、満州事変において蒋介石が妥協し、戦わず撤退したことを批判している。第三に、中国共産党が東北で義勇軍を結成しゲリラ戦を行ったとし、中国共産党の功績を強調している。第四に、国民党の愛国者と共産党が協力して日本に抵抗したが、蒋介石がこれを弾圧したことを非難し、第五に、蒋介石の「外敵を排除するには、まず国内を安定させる」（中文：攘外必先安内）との方針及び華北事変に際して蒋介石がまたもや日本に妥協したことを非難している。第六に、瓦窰堡会議において、共産党が抗日民族統一戦線樹立の方針を提起したこと、共産党の指導による北平の学生の抗日ストライキ（12・9運動）を説明し、第七に、国民党の張学良らが西安で蒋介石を拘束し、共産党が派遣した周恩来の調停のもとで、蒋介石に共産党との協力した抗日を受け入れさせたとの流れで書かれている。

いずれも、蒋介石の日本への不抵抗政策を非難し、共産党こそが人民大衆を指導して抗日活動を行い、最終的には国共内戦を停止させ国内の一致団結した抗日を実現したとし、共産党の功績を強調する内容となっており、日本の侵略に対する批判は強くない。

2「課程標準」に基づく高校歴史教科書の記述

以下では、「課程標準」に基づく高校歴史教科書の記述を見ていきたい。

（イ）2014年人民教育出版社の高校歴史教科書

表24　2014年　人民教育出版社『普通高中課程標準実験教科書　歴史1』（要約）[5]

第16課 抗日戦争	全民族の抗戦	日本は台湾の占領後、中国の領土を狙った。満州事変以降東北は陥落し、華北地域は植民地となった。中国の民族的危機は高まった。
	歴史の縦横	日本の侵略軍は九一八事変を起こし、半年もせずに東北全体を占領した。1932年1月、日本侵略軍は上海を攻め、1・28事変が勃発した。上海守備の国民党第19路軍が奮起して抵抗した。日本帝国主義は、中国東北に偽満州国を建国。日本帝国主義による華北事変。

まず、人民教育出版社の教科書の記述は非常に簡潔である。また、1931年から1937年の歴史は、「第16課　抗日戦争」の中で描かれており、満州事変、上海における1・28事変、華北事変との順番で簡潔に記載されているに過ぎない。共産党の指導による東北の義勇軍の抗日活動や、共産党の抗日の宣言（八一宣言）や、北平の学生のデモ（12・9運動）は記載されておらず、共産党の功績は強調されていない。また蒋介石の日本への妥協も記載されていない。また、他の教科書と異なり、上海における1・28事変が記載されている。

（ロ）2012 年人民出版社版の高校歴史教科書

表25　2012年　人民出版社　『歴史　必修　第一冊』（要約）[6]

三　偉大な抗日戦争	中国を侵略した日本軍の罪の行い	1927年、日本は東方会議において、満州とモンゴルを征服するための武装侵略の方針を定めた。1931年、世界的な経済危機による困難から脱却するため、日本は中国の国民政府が紅軍を囲んでいる際に、中国東北を侵略する戦争をしかけた。
	関外関内の抗日救国運動	1931年の九一八事変以降、日本軍の侵略と国民政府の不抵抗政策に対し、全国で抗日救国運動がおこった。918事変後、共産党は民族革命戦争で日本帝国主義を中国から追い出すよう呼び掛けた。1935年、共産党は八一宣言を発表し、内戦停止、一致した抗日を呼び掛けた。共産党は12月、瓦窰堡で会議を開催、抗日民族統一戦線樹立の方針を決めた。東北の人民と撤退しなかった東北軍は抗日義勇軍を結成、日本の傀儡軍に打撃を与えた。1933年1月、日本軍は山海関を攻撃。兵士たちは先進的な装備の日本軍と勇敢に戦った。5月、日本軍は長城を越えた。国民党の愛国将軍の馮玉祥と共産党の吉鴻昌が抗日同盟軍を組織し、日本の傀儡軍を追い出した。労働者はストライキや募金を行い、工商業者は日本製品をボイコットし、政府に対し日本への経済制裁を要求した。1935年12月9日、北平の数千名の学生が華北の自治に反対してデモを行った。これが12・9運動である。学生は共産党の呼び掛けで南下し、工場、農村、軍隊で抗日を宣伝した。1936年12月、国民党の愛国将軍の張学良と楊虎城が西安で蒋介石を拘束し、内戦停止、共産党と協力した抗日を主張した。共産党の斡旋で蒋介石はこれを受け入れ、国共両党は協力した抗日をスタートさせた。

　人民出版社版の教科書の記述は、人民教育出版社及び後述の岳麓書社の教科書に比べ詳細である。本教科書も1931年から1937年までの対日記述を、抗日戦争の章の中で描いている。また、第4章で述べたとおり、抗日戦争の勝利に関する記載において、「反ファシズム戦争」を戦った期間に関する他国との比較の表を記載し、中国が13年11か月と最も長く戦争を戦ったことを示しており、本教科書は14年間の抗日戦争との立場をとっている。

　教科書の記述内容は、満州事変、国民政府の不抵抗政策に対する全国人民の不満、共産党による内戦停止・抗日の呼びかけ、東北における人民の抗日

義勇軍の結成、華北事変における国民党の愛国将軍と共産党の協力した抗日、北平の学生によるデモ（12・9運動）、西安事変との順に描いている。「教学大綱」版の教科書ほど詳細ではないが、「教学大綱」版の教科書の内容の要点を掲載している。他方で、共産党の功績の記載及び日本に不抵抗の蒋介石を批判する記載は「教学大綱」版より減少しており、また蒋介石による抗日運動の弾圧は描かれていない。蒋介石に対する批判的な記載が減少しているのは、両岸関係への配慮と、また現在の「課程標準」が抗日戦争を国民党と共産党が協力して戦った全民族の団結した抗戦と指定していることの影響もあろう。

（ハ）2013年岳麓書社版の高校歴史教科書

表19　2013年　岳麓書社『歴史　必修1　政治文明の歩み』（要約）[7]

第20課 新民主主義革命と中国共産党	紅軍の長征と西安事変	1931年、九一八事変勃発。日本は中国の東北を占領し、華北へ進攻し、中国の領土と主権は絶えず失われた。蒋介石は「外敵を排除するには、まず国内を安定させる」（中文：攘外必先安内）との政策をとり、日本に譲歩し、共産党のせん滅に力を集中させた。1935年8月1日、長征の途中で共産党は「八一宣言」を出し、抗日民族統一戦線樹立を主張した。民族の危機は深まり、国民党政府の内部も分裂した。1936年12月12日、張学良と楊虎城が西安事変を起こし、西安で共産党せん滅を監督していた蒋介石を拘束し、全国に内戦停止、一致した抗日を呼び掛けた。共産党は国と民族の利益を第一とし、蒋介石に抗日を迫り、西安事変を平和的に解決する方針を決めた。12月25日、西安事変は平和的に解決され、抗日民族統一戦線の樹立のために重要な基礎を打ち立てた。

岳麓書社版の教科書も、記載内容は簡潔である。本教科書は1931年から1937年の出来事を、共産党成立から新中国建国までの課「新民主主義革命と中国共産党」の中の一部である「紅軍の長征と西安事変」との項目の中で記載している。内容は、満州事変、蒋介石の不抵抗政策、共産党の長征途中での抗日宣言、西安事変との流れで描いている。蒋介石の方針を非難しつつ、共産党の功績を強調しているが、共産党の指導による東北の義勇軍の抗

日活動や、北平の学生のデモ（12・9 運動）は記載されていない。

第 3 節　抗日戦争の期間が 14 年へと変更とされた背景

以下では、今回抗日戦争の期間が 14 年へと変更された背景を検討したい。

第 1 項　共産党の功績の強調と日本の歴史政策への牽制

　新華社は、抗日戦争が 8 年か 14 年かは、史学界で長年議論されてきた問題であるとし、2011 年の九一八事変（満州事変）80 周年の際に、人民日報の社説が 14 年の抗日戦争の概念を提起したこと、2014 年 9 月 3 日の「中国人民抗日戦争・世界反ファシズム戦争勝利」69 周年の記念座談会において、習近平総書記が、九一八事変が中国人民の抗日戦争の起点であると述べたことを根拠に、これは一朝一夕の変更ではなく、14 年との期間が歴史上客観的かつ公正な評価であるためであると指摘している。また、新華社は更に、8 年の抗日と 14 年の抗日は、抗日戦争が局部的な抗戦から全国的な抗戦となったということであり矛盾しない、九一八事変以降の 14 年にわたる抗戦が、中国共産党の抗日戦争における「主要な柱」（中文：中流砥柱）との役割を全面的に体現するものであり、抗日戦争の経験と教訓から中華民族の偉大な復興という「中国の夢」を実現しようと呼び掛けている[8]。

　中国教育部直属の中国教育新聞網は、中国国内外の資料や、中国の公文書や日記、写真が公開されたことから研究が進んだ結果、14 年とすることにしたと説明している。共産党が東北に楊靖宇などのゲリラ隊を派遣したこと、日本の「ファシズム」が東北三省に植民地統治を行った歴史、中国の軍民がこれに抵抗した歴史、中国が世界の「反ファシズム戦争」を最も早く開始したこと、中国の抗日戦争の世界の「反ファシズム戦争」における歴史的な貢献といった歴史が更に尊重されるべきであること、また、この期間に関する教科書の記載も少なく、また映画や歴史的文献、展覧会なども少ないと指摘している[9]。

現在も使用されている歴史の「課程標準」の研究・策定グループ長を務めた北京師範大学の朱漢国教授は、14年間の抗日戦争との概念は、学生に日本の侵略の本質と危害を理解させることができる、日清戦争以降、日本は東北を自分の勢力範囲とみなし、満州とモンゴルを奪い、中国全土を手に入れ、アジアを併呑する侵略政策を打ちしていたと指摘している[10]。同教授が主導した人民出版社版の教科書には同趣旨の記載があり、更に、14年の抗日戦争との立場をとり、田中上奏文を記載しているのは前述のとおりである。

　解放軍報は、14年との概念の方が日本の侵略者の戦争発動という暴行の悪をより全面的に反映し、中国人民が侵略に抵抗した時間的長さを体現できるとしている。また、日本の右翼や政治家が、中国が抗日戦争を過度に強調し、歴史問題を国際化することは地域の平和と安定に資するものではないと指摘していること、また韓国の市民団体が「慰安婦」像を設置したことに対し日本が「報復措置」をとったこと、ハワイ訪問の際、安倍総理はスピーチにおいて、米国の兵士と家族の被害を提起したが、日本の軍国主義による悲劇を謝罪していないことが今回の背景となっていると指摘し、当時の日本を日本の賊（中文：日寇）と呼び、厳しい文言で日本を批判しており、軍の日本への厳しい見方を示している[11]。

　以上の中国国内の報道からは、今般、抗日戦争の期間を8年から14年へと変更した背景は、1931年の満州事変以降の中国共産党の抗日における功績及び世界「反ファシズム戦争」における中国の功績の強調、また、日本の歴史に関する政策への牽制であることがわかる。しかし、なぜこのタイミングで変更されたのかが明らかではない。共産党の功績、中国の世界「反ファシズム戦争」における貢献は、これまでも中国国内で存在した議論であり、前述の解放軍報が日本の歴史政策を指摘しているものの、2016年の日中関係はこれまで途絶えていた政府間協議が復活するなどある程度の回復基調にあり[12]、最終章第2項図49で述べた「抗戦」（注：抗日戦争）を見出しとする人民日報の記事も2016年には6件しかなかった[13]。このようなタイミングでなぜ抗日戦争は14年間に変更されたのだろうか。

図 51　人民日報の「歴史虚無主義」との言葉を含む記事数

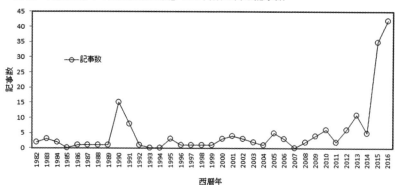

第 2 項　党の「正しい歴史観」を覆す実証的な歴史研究の進展に対する恐れ
1　中国共産党による「歴史虚無主義」への警戒

　図 51 は人民日報で検索した「歴史虚無主義」との言葉を含む記事数の推移である。

　図 51 から、人民日報における「歴史虚無主義」との言葉を含む記事数が、天安門事件直後の 1990 年と 2013 年、特に 2015 年以降に大幅に増加していることがわかる。

　「歴史虚無主義」とは、様々な方式で歴史を解読し、マルクス主義の指導的地位と中国が社会主義へと進む歴史的必然性を否定し、中国共産党政権の合法性を否定する社会的思想の傾向であるとされている[14]。これらの人民日報の記事は、いずれも歴史学界の新たな研究成果の一部を「歴史虚無主義」として批判する内容になっている。

　2013 年 1 月 5 日、習近平総書記は中央党校にて開催された新任の中央委員会委員、候補委員による第 18 回党大会の精神を貫徹するための討論班にてスピーチを行い、改革開放前と後の時期では、社会主義建設の指導思想、方針などは大きな違いがあるが、これは対立するものではない、改革開放後の歴史で改革開放前の歴史を否定すべきでないし、改革開放前の歴史で改革開放後の歴史を否定すべきではないと指摘している[15]。政権成立間もないこ

ろ、習近平は既に、歴史学界において実証研究が進み、党の「正しい歴史観」を覆す研究成果が出されていることに警戒を示していたことがわかる。

それでは、党から「歴史虚無主義」と批判された歴史の研究成果はどのようなものなのだろうか。

文化大革命終了後、改革開放の時代に入り、中国の歴史学界には大きな変化が現れた。前述のとおり、「文明史観」のように民主と法制の確立を求めた歴史観が教科書の基調となった。一部の知識人は歴史認識に対し科学的態度をとるべきで、歴史について歪曲、改ざんなどをしてはならないと指摘しはじめた。中国でも公文書館が建設され歴史公文書が公開されはじめ、また党中央文献研究室などが指導者の記録、演説集を出版した。また、革命を経験した当時の指導者から口述で記録をとる動きも進んでいる。

こうした中で、知識人は多くのタブーを打ち破り、中国の革命史全体に対する見直しを開始した。毛沢東の功罪、多くの人が餓死した大躍進、反右派闘争などの検証が進められている[16]。近代史全体について活発な議論が進められ、研究成果が発表されている[17]。こうした研究成果は、これまでの党の公式見解と異なるものもあった。当面の政治体制改革の遅れを批判し、社会主義革命史を再検討し、政治体制の民主化を求める論文も発表された[18]。また、一部の知識人は近代社会を保障するものが法治に関する制度であるなら、中国人の法治意識を確立することが最重要課題であるとし、これまでの歴史学は歴史学を停滞させてきた、今日の歴史学の課題は脱政治、脱イデオロギー、近代的な国づくりに知恵を与えることであると指摘している[19]。

また、抗日戦争については以下のような指摘もある。毛沢東の時代には、当局は抗日戦争に関する出版を厳しく統制していた。「南京大虐殺」に関する歴史書も、意図的に禁圧されていた。共産党が抗日戦争を正当性の根拠として強調するのは、1982年以降のことである。毛沢東の時代の沈黙の重大な理由の一つは、国民党に比べて共産党は抗日戦争にほとんど貢献しなかったためであった。抗日戦争の主要な戦い、舞台という歴史的事実に言及すると、共産主義者が一人もいなかったことを国民に知られてしまうためであ

る[20]。また、「百団大戦」は彭徳懐が毛沢東の命に背いて強行し、失敗した作戦である[21]。

　第5章で述べたとおり、中国の人々も共産党が抗日戦争において「主要な柱」（中文：中流砥柱）となったとする党の「正しい歴史観」に対し疑問を抱いている。

　更に、これまで日本の傀儡政権としてネガティブな評価のなされていた汪精衛政権についても、最近では「協力と衝突」の構造の中でとらえる研究が行われ、日本と汪精衛の協力は最初から対等の協力でなく、弱い立場での協力であったが、この力関係は汪精衛政府が日本の占領者に何でも服従し、自主性がなかったことを意味するわけではないとも指摘されている[22]。

　こうした知識人の研究に対し、2015年以降人民日報は批判を開始したのである。以下では記事の一部を紹介する。

　党中央党史研究室副主任の張樹軍は、「歴史虚無主義」は、中国の革命史、中国共産党史、中華人民共和国史を否定し、党の指導者と模範的人物を侮辱するものだと批判した上で、これに様々な方法で反論し、敏感な共産党史の事件について宣伝を強化し、世論という陣地を占領しなければならないと指摘している[23]。また、ある記事は、唯物史観こそが人類の発展の歴史の規律を示すものであり、共産党政権、社会主義建設、人類社会の発展の規律に対し更に多くの必然性の根拠を提供するものであると指摘している[24]。

　また、「中華民族の偉大な復興が通るべき道—中国の特色ある社会主義の堅持について」との記事では、新中国成立以降から改革開放までの共産党の政策の誤りを明らかにする研究成果を「歴史虚無主義」として、以下のとおり指摘している。改革開放前と改革開放後の歴史を正しく認識する必要がある。改革開放前の歴史を否定すべきではない。改革開放以前の社会主義の実践の模索は、改革開放後の社会主義の実践のために環境を提供している。政治的な問題がうまく解決されなければ、重大な結末を生む。昔の人は、「国を亡ぼすにはまず歴史から」といった。国内外の敵対勢力が中国の革命史、新中国の歴史を攻撃、侮辱し、中国共産党が指導する社会主義制度を覆そう

としている。ソ連の崩壊はソ連の歴史、ソ連共産党の歴史、スターリン、レーニンを否定したからである。改革開放前後の社会主義の実践・模索を正しく認識することは、歴史問題ではなく、政治問題である。「歴史虚無主義」に走ることはできない、新民主主義革命、社会主義革命の成果は否定できない[25]。

　これらの記事から、中国共産党は、中国の歴史学界が近年来、大躍進、反右派闘争などにつき党の「正しい歴史観」を覆す成果を出し続けていることを非常に警戒しており、これが共産党政権を脅かしかねないと危惧していることがわかる。中国共産党は自らの政権の正統性を歴史に求めており、まさに歴史は政治であり、共産党の政権の維持のために人々に「正しい歴史観」を持たせることに躍起になっていることがわかる。

2　蒋介石研究の進展

　こうした「歴史虚無主義」として批判される動向の一環として、中国における蒋介石研究の進展を指摘しておきたい。

　改革開放以前は、中国大陸における蒋介石に対する学術研究は存在していなかったが、80年代以降、大陸の台湾政策の変化及び両岸関係の緩和に応じて、一部の知識人が蒋介石の研究を開始した。90年代以降、大陸において蒋介石に関する書籍が多く出版された。1997年には台湾当局が蒋介石に関する歴史公文書を公開し、台湾の「国史館」も公文書を整理し、出版した。また、2006年には米国のスタンフォード大学が「蒋介石日記」を公開した。こうして、大陸の知識人はこれらの資料を利用し、蒋介石の研究を行えるようになった。また、この時期、大陸における学術的な雰囲気が緩和され、蒋介石をテーマとする研究者が大幅に増加し、蒋介石研究がブームとなった[26]。

　その中で、1931年から37年までの蒋介石の対日政策について新たな研究成果が発表された。先に述べたとおり、共産党の「正しい歴史観」では「外敵を排除するにはまず国内を安定させる」（中文：攘外必先安内）政策は、

蒋介石の日本に対する妥協であり、全国人民に強く反対されたというものであった。しかし、この政策が出された時期、意味などについて 1990 年代から研究が行われ、党の「正しい歴史観」に疑問が示されるようになった。

黄道炫は論文「蒋介石の『攘外必先安内』の方針の研究」において以下のとおり指摘している。「攘外必先安内」は、蒋介石が初めて提起したものではない。中国が歴史上、外交的困難もしくは統治の重大な危機にあったとき、歴代の統治者は危機に対応し、統治を維持するために国内の安定を優先していた。蒋介石がこれを提起したのは、学術界の通説である九一八前後ではなく、1929 年 10 月に馮玉祥と戦っていたときである[27]。蒋介石は馮討伐の談話において、今回の謀反を討伐する意義は、国内の安定のためではなく、外敵を排除するためであり、内部の裏切者を除かなければ外敵を除くことはできないと述べている。また、1931 年 7 月にも臥薪嘗胆の精神で国内の安定、外敵を排除するために奮闘すると述べているが、当時の背景は国民党の蒋介石に反対するグループが広州で蒋介石に背いて政府を樹立し、諸外国との不平等条約撤廃のための交渉を邪魔したことにある。九一八事変発生以降、蒋介石は再度「攘外安内」を提起し、国が統一されていないと外敵に勝つことはできないと述べた。つまり蒋介石は九一八事変発生以前から多くの場面でこの言葉を提起しており、「攘外必先安内」は、国内外の情勢に対応するための蒋介石の既定の方針だったのである。「攘外必先安内」は人々の意に反し、消極的な抵抗の一面もあったが、当時の国力を考えると当時の情勢においてはやむを得ない選択であった[28]。

また、党の「正しい歴史観」では、満州事変が発生した際、東北軍は日本の関東軍の攻撃に抵抗しなかったが、これは張学良が蒋介石の不抵抗の命令に嫌々従ったものであり、蒋介石が不抵抗政策の出所であるとされていた。しかし、学術界では第一に、蒋介石と張学良のどちらに責任があるのか、第二に、蒋介石はずっと不抵抗政策をとっていたのか、との二点が議論になっている。

曽景忠は論文「満州事変時の不抵抗の方針の研究の誤り」において以下の

とおり指摘している。第一に、蔣介石と張学良の関係は上下の関係になく、張学良には相当の独立性があり、時には蔣介石の命令に従わなかった、第二に、蔣介石の不抵抗の命令は回顧録を根拠としており、誤りがある可能性がある、第三に、事前に蔣介石と張学良には衝突を避けることについて合意があった、第四に、張学良の電報が証明するとおり、張学良が東北軍に不抵抗の命令を出している、第五に、九一八事変発生後の蔣介石と国民政府の方針は簡単に不抵抗政策と結論付けられない。国民政府は国連に訴え抵抗し、その後抵抗しつつ交渉するとの方針をとっている。また、蔣介石は「不抵抗」との言葉を使っていない。蔣介石の電報、日記、スピーチなどからは「我慢」、「衝突を避ける」、「穏便に処理する」などの言葉が使われており、「不抵抗」とは距離がある[29]。

また、1931年から1937年の間の蔣介石及び南京の国民政府の対日外交は妥協を特徴としているが、蔣介石の「外敵を排除するにはまず国内を安定させる」政策は、弱い国が強い国に対応する際やむを得ない面もある、蔣介石は日本に譲歩するとともに、臥薪嘗胆の精神で自らを鼓舞し、抗戦を準備しており、西南に基地を建設し、外交上は友好国を増やし、その後の抗日戦争の勝利のために基礎を打ち立てていたとも指摘されている[30]。また、1933年、1934年、そして1937年に廬山において蔣介石は軍事訓練を実施し、抗日の準備をしていたとの新たな研究成果も発表された[31]。

また、南方週末は、2007年12月29日付で「『田舎の匪賊の歴史観』を脱却し、『内戦思考』から飛び出そう」と題したある歴史学者のインタビュー記事を掲載し、以下のとおり指摘した。蔣介石の日記で中国の近代史を修正することができる。過去の主流なイデオロギーによる中国近代史の解釈の特徴は「田舎の匪賊の歴史観」であり、このような歴史観に基づく結論は維持できない。我々はかつて国民党を大地主、大資産階級の利益の代表だとしていたが、このような歴史観は我々に非常に滑稽で誤った観点を持たせることになった。中国近代史を再構築し、「田舎の匪賊の歴史観」から脱却しなければならない[32]。

以上より、1931年の満州事変以降、蒋介石が不抵抗政策をとったことに対して疑問が提示されているのみならず、蒋介石による統治はファシズム統治であり、彼は大地主、資産階級の利益の代表であり、共産党こそが真の人民を代表するとする党の「正しい歴史観」が揺らいでいることがわかる。

これらの研究動向は「歴史虚無主義」とされ、次のように批判されている。個人の日記、手紙、回顧録は価値ある史料だが、歴史的背景の中で分析し、考察する必要がある。蒋介石のように、政治の舞台において権力と陰謀で自己と意見の異なる人を排除するのに長けた人間の日記を、歴史的な根拠にできるわけがない。中国の革命闘争の性質を意のままに歪曲し、蒋介石を冤罪だと主張する研究は、真理に欠け、子供の遊びである。蒋介石が反動的統治階級の代表であったことを否定し、中国の革命の必要性とその偉大な勝利を否認するのは、「歴史虚無主義」に他ならない[33]。

3　共産党政権の正統性を支える抗日戦争

前述のとおり、「歴史虚無主義」とされる研究成果は、新中国成立後から改革開放前の時期についての研究が多い。そうした中で今回なぜ中国共産党は、抗日戦争を選び、教科書を改訂したのだろうか。

党の「正しい歴史観」の基礎となっている1981年の「建国以降の若干の歴史問題に関する決議」は、建国後の重大な歴史問題、特に文化大革命と毛沢東の功績と誤りについて総括を行ったものであるが、同決議は、冒頭で新中国成立前の共産党の歴史も提起し、中国共産党が人民を指導して新民主主義革命闘争を行い北伐戦争、土地革命戦争、抗日戦争、全国解放戦争を戦い、1949年に革命の勝利を得たと指摘し[34]、建国前の共産党の功績を強調している。

建国以降の歴史問題に関する決議に、なぜ建国前の歴史が加えられたのだろうか。この点については以下のとおり新たな研究成果が発表された。

1980年10月、中国で決議の第3稿が4千名という規模で検討された。その際、一部の参加者から毛沢東の間違いはその功績より多く、毛沢東思想に

は多くの間違いがあるため二度と提起すべきでないとの意見が出され、第4稿は建国後の党の政策の間違いが多く記載され、重苦しい雰囲気のものとなった。鄧小平は1981年3月に第4稿を読み、建国後の30年の歴史を暗黒に描くべきでないと指摘した。陳雲が建国前の歴史を含めた共産党の69年の歴史を関連させて書くことを提案し、これが、毛沢東の功績が第一で、間違いは第二であることを示す根拠となり、その結果、決議は毛沢東の一生は革命と中華民族のために大きな功績を立てたと結論づけた。毛沢東思想という旗印を捨てることは、党の輝く歴史を否定することになると指摘されている[35]。

ここから、現在の毛沢東の地位や共産党政権の正統性の根拠は建国前の歴史に求められていることがわかる。共産党は新中国成立以降から改革開放以前の共産党の政策には誤りがあり、それを指摘されることで政権の正統性の根拠が損なわれることを恐れており、政権の正当性を確保するには、建国前の歴史を強調せざるを得ない。そして、建国前の共産党の功績の重要な要素である抗日戦争における「重要な柱」（中流砥柱）としての役割が揺らぎつつあることに、共産党は危機感を抱いているのである。

第4節　改定中の「課程標準」から見える歴史学のあり方をめぐる軋轢

これまでの検討により、以下のことがわかった。

「教学大綱」版の教科書は、1931年から1937年の歴史を「国共の十年の対峙」として国民党と共産党の内戦との主題の中で詳細に描き、蒋介石の「外敵を排除するには、まず国内を安定させる」（中文：攘外必先安内）政策を批判し、共産党こそが抗日を主張し、東北で義勇軍を組織して日本と戦ってきたとその功績を強調していた。現在使用されている「課程標準」版の教科書では、この6年間に関する記述量は大きく減少し、各教科書の記述内容にはばらつきがあり、共産党の功績も蒋介石への非難に関する記述量も大き

く減少していた。

　また、このタイミングでこのような決定が出されたのは、第一に、現在使用されている「課程標準」版の教科書において抗日戦争の記載が減少し、また1931年から1937年までの記載も大きく減少したこと、抗日戦争が国共両党を含む全民族の抗戦として描かれるようになり、共産党が抗日戦争における「主要な柱」（中文：中流砥柱）として描かれなくなったことに共産党内に不満を抱く勢力がいたこと、第二に、引き続き中国の「世界反ファシズム戦争」における貢献を強調する必要があったこと、第三に、最近の日本政府の歴史政策に対する不満というベースの上に、第四に、近年来、中国の歴史学界が共産党の「正しい歴史観」を覆す成果を出し続けた結果、共産党政権の正統性が損なわれることを恐れ、建国前の共産党の功績を強調する必要があったことが大きな背景となっていることがわかった。

　現在、中国では新たな高校歴史教科書の「課程標準」が検討されている。2015年10月にネット上に掲載された「課程標準」の初稿から歴史学のあり方について、中国共産党内で活発な議論があることがわかる。

　新「課程標準」の初稿からは、「文明史観」の概念は消え、「専制から民主」、「人治から法治」への転換という歴史教育の目標も削除されている。また、唯物史観を指針とし、学生に正しい思想、愛国主義的思想、中国の特色ある社会主義への信念、社会主義の核心的価値観をもたせるとし、唯物史観、思想教育がより強調されている。

　他方で、学生の核心的な教養（中文：核心素養）の育成を重点とし、自主的、協力型、研究型の学習に転換することを目標としている。この核心的な教養の一つとして新たに「歴史資料の実証性」を提起し、歴史資料の収集、分析、真偽の判断の方法を学び、そこから実証的精神を学び、歴史的な叙述と歴史上の事実には違いがあることを理解し、他人を理解・尊重し、問題を客観的に処理する態度を身に着けることを目標としている。また、核心的な教養の一つとして更に「歴史的な解釈」を提起し、歴史的な解釈は歴史資料を根拠とするべきであり、学生に歴史的な叙述の中の歴史的事実と解釈の部

分を区別させ、歴史的な叙述の背景には様々な歴史的な解釈があることを理解させるとした。

　また、同初稿において抗日戦争の内容は、「中華民族の抗日戦争」との項目で、「日本の中国侵略の罪の行いを理解し、正面戦場と敵の後方戦場による抗戦を通じて全民族の団結した抗戦の意義を理解し、<u>中国共産党が抗日戦争における『主要な柱』</u>（中文：中流砥柱）であることを認識し、中華民族の英雄的不屈の精神を感じ、<u>中国の抗日戦争の世界反ファシズム戦争における地位</u>及び抗日戦争の勝利の中華民族の偉大な復興における歴史的意義を認識する」（下線：新しく加えられた点）とされている[36]。現在の「課程標準」から大きな変更はないが、中国共産党の抗日戦争における「主要な柱」としての役割及び中国の「世界反ファシズム戦争」における貢献をより強調するものとなっている。また、1931年から1937年の間の記述についての指定はない。今般、抗日戦争の期間が14年に変更されたことにより、新たな「課程標準」には、1931年以降の抗日の記述が増えることになろう。その中で蒋介石に対する評価が最新の歴史資料に基づく最新の研究成果を反映するのか注目に値する。

　以上より、現在改定作業中の新「課程標準」の初稿では「文明史観」は提起されず、唯物史観が指針となり、共産党の抗日戦争における「主要な柱」（中文：中流砥柱）としての役割がより強調されるものになっているが、歴史資料を尊重すること、様々な歴史的な解釈が存在することを学生に理解させることを目標としており、唯物史観を指針としつつ、実証的な歴史学を追及するという矛盾する内容が記されていることが明らかになった。

　ここから、高校の歴史教科書の新「課程標準」の改定の過程において、共産党から「歴史虚無主義」と批判された知識人たちと党の「正しい歴史観」を維持しようとする勢力との間で歴史学のあり方について軋轢が存在していることがわかる。本来、新たな「課程標準」は2016年11月に発表される予定だったが現在まで発表されておらず[37]、議論はまだ続いている。今回、抗日戦争の期間が14年に変更されたのは、歴史教科書の新「課程標準」に関

する議論の中で、党の「正しい歴史観」を支持する勢力による、実証的な歴史学を追及する知識人に対する巻き返しであるとも考えられよう。言い換えれば、それだけ実証的な歴史学を求める知識人が一定の支持を得ているということである。いずれにせよ、教科書の抗日戦争に関する記述が中国の政治上の都合で改訂されていること、また、共産党が教科書の内容をコントロールすることが困難になりつつあることが更に明らかになったといえよう。

〈注〉

1 「中小学生课程教材全面落实"十四年抗战"概念」『新京报』2017年1月10日

2 『全日制普通高級中学歴史教学大綱』中華人民共和国教育部制定 2002年 http://wenku.baidu.com/link?url＝ekTHGvqvvzBnnOkA6-qrSunHc4NMOBXUuGKw89AEAzqqXew-DWOp943_23m94ojTBd2WLElP-9ZopnPAwCku5ZQXACEgNlDzPPp_fxRFZkS（2017年2月5日アクセス）

3 『普通高中 歴史課程標準（実験）』中華人民共和国教育部制定 2003年出版、2006年印刷 6頁

4 『高級中学課本 中国近代現代史 下冊』人民教育出版社、2006年出版、2006年印刷 12-26頁

5 『普通高中課程標準実験教科書 歴史1』人民教育出版社 2007年出版、2014年印刷 74頁

6 『普通高中課程標準実験教科書 歴史 必修 第一冊』人民出版社 2009年出版、2012年印刷 35-38頁

7 『歴史 必修1 政治文明の歩み』岳麓書社 2004年出版 2013年印刷 83-84頁

8 「十四年抗战是对历史的还原与敬畏」『新华社』2017年1月11日 http://news.xinhuanet.com/2017-01/11/c_1120287071.htm（2017年1月24日アクセス）

9 「十四年抗战 还历史以完整面目」『中国教育新闻网』2017年1月12日 http://www.jyb.cn/opinion/pgypl/20170112_693454.html（2017年1月24日アクセス）

10 「朱汉国：明确"十四年抗战"概念有重要意义」『新华网』2017年1月12日 http://www.cankaoxiaoxi.com/edu/20170112/1603239.shtml（2017年1月24日

11　「14年抗战 为什么这么改？因为历史就在那里」『解放軍報』2017年1月13日 http://news.xinhuanet.com/politics/2017-01/13/c_1120301312.htm（2014年1月24日アクセス）

12　外務省ホームページ http://www.mofa.go.jp/mofaj/area/china/（2017年2月19日アクセス）

13　昨年の人民日報の記事を「安倍」で検索してみると、2016年12月のみで12件がヒットし、日本の閣僚の靖国神社参拝への非難、ハワイでのスピーチに対する批判（日本は歴史の束縛から逃れようとしており、発表された談話に「侵略」、「植民地統治」、「反省」、「おわび」との言葉が入っていないと指摘）、また南京大虐殺に関する記事等が掲載されていた。日本に対する人民日報の報道の基調は依然として厳しいものであることは指摘しておきたい。

14　「歴史虚无主義」『ホームページ 百度百科』http://baike.baidu.com/item/%E5%8E%86%E5%8F%B2%E8%99%9A%E6%97%A0%E4%B8%BB%E4%B9%89/8724501?fr＝aladdin（2017年1月21日アクセス）

15　「习近平 不能改革开放前后历史相互否定」『新華社』2013年1月5日 http://www.zj.xinhuanet.com/newscenter/InAndAbroad/2013-01/05/c_114258858.htm（2017年2月5日アクセス）

16　韓鋼『中国共産党史の論争点』岩波書店　2008年　160-163頁

17　同上 167頁

18　謝韜「民主社会主義モデルと中国の前途」『炎黄春秋』2007年2月号

19　劉傑『中国人の強国思想』筑摩書房　2013年　34-46頁

20　ワン・ジョン『中国の歴史認識はどう作られたのか』東洋経済新報社、2014年　124-132頁

21　韓鋼『中国共産党史の論争点』岩波書店　2008年　195-196頁

22　劉傑『中国の強国思想』、筑摩書房、2013年、144-145頁

23　「从党史中汲取智慧和力量（在国新办新闻发布会上）」『人民日報』2016年7月7日

24　「第二届唯物史观与马克思主义史学理论论坛述要」『人民日報』2016年9月26日

25　「实现中华民族伟大复兴的必由之路-关于坚持和发展中国特色社会主义」『人民日報』2016年4月21日

26　曹明臣「1990年代中期以来大陆蒋介石研究的回顾与反思」、『歴史教学』、2012

年第 24 期, 陈红民「蒋介石资料数据库建设的构想」『民国档案』2016.2
27 　馮は国民党員であったが、軍の編成について蔣介石と意見が食い違い、1929 年に蔣介石と武力衝突になった。
28 　黄道炫「蒋介石 壤外必先安内方针的研究」『抗日战争研究』2000 年 2 期
29 　曾景忠「澄清九一八事变时不抵抗方针研究的误区」『史学月刊』2003 年第 8 期
30 　杨天石「卢沟桥事变前蒋介石的对日谋略」『近代史研究』2001 年第 2 期
31 　黄道炫「1937 年的庐山训练」『抗日战争研究』2011 年第 1 期
32 　筆者は中国智網（CNKI）データベースで当該記事を検索したが、ヒットしなかった。本件記事は既に非公開のものとされている。本記事を批判する論文 梁柱「蒋介石研究与评价中的历史虚无主义」『思想理论教育导刊』2014 年 10 期から抜粋した。
33 　梁柱「蒋介石研究与评价中的历史虚无主义」『思想理论教育导刊』2014 年 10 期
34 　「关于建国以来党的若干历史问题的决议（1981 年 6 月 27 日中国共产党第十一届中央委员会第六次全体会议通过）」『中国共产党新聞網』http://cpc.people.com.cn/GB/64162/71380/71387/71588/4854598.html（2017 年 1 月 22 日アクセス）
35 　陳東林「共産党的第二歷史決議与歷史研究的理論方法」『中国当代史研究』2011 年第 4 号
36 　普通高中历史研制组『最新普通高中历史课程标准（初稿）』2015 年 10 月 21 日
37 　「全新高中课标明年 11 月出炉 预计 2017 年使用新教材」『中国江蘇網』2015 年 11 月 22 日 http://www.chinanews.com/gn/2015/11-22/7635433.shtml（2017 年 2 月 5 日アクセス）

主要参考文献

〈公刊資料〉

【日本語】

『外務省ホームページ』http://www.mofa.go.jp/mofaj/index.html

『国会議事録検索システム』http://kokkai.ndl.go.jp/

【中国語】

邓小平「在接见首都戒严部队军以上干部时的讲话」1989年6月9日、『党建』（1989年Z1期）

课程教材研究所『20世纪中国中小学课程标准 教学大纲汇编：历史卷』（人民教育出版社 2001年）

课程教材研究所『20世纪中国中小学课程标准 教学大纲汇编 语文卷』（人民教育出版社、2001年）

课程教材研究所『20世纪中国中小学课程标准 教学大纲汇编 地理卷』（人民教育出版社、2001年）

課程教材研究所『20世纪中国中小学课程标准 教学大纲汇编 课程（教学）计划卷』（人民教育出版社、2001年）

課程教材研究所『20世纪中国中小学课程标准 教学大纲汇编 政治卷』（人民教育出版社、2001年）

課程教材研究所『新中国中小学建设史（1949-2000）研究丛书 出版管理卷』（人民教育出版社，2010年）

課程教材研究所『新中国中小学教材建设史（1949-2000）研究丛书 历史卷』（人民教育出版社，2010年）

課程教材研究所『新中国中小学教材建设史（1949-2000）研究丛书 地理卷』（人民教育出版社，2010年）

課程教材研究所『新中国中小学教材建设史（1949-2000）研究丛书 语文卷』（人民教育出版社，2010年）

課程教材研究所『新中国中小学教材建设史（1949-2000）研究丛书 政治卷』（人民教育出版社，2010年）

陳如行『中国普通高中教育发展报告』（中国教育研究院 2012年）

『人民教育出版社ホームページ』http://www.pep.com.cn/

『上海市小中学（幼稚園）課程教材改革專題網』http://www.shkegai.net/index/index.aspx

中華人民共和国『普通高中歴史課程標準（実験）』（人民教育出版社、2003年）

『普通高中语文课程标准（实验）』人民教育出版社网站2004年　http://www.pep.com.cn/dy_1/

『义务教育语文课程标准（2011年版）』人民教育出版社网站　http://www.pep.com.cn/dy_1/

中华人民共和国『九年义务教育小学思想品德和初中思想政治课程标准』人民教育出版社2008年

中央党史文献研究室『三中全会以来重要文献选编』（中央文献出版社、2011年）

中华人民共和国教育部『普通高中思想政治课程标准』人民教育出版社2007年

中华人民共和国外交部外交史编辑室『中国外交概览（1987）』世界知识出版社1987年
中华人民共和国外交部外交史编辑室『中国外交概览（1988）』世界知识出版社1988年
中华人民共和国外交部外交史编辑室『中国外交概览（1989）』世界知识出版社1989年
中华人民共和国外交部外交史编辑室『中国外交概览（1990）』世界知识出版社1990年
中华人民共和国外交部外交史编辑室『中国外交概览（1991）』世界知识出版社1991年
中华人民共和国外交部外交史编辑室『中国外交概览（1992）』世界知识出版社1992年
中华人民共和国外交部外交史编辑室『中国外交概览（1993）』世界知识出版社1994年
中华人民共和国外交部外交史编辑室『中国外交概览（1994）』世界知识出版社1994年
中华人民共和国外交部外交史编辑室『中国外交概览（1995）』世界知识出版社1995年
中华人民共和国外交部政策研究室『中国外交1996年版』世界知识出版社1996年
中华人民共和国外交部政策研究室『中国外交1997年版』世界知识出版社1997年
中华人民共和国外交部政策研究室『中国外交1998年版』世界知识出版社1998年
中华人民共和国外交部政策研究室『中国外交1999年版』世界知识出版社1999年
中华人民共和国外交部政策研究室『中国外交2000年版』世界知识出版社2000年
中华人民共和国外交部政策研究室『中国外交2001年版』世界知识出版社2001年
中华人民共和国外交部政策研究室『中国外交2002年版』世界知识出版社2002年
中华人民共和国外交部政策研究室『中国外交2003年版』世界知识出版社2003年
中华人民共和国外交部政策研究室『中国外交2004年版』世界知识出版社2004年
中华人民共和国外交部政策研究室『中国外交2005年版』世界知识出版社2005年
中华人民共和国外交部政策研究室『中国外交2006年版』世界知识出版社2006年
中华人民共和国外交部政策研究室『中国外交2007年版』世界知识出版社2007年
中华人民共和国外交部政策研究室『中国外交2008年版』世界知识出版社2008年
中华人民共和国外交部政策研究室『中国外交2009年版』世界知识出版社2009年
中华人民共和国外交部政策研究室『中国外交2010年版』世界知识出版社2010年

中华人民共和国外交部政策研究室『中国外交 2011 年版』世界知识出版社 2011 年
中华人民共和国外交部政策研究室『中国外交 2012 年版』世界知识出版社 2012 年
中华人民共和国外交部政策研究室『中国外交 2013 年版』世界知识出版社 2013 年

〈研究書・論文〉
【日本語】
家近亮子「歴史認識問題」『岐路に立つ日中関係―過去との対話・未来への模索』（晃洋書房、2007 年）
井沢元彦／金文学『逆検定　中国国定教科書―中国人に教えてあげたい本当の中国史』（祥伝社、2005 年）
茨木智志　「歴史教科書にみる日中の相互認識」劉傑『国境を超える歴史認識　日中対話の試み』（東京大学出版会，2006 年）
江藤名保子『中国ナショナリズムのなかの日本　「愛国主義」の変容と歴史認識問題』（勁草書房，2014 年）
袁偉時『中国の歴史教科書問題「氷点」事件の記録と反省』（株式会社僑報社、2006 年）
遠藤誉『中国動漫新人類　日本のアニメと漫画が中国を動かす』（日経 BP 社、2008 年）
王雪萍「教科書から見る対日認識―中国と台湾の教科書の比較」（慶應義塾大学修士論文、2001 年）
王雪萍「時代とともに変化してきた抗日戦争像　1949―2005　中国の中国歴史教科書の『教学大綱』と教科書を中心に」『軍事史学』45 号　（2011 年）
王雪萍「中国の教科書から見る分断した日本像と日中関係」『東亜』2006 年 4 月号
王雪萍「中国の歴史教育課程における階級闘争史観の変容―『教学大綱』と歴史教科書を手掛かりに」『中国　改革開放への転換―「1978 年」を越えて』（慶応義塾大学出版会、2011 年）
王智新「中国の歴史教育と歴史教科書―『反日』は事実か」『季刊中国』No80　2005 年春季号
川島真『シリーズ日本の安全保障チャイナリスク』（岩波書店、2015 年）
川島真「日中間の歴史共同研究からみた歴史教科書問題」『歴史認識共有の未来―独仏共通教科書と日中韓の試み』（明石書店、2009 年）
韓鋼『中国共産党史の論争点』（岩波書店 2008 年）
菊池一隆『東アジア歴史教科書問題の構図　日本・中国・台湾・韓国及び在日朝鮮人

学校』(法律文化社、2013年)

北岡伸一「『日中歴史共同研究』を振り返る」『外交フォーラム』261号、2010年4月の転載)

木下恵二「中国の愛国主義教育」『岐路に立つ日中関係』(晃洋書房　2012年)

クラウディア・シュナイダー「改革開放以降の中国における歴史教育社会の多元化、政治による道具化、そして教育の現実のあいだ」黒沢文貴、イアン・ニッシュ『東アジアの歴史政策　日中韓　対話と歴史認識』(明石書店　2008年)

孔繁剛「モデルチェンジする社会と上海の歴史教育」『歴史地理教育』807号(2013年)

斎藤一晴『中国歴史教科書と東アジア歴史対話』(花伝社、2008年)

清水美和『中国はなぜ反日になったか』(文芸春秋、2003年)

鳥海靖『日中韓露歴史教科書はこんなに違う』(扶桑社、2005年)

中村哲『東アジアの歴史教科書はどう書かれているか』(日本評論社、2004年)

並木頼寿「中国教科書の世界・日本象」『日本の教育と社会　第6巻　歴史教科書問題』(日本図書センター、1997年)

波多野澄雄「日中歴史共同研究─成果と課題」黒澤文貴、イアン・ニッシュ編『歴史と和解』(平文社、2011年)

方明正「中国歴史教育：文明史観からの課題─上海市高校歴史教科書事件をめぐって」『名古屋大学大学院発達科学研究科紀要(教育科学)』第55巻第2号(2008年)

歩平「中国の歴史教科書における戦争の歴史のとらえ方」『歴史学研究』899号　2012年

武小燕「中国の学校教育における愛国主義教育の変容─政治・歴史・語文に見られる価値志向の分析」『中国研究月報』65巻　2011年

別冊宝島編集部『中国・韓国の歴史教科書に書かれた日本』(宝島社、2005年)

マーク・ピーティー「中国歴史教科書の特徴と問題点」『軍事史学』45号

山本草二『国際法(新版)』(有斐閣　2003年)

弓削俊洋「『大虐殺』という記憶の証明─歴史教科書における南京事件」『中国・台湾における日本像』(東方書店、2011年)

劉傑「歴史認識はいかに国境を超えるのか」『東アジアの歴史政策　日中韓　対話と歴史認識』(明石書店　2008年)

劉傑『中国の強国思想』(筑摩書房　2013年)

李洋陽「中国学校教育における日本人イメージ」『東京大学社会情報研究所紀要』、東京大学社会情報研究所、2005年

李洋陽「中国の学校教育と大学生の対日イメージ」　石井健一　唐燕霞編著『日中社会学叢書　グローバリゼーションと東アジア社会の新構想3　グローバル化における中国メディアと産業―情報社会の形成と企業改革』(2008年、株式会社明石書店)

【中国語】

石欧『中国基礎教育60年（1949-2009年）』(湖南師範大学出版社、2009年)

信丹娜、皱方红「普通高中选修课实施现状及策略研究」『鞍山師範学院学報』(鞍山師範学院、2013年第5期)

中国革命博物館研究室『抗日战争时期国民党正面战场重要战役介绍』(四川人民出版社1985年)

中央党史研究室第一研究部 中国第二历史档案馆『国民政府档案中有关抗日战争时期人口伤亡和财产损失资料选编』　(中共党史出版社2014年)

【英語】

Gi-Wook Shin and Daniel C.Sneider, "History Textbooks and the Wars in Asia Divided Memories", London, New York, Roueledge, 2011

〈主な新聞・雑誌〉

【日本語】

『レコードチャイナ』

『東スポweb』

『女性自身ホームページ』

『日経ビジネスオンライン』

『朝日新聞』

『産経新聞』

『日本経済新聞』

『読売新聞』

【中国語】

『人民日報』

『思想政治科教学』

『新華網』

『課程、教材、教法』

『中国教育報』

『歴史教学』

『中華読書報』

『陶宝網』
『中国图书商报』
『中国新聞出版』
『澎湃新聞网（上海）』
『教育学术月刊』
『抗日戦争研究』
『解放日報』
『当代教育与文化』
『新京報』
『解放軍報』
『炎黄春秋』
『民国档案』
『史学月刊』
『思想理論教育導刊』
『中国当代史研究』
【英語】
The New York Times

〈その他〉

特定NPO法人言論NPO、China Daily「第10回日中共同世論調査」『言論NPOホームページ』　http://www.genron-npo.net/pdf/2014forum.pdf

『全国各地区高考信息查訊』http://gaokao.eol.cn/gkbm_6147/

王树声地理教学研究室『新版全国高考大纲新编课程 区域地理』山东省地图书版社2014年

〈教科書〉
【歴史】
（1）　中学　中国歴史
『初級中学课本中国历史第一册』中国人民教育出版社1981年出版 1983年印刷
『初級中学课本中国历史第二册』中国人民教育出版社1982年出版 1983年印刷
『初級中学课本中国历史第三册』中国人民教育出版社1981年出版 1983年印刷
『初級中学课本中国历史第四册』中国人民教育出版社1982年出版 1983年印刷
『初級中学课本中国历史第一册』中国人民教育出版社1981年出版 1986年印刷

『初級中学課本中国歴史第二冊』中国人民教育出版社 1982 年出版 1986 年印刷

『初級中学課本中国歴史第三冊』中国人民教育出版社 1981 年出版 1986 年印刷

『初級中学課本中国歴史第四冊』中国人民教育出版社 1982 年出版 1986 年印刷

『九年義務教育三年制初級中学教科書中国歴史第一冊』中国人民教育出版社 1992 年出版 1994 年印刷

『九年義務教育三年制初級中学教科書中国歴史第二冊』中国人民教育出版社 1993 年出版 1994 年印刷

『九年義務教育三年制初級中学教科書中国歴史第三冊』中国人民教育出版社 1993 年出版 1994 年印刷

『九年義務教育三年制初級中学教科書中国歴史第四冊』中国人民教育出版社 1994 年出版 1994 年印刷

『九年義務教育三年制初級中学教科書中国歴史第三冊』中国人民教育出版社 1994 年出版 1996 年印刷

『九年義務教育三年制初級中学教科書中国歴史第四冊』中国人民教育出版社 1995 年出版 1997 年印刷

『義務教育課程標準試験教科書中国歴史 7 年級上冊』中国人民教育出版社 2001 年出版 2002 年印刷

『義務教育課程標準試験教科書中国歴史 7 年級下冊』中国人民教育出版社 2001 年出版 2004 年印刷

『義務教育課程標準試験教科書中国歴史 8 年級上冊』中国人民教育出版社 2001 年出版 2002 年印刷

『義務教育課程標準試験教科書中国歴史 8 年級下冊』中国人民教育出版社 2001 年出版 2004 年印刷

『義務教育課程標準試験教科書中国歴史 7 年級上冊』中国人民教育出版社 2006 年出版 2007 年印刷

『義務教育課程標準試験教科書中国歴史 7 年級下冊』中国人民教育出版社 2001 年出版 2006 年印刷

『義務教育課程標準試験教科書中国歴史 8 年級上冊』中国人民教育出版社 2001 年出版 2006 年印刷

『義務教育課程標準試験教科書中国歴史 8 年級下冊』中国人民教育出版社 2001 年出版 2006 年印刷

(2) 中学 世界歴史

『九年義務教育四年制初級中学教科書世界歴史第一冊』中国人民教育出版社 1994 年

出版 1998 年印刷

『九年义务教育四年制初级中学教科书世界历史第二册』中国人民教育出版社 1994 年出版 1994 年印刷

『义务教育课程标准试验教科书世界历史 9 年级上册』中国人民教育出版社 2003 年出版 2003 年印刷

『义务教育课程标准试验教科书世界历史 9 年级下册』中国人民教育出版社 2003 年出版 2004 年印刷

『义务教育课程标准试验教科书世界历史 9 年级上册』中国人民教育出版社 2006 年出版 2006 年印刷

『义务教育课程标准试验教科书世界历史 9 年级下册』中国人民教育出版社 2003 年出版 2006 年印刷

上海師範大学編著『九年義務教育課本　歴史　七年級第一学期』（華東師範大学出版社、2011 年）

上海師範大学編著『九年義務教育課本　歴史　七年級第二学期』（華東師範大学出版社、2011 年）

　（3）　高校　歴史

『高级中学课本世界历史上册』　人民教育出版社　1981 年出版　1985 年印刷

『高级中学课本世界历史下册』　人民教育出版社　1982 年出版　1986 年印刷

『中国古代史』人民教育出版社　1992 年出版　1997 年印刷

『高级中学课本 世界近代现代史上册（必修）』人民教育出版社 1991 年出版 1994 年印刷

『高级中学课本世界近代现代史下册（必修）』人民教育出版社 1992 年出版 1994 年印刷

『高级中学课本中国近代现代史上册（必修）』人民教育出版社 1992 年出版 1994 年印刷

『高级中学课本中国近代现代史下册（必修）』人民教育出版社 1993 年出版 1993 年印刷

『高级中学课本世界近代现代史上册（必修）』人民教育出版社 1995 年出版 1997 年印刷

『高级中学课本世界近代现代史下册（必修）』人民教育出版社 1996 年出版 1998 年印刷

『高级中学课本中国近代现代史上册（必修）』人民教育出版社 1995 年出版 1997 年印刷

『高级中学课本中国近代现代史下册（必修）』人民教育出版社 1995 年出版 1998 年印刷

『中国古代史』人民教育出版社 2007 年出版 2008 年印刷

『全日制普通高级中学教科书（选修）世界近代现代史上册』人民教育出版社 2003 年出版 2006 年印刷

『全日制普通高级中学教科书（选修）世界近代现代史下册』人民教育出版社 2006 年出版 2006 年印刷

『全日制普通高级中学教科书（必修）中国近代现代史上册』人民教育出版社 2003 年出版 2006 年印刷

『全日制普通高级中学教科书（必修）中国近代现代史下册』人民教育出版社 2006 年出版 2006 年印刷

『普通高中课程标准实验教科书历史 1 必修』人民教育出版社 2007 年出版 2014 年印刷

『普通高中课程标准实验教科书历史 2 必修』人民教育出版社 2007 年出版 2014 年印刷

『普通高中课程标准实验教科书历史 3 必修』人民教育出版社 2007 年出版 2014 年印刷

『普通高中课程标准实验教科书历史选修 1 历史上重大改革回眸』人民教育出版社 2007 年 出版 2013 年印刷

『普通高中课程标准实验教科书历史选修 2 近代社会民主思想与实践』人民教育出版社 2007 年出版 2013 年印刷

『普通高中课程标准实验教科书历史选修 3 20 世纪战争与和平』人民教育出版社 2007 年出版 2013 年印刷

『普通高中课程标柱试验教科书历史选修 4 内外历史人物评说』人民教育出版社 2007 年出版 2014 年印刷

『普通高中课程标准实验教科书历史选修 5 探讨历史奥秘』人民教育出版社 2007 年出版 2013 年印刷

『普通高中课程标准实验教科书历史选修 6 世界文化遗产荟萃』人民教育出版社 2007 年 出版 2011 年印刷

上海市中小学（幼儿园）课程改革委员会『歷史 高中一年級第一學期（試用本）』上海教育出版社 2006 年

上海市中小学（幼儿园）课程改革委员会『高級中学課本拓展型課程教材 歷史 高中三年級（試驗本）』、上海教育出版社、2005 年出版、2006 年印刷

上海市中小学（幼儿园）课程改革委员会『高級中学課本高中歷史第六分冊（試驗本）』、華東大学出版社、2009 年出版、2013 年印刷

『普通高中課程標準實驗教科書 歷史 必修第一冊』人民出版社、2009 年出版、2012

年印刷

『普通高中課程標準実験教科書　歴史　必修1　政治文明历程』岳麓書社、2004 年出版、2013 年印刷

【地理】

（1）　中学地理

『全日制十年制学校初中课本（试用本）中国地理上册』人民教育出版社 1982 年出版 1983 年印刷

『全日制十年制学校初中课本（试用本）中国地理下册』人民教育出版社 1983 年出版 1983 年印刷

『全日制十年制学校初中课本（试用本）世界地理上册』人民教育出版社 1982 年出版 1983 年印刷

『全日制十年制学校初中课本（试用本）世界地理下册』人民教育出版社 1983 年出版 1983 年印刷

『初级中学课本中国地理上册』人民教育出版社 1984 年出版 1986 年印刷

『初级中学课本中国地理下册』人民教育出版社 1984 年出版 1986 年印刷

『初级中学课本世界地理上册』人民教育出版社 1984 年出版 1986 年印刷

『初级中学课本世界地理下册』人民教育出版社 1984 年出版 1986 年印刷

『九年义务教育三年制初级中学教科书地理第一册』人民教育出版社 1992 年出版 1994 年印刷

『九年义务教育三年制初级中学教科书地理第二册』人民教育出版社 1993 年出版 1993 年印刷

『九年义务教育三年制初级中学教科书地理第三册』人民教育出版社 1993 年出版 1994 年印刷

『九年义务教育三年制初级中学教科书地理第四册』人民教育出版社 1994 年出版 1994 年印刷

『九年义务教育三年制初级中学教科书地理第一册』人民教育出版社 1992 年出版 1998 年印刷

『九年义务教育三年制初级中学教科书地理第二册』人民教育出版社 1993 年出版 1997 年印刷

『九年义务教育三年制初级中学教科书地理第三册』人民教育出版社 1993 年出版 1998 年印刷

『九年义务教育三年制初级中学教科书地理第四册』人民教育出版社 1994 年出版 1997 年印刷

『九年义务教育三年制初级中学教科书地理第一册』人民教育出版社 2001 年出版 2002 年印刷

『九年义务教育三年制初级中学教科书地理第二册』人民教育出版社 2001 年出版 2001 年印刷

『九年义务教育三年制初级中学教科书地理第三册』人民教育出版社 2001 年出版 2002 年印刷

『九年义务教育三年制初级中学教科书地理第四册』人民教育出版社 2001 年出版 2001 年印刷

『义务教育课程标准试验教科书地理 7 年级上册』人民教育出版社 2008 年出版 2008 年印刷

『义务教育课程标准试验教科书地理 7 年级下册』人民教育出版社 2008 年出版 2008 年印刷

『义务教育课程标准试验教科书地理 8 年级上册』人民教育出版社 2006 年出版 2008 年印刷

『义务教育课程标准试验教科书地理 8 年级下册』人民教育出版社 2005 年出版 2008 年印刷

(2) 高校地理

『高级中学课本地理上册』人民教育出版社 1984 年出版 1986 年印刷

『高级中学课本地理下册』人民教育出版社 1986 年出版 1986 年印刷

『高级中学课本地理上册（必修）』人民教育出版社 1995 年出版 1998 年印刷

『高级中学课本地理下册（必修）』人民教育出版社 1995 年出版 1997 年印刷

『普通高中课程标准实验教科书地理 1 必修』人民教育出版社 2008 年出版 2014 年印刷

『普通高中课程标准实验教科书地理 2 必修』人民教育出版社 2009 年出版 2013 年印刷

『普通高中课程标准实验教科书地理 3 必修』人民教育出版社 2009 年出版 2014 年印刷

『普通高中课程标准实验教科书地理选修 1 宇宙与地球』人民教育出版社 2009 年出版 2014 年印刷

『普通高中课程标准实验教科书地理选修 1 宇宙与地球』人民教育出版社 2007 年出版 2014 年印刷

『普通高中课程标准实验教科书地理选修 2 海洋地理』人民教育出版社 2007 年出版 2013 年印刷

『普通高中课程标准实验教科书地理选修 3 旅游地理』人民教育出版社 2007 年出版 2014 年印刷

『普通高中课程标准实验教科书地理选修 4 城乡规划』人民教育出版社 2009 年出版

2014 年印刷

『普通高中课程标准实验教科书地理选修 5 自然灾害及防治』人民教育出版社 2007 年出版 2014 年印刷

『普通高中课程标准实验教科书地理选修 6 环境保护』人民教育出版社 2007 年出版 2014 年印刷

『普通高中课程标准实验教科书地理选修 7 地理信息技术应用』人民教育出版社 2007 年出版 2011 年印刷

【语文】

(1) 中学语文

『初级中学课本语文第一册』人民教育出版社 1981 年出版 1982 年印刷

『初级中学课本语文第二册』人民教育出版社 1982 年出版 1982 年印刷

『初级中学课本语文第三册』人民教育出版社 1981 年出版 1982 年印刷

『初级中学课本语文第四册』人民教育出版社 1982 年出版 1983 年印刷

『初级中学课本语文第五册』人民教育出版社 1982 年出版 1983 年印刷

『初级中学课本语文第六册』人民教育出版社 1983 年出版 1983 年印刷

『义务教育三年制初级中学教科书(试用本)语文第一册』人民教育出版社 1990 年出版 1992 年印刷

『义务教育三年制初级中学教科书(试用本)语文第二册』人民教育出版社 1990 年出版 1990 年印刷

『义务教育三年制初级中学教科书(试用本)语文第三册』人民教育出版社 1990 年出版 1992 年印刷

『义务教育三年制初级中学教科书(试用本)语文第四册』人民教育出版社 1991 年出版 1992 年印刷

『义务教育三年制初级中学教科书(试用本)语文第五册』人民教育出版社 1991 年出版 1994 年印刷

『义务教育三年制初级中学教科书(试用本)语文第六册』人民教育出版社 1992 年出版 1994 年印刷

『义务教育三年制初级中学教科书语文第一册』人民教育出版社 1992 年出版 1998 年印刷

『义务教育三年制初级中学教科书语文第二册』人民教育出版社 1995 年出版 1997 年印刷

『义务教育三年制初级中学教科书语文第三册』人民教育出版社 1993 年出版 1996 年印刷

『义务教育三年制初级中学教科书语文第四册』人民教育出版社 1994 年出版 1999 年印刷
『义务教育三年制初级中学教科书语文第五册』人民教育出版社 1994 年出版 1995 年印刷
『义务教育三年制初级中学教科书语文第六册』人民教育出版社 1995 年出版 1998 年印刷
『义务教育三年制初级中学教科书语文第一册』人民教育出版社 2001 年出版 2002 年印刷
『义务教育三年制初级中学教科书语文第二册』人民教育出版社 2001 年出版 2003 年印刷
『义务教育三年制初级中学教科书语文第三册』人民教育出版社 2001 年出版 2003 年印刷
『义务教育三年制初级中学教科书语文第四册』人民教育出版社 2001 年出版 2003 年印刷
『义务教育三年制初级中学教科书语文第五册』人民教育出版社 2001 年出版 2003 年印刷
『义务教育三年制初级中学教科书语文第六册』人民教育出版社 2002 年出版 2004 年印刷
『义务教育课程标准试验教科书语文 7 年级上册』人民教育出版社 2007 年出版 2008 年印刷
『义务教育课程标准试验教科书语文 7 年级下册』人民教育出版社 2008 年出版 2008 年印刷
『义务教育课程标准试验教科书语文 8 年级上册』人民教育出版社 2007 年出版 2008 年印刷
『义务教育课程标准试验教科书语文 8 年级下册』人民教育出版社 2008 年出版 2008 年印刷
『义务教育课程标准试验教科书语文 9 年级上册』人民教育出版社 2003 年出版 2009 年印刷
『义务教育课程标准试验教科书语文 9 年级下册』人民教育出版社 2006 年出版 2008 年印刷

(2) 高校语文

『高级中学课本语文第一册』人民教育出版社 1983 年出版 1986 年印刷
『高级中学课本语文第二册』人民教育出版社 1984 年出版 1986 年印刷

『高级中学课本语文第三册』人民教育出版社 1984 年出版 1986 年印刷

『高级中学课本语文第四册』人民教育出版社 1985 年出版 1986 年印刷

『高级中学课本语文第五册』人民教育出版社 1984 年出版 1986 年印刷

『高级中学课本语文第六册』人民教育出版社 1985 年出版 1986 年印刷

『高级中学课本语文第一册（必修）』人民教育出版社 1990 年出版 1998 年印刷

『高级中学课本语文第二册（必修）』人民教育出版社 1995 年出版 1997 年印刷

『高级中学课本语文第三册（必修）』人民教育出版社 1995 年出版 1998 年印刷

『高级中学课本语文第四册（必修）』人民教育出版社 1995 年出版 1997 年印刷

『高级中学课本语文第五册（必修）』人民教育出版社 1995 年出版 1998 年印刷

『高级中学课本语文第六册（必修）』人民教育出版社 1991 年出版 1995 年印刷

『全日制普通高级中学教科书（必修）语文第一册』人民教育出版社 2003 年出版 2004 年印刷

『全日制普通高级中学教科书（必修）语文第二册』人民教育出版社 2003 年出版 2004 年印刷

『全日制普通高级中学教科书（必修）语文第三册』人民教育出版社 2004 年出版 2004 年印刷

『全日制普通高级中学教科书（必修）语文第四册』人民教育出版社 2004 年出版 2004 年印刷

『全日制普通高级中学教科书（必修）语文第五册』人民教育出版社 2001 年出版 2003 年印刷

『全日制普通高级中学教科书（必修）语文第六册』人民教育出版社 2002 年出版 2004 年印刷

『全日制普通高级中学教科书（必修）语文第一册』人民教育出版社 2007 年出版 2008 年印刷

『全日制普通高级中学教科书（必修）语文第二册』人民教育出版社 2006 年出版 2006 年印刷

『全日制普通高级中学教科书（必修）语文第三册』人民教育出版社 2007 年出版 2008 年印刷

『全日制普通高级中学教科书（必修）语文第四册』人民教育出版社 2006 年出版 2009 年印刷

『全日制普通高级中学教科书（必修）语文第五册』人民教育出版社 2007 年出版 2008 年印刷

『全日制普通高级中学教科书（必修）语文第六册』人民教育出版社 2007 年出版 2008

年印刷

『普通高中课程标准实验教科书语文必修 1』人民教育出版社 2007 年出版 2014 年印刷

『普通高中课程标准实验教科书语文必修 2』人民教育出版社 2008 年出版 2014 年印刷

『普通高中课程标准实验教科书语文必修 3』人民教育出版社 2004 年出版 2014 年印刷

『普通高中课程标准实验教科书语文必修 4』人民教育出版社 2004 年出版 2014 年印刷

『普通高中课程标准实验教科书语文必修 5』人民教育出版社 2004 年出版 2014 年印刷

『普通高中课程标准实验教科书语文必修 6』人民教育出版社 2007 年出版 2014 年印刷

『普通高中课程标准实验教科书语文选修中外传记作品选读』人民教育出版社 2005 年出版 2014 年印刷

『普通高中课程标准实验教科书语文选修外国小说欣赏』人民教育出版社 2005 年出版 2014 年印刷

『普通高中课程标准实验教科书语文选修中国古代诗歌散文欣赏』人民教育出版社 2006 出版 2014 年印刷

『普通高中课程标准实验教科书语文选修中国现代诗歌散文欣赏』人民教育出版社 2006 年出版 2014 年印刷

『普通高中课程标准实验教科书语文选修中国小说欣赏』人民教育出版社 2004 年出版 2014 年印刷

『普通高中课程标准实验教科书语文选修影视名作欣赏』人民教育出版社 2005 年出版 2014 年印刷

『普通高中课程标准实验教科书语文选修中外戏剧名作欣赏』人民教育出版社 2005 年出版 2014 年印刷

『普通高中课程标准实验教科书语文选修外国诗歌散文欣赏』人民教育出版社 2007 年出版 2014 年印刷

『普通高中课程标准实验教科书语文选修新闻阅读与实践』人民教育出版社 2006 年出版 2014 年印刷

【政治】

（1） 中学政治

『公民（试用本）上册』人民教育出版社 1989 年出版 1989 年印刷

『公民（试用本）下册』人民教育出版社 1989 年出版 1989 年印刷

『中国社会主义建设常识 上册』人民教育出版社 1990 年出版 1990 年印刷

『中国社会主义建设常识 下册』人民教育出版社 1990 年出版 1990 年印刷

『社会发展简史上册』人民教育出版社 1986 年出版 1986 年印刷

『社会发展简史下册』人民教育出版社 1985 年出版 1986 年印刷

『思想政治一年级上册』人民教育出版社 1993 年出版 1997 年印刷

『思想政治一年级下册』人民教育出版社 1993 年出版 1998 年印刷

『思想政治二年级上册』人民教育出版社 1993 年出版 1997 年印刷

『思想政治二年级下册』人民教育出版社 1993 年出版 1997 年印刷

『思想政治三年级』人民教育出版社 1993 年出版 1997 年印刷

『义务教育课程标准实验教科书思想品德七年级上册』人民教育出版社 2003 年出版 2008 年印刷

『义务教育课程标准实验教科书思想品德七年级下册』人民教育出版社 2003 年出版 2008 年印刷

『义务教育课程标准实验教科书思想品德八年级上册』人民教育出版社 2004 年出版 2008 年印刷

『义务教育课程标准实验教科书思想品德八年级下册』人民教育出版社 2004 年出版 2008 年印刷

『义务教育课程标准实验教科书思想品德九年级』人民教育出版社 2004 年出版 2008 年印刷

(2) 高校政治

『高级中学课本科学的人生观（上册）』人民教育出版社 1990 年出版 1990 年印刷

『高级中学课本科学的人生观（下册）』人民教育出版社 1989 年出版 1989 年印刷

『高中实验课本经济常识（上册）』人民教育出版社 1987 年出版 1987 年印刷

『高中实验课本经济常识（下册）』人民教育出版社 1987 年出版 1987 年印刷

『高级中学课本（试用本）政治常识』人民教育出版社 1991 年出版 1991 年印刷

『高级中学试用课本思想政治一年级上册』北京师范大学 1994 年出版 1997 年印刷

『高级中学试用课本思想政治一年级下册』北京师范大学 1993 年出版 1998 年印刷

『高级中学试用课本思想政治二年级上册』北京师范大学 1993 年出版 1997 年印刷

『高级中学试用课本思想政治二年级下册』北京师范大学 1993 年出版 1998 年印刷

『高级中学试用课本思想政治三年级』北京师范大学 1993 年出版 1997 年印刷

『普通高中课程标准实验教材思想政治必修 1 经济生活』人民教育出版社 2007 年出版 2007 年印刷

『普通高中课程标准实验教材思想政治必修 2 政治生活』人民教育出版社 2007 年出版 2007 年印刷

『普通高中课程标准实验教材思想政治必修 3 文化生活』人民教育出版社 2007 年出版 2007 年印刷

『普通高中课程标准实验教材思想政治必修 4 生活与哲学』人民教育出版社 2007 年出

版 2007 年印刷

『普通高中课程标准实验教材思想政治选修 1 科学社会主义常识』人民教育出版社 2007 年出版 2007 年印刷

『普通高中课程标准实验教材思想政治选修 2 经济学常识』人民教育出版社 2007 年出版 2007 年印刷

『普通高中课程标准实验教材思想政治选修 3 国家和国际组织常识』人民教育出版社 2007 年出版 2007 年印刷

『普通高中课程标准实验教材思想政治选修 4 科学思维常识』人民教育出版社 2007 年出版 2007 年印刷

『普通高中课程标准实验教材思想政治选修 5 生活中的法律常识』人民教育出版社 2006 年出版 2006 年印刷

『普通高中课程标准实验教材思想政治必修 6 公民道德与伦理常识』人民教育出版社 2005 年出版 2006 年印刷

〈教师用指导书〉

『普通高中課程標準實驗教科書歷史Ⅰ必修　教師教學用書』人民教育出版社ホームページ　http://www.pep.com.cn/gzls/js/tbjx/kb/jsys/bx1/

『普通高中程標準實驗教科書歷史選修 2 近代社会的民主思想与实践教师教学用书』人民教育出版社ホームページ、http://www.pep.com.cn/gzls/js/tbjx/kb/jsys/xx2/

付録　インタビュー調査の集計

1　期間：2014年7月7日から11月25日まで

2　人数：日本に長期滞在している中国人30名

3　男女比

	20～29歳	30歳以上
女	12	2
男	8	8

30歳以上に1名29歳が入っているが、普通より2年早く4歳で就学しており、31歳の者と同じ教科書で学んでいるため、30歳以上にカウントした。

4　年齢構成

23歳	5
24歳	4
25歳	3
26歳	1
27歳	3
28歳	2
29歳	3
30-35歳	5
36-40歳	2
40-45歳	2

5　出身地

30代

寧夏自治区	1
天津市	2
上海市	1
江蘇省	2
浙江省	1
山東省	1
吉林省	1
海南島	1

20代

福建省	2
遼寧省	2
山東省	2
浙江省	1
貴州省	1
湖北省	2
江蘇省	2
湖南省	1
上海市	3
河北省	1
山東省から上海市へ	1
上海市から天津市へ	1
黒竜江省から広東省へ	1

6　20代が使用した高校教科書

人民教育出版社近代現代史	12
人民教育出版社課程標準版	3
岳麓書社	2
上海版	2
専門課程のため使用せず	1

　30代は人民教育出版社の近代現代史、40代は世界歴史。

7　大学入試参加の有無

　(1) 20代

文系	14
理系	2

日本留学で大学入試参加せず	4

(2) 30代以上

文系	8
理系	2

8 学校のカリキュラム（全員一致）

中学校は2年半、高校は2年から2年半で3年間のカリキュラムを終えてしまい、残った半年から1年の時間は、試験対策に当てられる。

9 小学校の時の教科書に書かれた日本関連の記述の記憶
　(1) 20代
　(イ) 記憶あり　11名
　・「狼牙山五壮士」、「鶏毛信」、「王小二放牛」、「小兵張嘎」、日本の作家富徳蘆花の作品。
　・音楽の授業で「王小二放牛」を歌った。家でピアノでも弾いていた。かわいそうだが、抗日戦争の内容、日本の残虐性を想起させるようなものではなかった。
　・劇で語文の教科書にあった「鶏毛信」の日本軍を演じた。日本軍が占領した町に賢い子がいて、その子は共産党に手紙を届けなければならず、日本軍が怪しい動きに気づいて尋問し、あの手この手で党員の所在地をしゃべらせようとするのだが、その子はうまくごまかして、手紙を解放軍に届けるというものだった。自分は嫌だったのに先生の指示で日本軍の役をさせられた。見ていた同級生はみんな笑っていた。箒をもって銃を持つふりをした。当時、同級生も先生も真面目にこの役に取り組んだ。

（ロ）記憶なし　3名

（ハ）未回答　6名

(2) 30代

（イ）記憶あり　4名

「狼牙山五壮士」、「鶏毛信」、「王小二放牛」、「劉胡蘭」

・日本は怪しからんという初歩的な印象を持った。小学校5、6年生（1991、92年）に愛国キャンペーンが強化され、毎年テーマを変えてキャンペーンが実施された。今年は抗日、来年は雷鋒というような形だった。

・描かれたのは共産党の英雄であり、彼らの敵が悪い人だという認識はなかった。

（ロ）記憶無し　6名

10　中学校の授業での日本の侵略の強調の有無

(1) 20代

（イ）強調無し　16名

・中学では高校ほど力を入れて学んでいない。

・「南京大虐殺」は触れただけで終わった。世界の近現代史に重点が置かれ、英国の近代化、米の独立戦争を重点とした。出題も世界近現代史の方が多かった。

・「南京大虐殺」等の記憶は薄い。中学は真面目に勉強せずバスケットばかりやっていた。「百人斬」の写真は覚えている。

・日中の会戦、「南京大虐殺」も出るかもしれないので暗記したが、抗日戦争はほかの古代史のような扱いで、特に強調されていない。音楽の授業で「黄河大合唱」を歌った。

・歴史の教科書は過去の事件のマクロ的な流れが書かれていた。古代から現代までまんべんなく学んだ。日本に関する印象は強くない。
・定期試験のために日時、事件、場所を暗記。高校入試に必要なく、重点でなくあまり覚えていない。
・中学の時は真面目に勉強していない。高校では真面目に勉強した。
・高校入試に歴史はなく、先生は中学1、2年で決まった内容を教えればよいと考え、生徒への要求も高くなかった。歴史、地理は週に1回くらいで、理科はもっと多かった。中学の教科書は七三一部隊、「南京大虐殺」、「三光政策」の類が多く書かれていたが、それほど強調されていない。

（ロ）強調あり　1名
・抗日戦争については重点的に勉強させられた。教科書の内容以外に先生が板書し、ノートをとることも多かった。抗日戦争にどう勝利していったか、試験に出ない内容まで学んだ。

（ハ）未回答　3名

(2) 30代以上
強調無し　10名
・日本の中国侵略を覚えている。盧溝橋事件や「南京大虐殺」が書かれていたが、印象は強くない。中学では、語文、数学、英語が重点で、その次に重視されるのが物理、、化学、生物。歴史、政治、地理は副次的地位。歴史は古代史も近現代史もバランスよく学び、抗日戦争が強調されたとは思わない。「会考」（卒業試験）を受けたが、要求されるレベルは高くなく、事実、年号、発生地、人物を暗記していれば良い。教科書を見たことがあれば問題はなかった。（40代）
・天安門事件の前、85年前後の民主化の潮流の時期。中国史を学んだ

が、日本について何を学んだか思い出せない。「南京大虐殺」の印象もない。それほど重視されておらず、教育を受けた側として印象は残っていない。高校入試で重視される語文、数学、英語が重要、地理、歴史などの「副科」はそれほど勉強していない。(40代)

・抗日戦争が書かれていた。高校入試で歴史がなかったので、重点ではなかった。「会考」に通ればよかった。教科書が多く扱ったのは共産党の功績で、百団大戦などだった。(30代)

・歴史は「副科」との扱いで、「正科」の語文、数学、英語に比べると重視されていない。中高一貫校で、高校入試がなかったので、中学の歴史は重点的に勉強していない。「会考」はあるが、それほど難しい深い内容が出るわけでもない。地元の歴史も学び、寧波で日本軍が生物兵器を使ったことも学んだ。「南京大虐殺」は覚えていない(30代)。

・歴史は「副科」との扱いで、週に1、2回しかなかった。語文、数学、英語のほうが大切だった。歴史はつまらないと思っていた。年表の暗記だけ。「南京大虐殺」が教科書に書かれていた記憶はない。関心がなく、遊びに一生懸命だった(30代)。

・歴史の教科書を暗記したが、暗記した内容に日本に関するものがあったのかあまり覚えていない。日清戦争の会戦や日露戦争、「山東占領」、抗日戦争が書かれていた。中国史が4冊、世界史が2冊。アヘン戦争の印象が強い(30代)。

・中国史4冊、世界史2冊。日本がどのように書かれていたのか印象にない。「正科」が重要で、歴史は「副科」。記憶にない。政治、地理も1、2年生で勉強したが、日本については記憶にない。週に1、2回の授業で、進学率が重視されたため、入試で必要ない科目の扱いは軽い。「南京大虐殺」があったかも覚えていない(30代)。

・歴史の印象は深くない。高校入試で必要だったが、「副科」との扱いで配点も低い。歴史の授業は週に2、3回。まだ成長しておらず、日

中戦争について学んでも理解できなかったのでは。日中戦争の記載はほとんど印象に残っていない。入試の重点を教え、良い点数を取らせるための授業。重点はどの章も同じ（30代）。
- 歴史は「副科」。語文、英語、数学よりも重視されず。1、2年生は真面目に勉強せず。入試に必要ない歴史や地理の科目はさっと学ぶだけ。3年生では歴史、地理の授業はなくなった。「南京大虐殺」や731部隊が教科書にあったか覚えていない（30代）。

11　高校入試での歴史の有無

(1) 20代

(イ) あり：12名
- 総合科目の一環で重視されず。
- 配点は歴史、地理、物理、化学がそれぞれ50点、語文、数学、英語はそれぞれ150点　抗日戦争の出題は少ない。近代史と古代史が半々。済南の地理と歴史も10％。
- 教科書持ち込み可能。毛沢東の井崗山会議、国共合作などが出た。印象は薄い。歴史、地理、政治3科目で合計150点。語文、英語、数学はそれぞれ150点。歴史は配点も低い。
- 語文、数学、英語がそれぞれ120点、歴史、政治、物理、化学がそれぞれ80点。歴史は教科書の暗記。副科であり、重点ではない。
- 抗日戦争は重点ではない。共産党の功績が重点。配点も多くなく、主要3教科の英語、語文、数学がそれぞれ120点、物理、化学がそれぞれ70点、歴史、政治がそれぞれ50点。試験に最も出題されないのが文革、次が抗日戦争。「三光政策」や「南京大虐殺」は出ない。
- 重点科目ではなく、印象は薄い。
- それなりに勉強した。政治50点、歴史30点、物理70点、化学50点、入試に地理はなかった。
- 教科書持ち込み可能な試験。真面目に勉強せず。

・山東では、地理、歴史、政治を合わせた文系総合としての試験。引っ越し先の上海では歴史は不要だった。省ごと、年ごとに科目が違う。

　（ロ）なし：7名

　（ハ）選択制：1名
　　・歴史、地理、政治から一択。

(2) 30代
　（イ）あり：2名
　　・高校進学のプレッシャーもあり、入試で必要だったので重点的に勉強した。「副科」との扱いで、語文、外国語、数学といった「正科」と比べて配点は低かった。
　　・「副科」で配点も低い。

　（ロ）なし：8名

12　高校の授業での日本の侵略の強調
(1) 20代
　（イ）強調なし　13名
　　・試験対策で頭がいっぱい。
　　・日本語専攻で日本の歴史を先生が編集した教材で勉強。関西外大へ進学予定で、大学入試には参加せず。高校では一般の歴史の授業もあったが、大学入試に参加しないので真面目にやらず。興味なし。「会考」は受けた（大学入試参加せず）。
　　・歴史は理系なので週に1回。理系の大学入試に出るのは歴史1、2の教科書から。抗日戦争は重点でなく、古代から現代までバランスよく学ぶ。日本の侵略も八カ国連合軍侵略と同じ扱いで、特に強調されて

いない（岳麓書社教科書使用、理系）。
- 抗日戦争の単独の章はなく、内容も少ない。内容の重要性はどの章も同じ。抗日戦争が出題されない年もある。理系は必修3冊のみしかやらない。「会考」の通過が求められるのみ。今は理系の学生の方が多く、歴史を真剣に学ぶ人は少ない（人民教育出版社課程標準版使用、理系）。
- 近代史は共産党の視点から国共の対立を描く。章建ても国共の10年の対峙、抗日戦争、解放戦争と続き、抗日戦争は国共対立の外部要素。授業はほとんど入試対策。抗日戦争は強調されず。他の章と同じ扱い（文系）。
- 抗日戦争は提起したのみ。みな日本に関心なし（文系）。
- 「南京大虐殺」、731部隊の内容は、授業ではあっという間に通過していった（文系）。
- 受験対策で日本のことに割く時間はあまりない（大学入試参加せず）。
- 高校の歴史の授業はほとんどが大学入試対策を中心になされており、抗日戦争が特に強調されたとは思わない（文系）。
- 日清戦争と明治維新が入試の重点だったので、抗日戦争より印象が強い。抗日戦争は主に国民党の失敗が語られ、印象が薄い（文系）。

（ロ）強調あり5名
- 高校の時は抗日戦争についてたくさん暗記させられた。
- 教科書に抗日戦争についてたくさん書かれている。入試のために、日中戦争の意義、西安事変の意義、戦勝の意義を覚えた。日本はただの悪人で、共産党がどれほど偉大か描いていた。
- 高校の歴史教科書で日本の占める割合は大きい。

（ハ）未回答2名

(2) 30代以降

(イ) 強調なし　10名

- 歴史は高校1年生の時の世界史のみ。2年生では歴史なし。3年生で1年生の時に学んだ世界史を入試のため復習。日中の戦争は日独伊の「ファシズム国家」の戦争として描かれ、相対化され、三国志のような感じで見ていた。戦後の世界については時間がなく、取り上げられなかった。「南京大虐殺」は重点でなく、犠牲者数を暗記（40代、文系）。

- 高校と中学の歴史の教科書の内容は同じ。高校に行ってから同じ内容がまた来た、という感じだった。歴史に興味はなかった。理系選択だったので、「会考」のみに参加。明治維新が評価され、外国の技術を導入し、現代化を実現したと学んだ。遣唐使も紹介されていた。「会考」は明治維新の年、台児庄戦役の年月日などが出題されたが、難しいものではなかった（30代、理系）。

- 理系選択だったので中国近代現代史と世界近代現代史を学んだ。古代史は文系の学生が学ぶので、自分は学んでいない。「会考」が高校2年生の時にあり、選択、穴埋め問題が主で、記述問題はあまりなかった。侵略の歴史や国共内戦の歴史の年表を覚えた。出題されるのは百団大戦くらいで、つまらない。教科書は単なる試験対策。残虐行為の記述もそれほどない。90年代は、米中関係の方が問題が大きく、中国の「和平演変」をたくらむ米帝国主義に対抗しなければならず、日本の侵略を強調する必要もなかった（29歳、理系）。

- 授業において、「南京大虐殺」等の残虐行為がそれほど宣伝されたとは思わない。高校では大学入試のための試験対策の授業が行われており、事件の背景や意義の暗記が求められた。高校1年のときに長春の日本語学科の大学生が教育実習に来た。日本語がとても上手で日本について様々な話を聞いた。今でも印象深い（30代、文系）。

- 歴史の流れを学んだ。南京事件などの残虐行為は記憶に薄い。92年

の天皇陛下訪中、96年の鄧小平の訪日で反日的な宣伝はなく、社会は親日的なものばかり（30代、文系）。
- 近代史は恥辱の歴史で憤慨した。入試のため暗記した日本関連のものは少なく、数字のみ。8年抗戦、30万、三光。近現代史は好きではなかった。中国が遅れていたから各国からいじめられた、すばらしい文明も破壊された。「南京大虐殺」の扱いは、30万という数値で終わった（30代、文系）。
- 歴史には興味がない。単純に暗記するだけでおもしろくない。30万という犠牲者数と「百人斬」の写真を覚えている。当時，反日感情は強くなく、細菌戦の被害地ではあるが、反日感情はそれほどでもなかった。遣唐使が到着した港で、当時の遣唐使の船が復元して届けられたりして、日本との交流活動の方が印象は強い。

13 大学入試での歴史の有無

(1) 20代

(イ) 文系で必修科目として受験　13名
- 「文系総合」として、地理、歴史、政治の総合科目として出題。重点的に勉強した。
- 3プラス2の方式で、語文、英語、数学の3つの正科に加えて地理、歴史。配点は各科目150点。

(ロ) 文系で選択制　1名
- 3プラス1プラス1。3つの「正科」である語文、数学・英語に加えて、プラス1科目は政治、地理、歴史から1科目選択し、さらに小総合（政治、地理、歴史の総合問題）を受ける。

(ハ) 日本に留学するか理系のため歴史科目受験せず　6名

(2) 30代以上

(イ) 文系で必修科目として受験　5名

・語文、数学、日本語、歴史と政治。歴史の試験は選択問題、穴埋め、記述問題からなる。
・3プラス2、全科目 150 点満点。
・大総合で、歴史、地理、政治、物理、化学で 300 満点の総合科目として出題。

(ロ) 文系で選択科目として受験　2名

・3プラス2、2は歴史、地理、政治から2科目を選択。

(ハ) 理系のため受験せず　　　　2名

(ニ) 未回答　　　　　　　　　　1名

14　教科書の内容は、日本に対し悪い感情を引き起こす

(1) 20代

(イ) 同意する　　　　　　　　18名

・日本をいやだと思った。当時は大勢の流れに従っていた。日本人は怖かったというイメージがある。
・確かに悪い印象を持つが、それほどひどいものではない。深センという土地柄か。日本語を学び、日本文化が好きだったから。日本の侵略を意に介さなかった。
・反感をもった。しかし、重要なのはいかに祖国を良くするか。
・日本に関しマイナスのものばかり。日本に攻撃されたことばかり覚えている。
・あそこも悪い、ここも悪いと教えたら、日本嫌いになってしまうだろう。

- 日本に対するイメージは悪くなったが、高校は日本語専攻だった。教科書の内容を特に気にしない。試験で高い点数を取れれば良い。
- 教科書から日本への恨みが読み取れる。
- 歴史的な事実であり、マイナスの内容が掲載されるのは避けられない。
- 日本を嫌いになった。なぜ胸をはって謝罪できないのか。第一外国語が日本語だったので、他の学生よりは客観的に見た。
- 教科書を見て日本を嫌いだと思った。日本のマイナスの情報が多い。
- 日本の残虐行為の記述を見ると、日本を嫌いだという印象は強くなった。
- 「南京大虐殺」の「百人斬」など写真が多く掲載されていてショックだった。高校のときは抗日戦争について沢山暗記させられた。高校以前は日本への反感は少なかった。高校生は勉強に忙しくて他のメディアを見る時間がない。接触するのは教科書だけで、教科書の影響はとても大きい。

（ロ）同意しない　　　　　　1名
- 個人的には日本を嫌いだとは思わなかった。理性的に物事をみるべきで、悪いことをしたのは庶民ではないから。

（ハ）未回答　　　　　　　　1名

(2) 30代
（イ）同意する　　　　　　　4名
- 確かに教科書に日本の良い面はない。報道においても今の日本に対する前向きなものは少ない。教科書はなおさら。
- 確かに教科書は日本のマイナスのイメージを与える。
- 教科書の内容により日本に対して悪いイメージはあった。

- 多かれ少なかれ、日本のことを嫌いだと思ったが、それほど深くはない。試験対策のため学んでいる部分が大きい。

(ロ) 同意しない　　　　　　　6名
- 教科書を学んでも日本を嫌いだと思うことはなかった。当事者は被害者だと思っているだろうが、自分からは別の世界のような感じで、童話のような感じがした。日本の描かれ方は、反日につながる側面はある。
- 基本的な事実関係が教えられており、感情的な要素はなかった。基本的事実の理解が求められていた。
- 日中の戦争について学んだからといって日本のことを嫌いになったりしていない。
- 中学高校の頃、日中関係は悪くなく、対日感情も悪くなかった。天安門事件ののち経済制裁が解除されたころで、反日的なものは少なく、日本のアニメも多く報じられた。当時は米との関係が悪かった。
- 授業で戦争のことを学んでも、日本のことを嫌いだとは思わなかった。外国語の日本語の授業を通じて今の日本を学んだ。日本語の授業は100％が今の日本に関するもので、日本の名勝等も教えられた。
- 日本に対する悪いイメージは教科書からというより映画から。

15　教師の教え方

(1) 20代

(イ) 抗日戦争を強調した　　　　　　　2名
- 「南京大虐殺」を重点的に学んだ。日本が一番悪い国だと思っていた。地理の先生まで領海、接続水域、排他的経済水域について教えた後、東シナ海の油田問題を力説。
- 人による。強調する人もいれば、そうでない人も。教科書にない内容まで強調する人も。地理の先生は現代の日本の「経済侵略」として海

外の森林伐採、漁業乱獲、汚染企業の海外移転を強調。

（ロ）抗日戦争は強調されなかった　　14名
・知識として教えた。
・事実関係を教えただけ。試験対策のみ。強調したとは思わない。
・「南京大虐殺」などの内容も多くはなく、知っていれば良いとの感じで特に強調しなかった。
・抗日戦争は入試では重点でない。試験対策を重点にし、抗日戦争をそれほど強調していない。
・知識として教えた。みなさんが頑張って国を繁栄させなければ、アジアの覇権は日本に取られてしまうと言っていた先生もいた。
・意識してか無意識か日本に悪い情報を与えている。ただし、試験対策で入試のために教えている。暗記しにくい内容を暗記のための言い回しをつくってくれた。政治の先生は、教科書には社会主義のみが中国を救う道だと書かれているが、資本主義も現代化に通じる道だと言っていた。
・試験対策が重点で、試験に関係ないことは授業で触れられない。知識として暗記すればよいだけ。進学校だから九一八記念館も遠いからか行っていない。他の学校は行ったと聞いた。
・中学では教科書の残虐行為の記述が多かったが、高校ではさっと終わってしまった

（ハ）未回答　　　　　　　　　　　4名

(2) 30代
（イ）抗日戦争を強調した　　　　　1名
・人による。高校の時のクラス担任は歴史の先生で、30歳くらいだったが日本に対してよい印象がないと思った。口ぶりもそうだし、日本

を「小日本」と呼んでいた。

（ロ）抗日戦争は強調されなかった　　　9名
・試験のための授業で、試験の重点を教え、日本を恨ませるものではなかった。
・先生は受験の要点を教え、特に個人的な感情はなかったと思う。ゴールは良い大学に入ることで、教科書は試験対策に過ぎない。
・反日を強調した人はなく、どちらかというと米に厳しい態度をとる人が多かった。
・政治の授業で教科書にはなかったが、先生が日米同盟を説明し、90年代の沖縄の米軍基地問題を説明していた。戦争中、日本語を国語として学んだ日本語の先生は日本に前向きなイメージを持っていた。戦後の日本の良いところをバランスよく教えてくれた。過去の植民地時代の皇民化教育に嫌な思い出もあるだろうが、教え子の日本留学を誇らしく思い、バランスよく教えてくれた。こうした年配の日本語教師は植民地の皇民化教育の被害者だが、戦後の日中の橋渡しをしていることをもっと評価してほしい。
・単に試験対策として教科書を教えた。90年代は大学の募集人数の拡大はなされておらず、競争は熾烈で、先生の評価の基準は進学率。
・近代史は強調されたが、日本を意図的に醜く描いてはいない。教科書に沿って淡々と教えられた。ただし、教科書にのっていないことまで教えた人もいる。同じ教科書でも教える人によって全然違う。自分の親族に被害者がいれば、感情的にそのまま伝えてしまうだろう。抗日戦争の分量は多く意識しようとしまいと、印象は強い。

16　日中の戦争を学んだあとのクラスメイトの反応
　（1）20代
　　（イ）批判的　　　　　　　　11名

- 周りが「小日本」は残忍だと言っていた。
- ハルピンでは、冗談で「小日本」、「日本鬼子」は怪しからんと言っていた。深センではそのようなことはなかった。
- 特に批判的な発言はなかったが、シーンとして重たい雰囲気になった。
- 「南京大虐殺」を学んだあと憤慨して教科書を破り捨てた学生もいた。
- 日本語専攻でない友人からは、冗談で日本が中国に征服されれば、日本語は中国の一方言になるとよく言われた。
- 思想の激しい男子が日本好きの私の悪口を言った。冗談で、私は洗脳されている、反面教師だともいわれた。日本の雑誌を見ているとからかわれた。
- 憤慨した生徒が教科書を破り捨てたと聞いた。政治に興味のない学生は話題にしない。国際問題に興味のある学生は議論していたかもしれない。
- クラスの男子が教科書の日本軍の顔の写真に落書きしていた。
- 男子が日本製品ボイコットと騒いでいたことは覚えている。
- 「小日本」、「日本鬼子」という冗談は言い合った。

(ロ) 特に反応なし　　　　　4名

- 特にマイナスの発言はなかった。みな関心なく試験対策のみ。中学時代のクラスメイトは高校卒業後留学する自分を羨ましいと言った。高校のクラスメイトも日本語専攻。「小日本」、「日本鬼子」のような発言はなかった。

(ハ) 未回答　　　　　　　　5名

(2) 30代
(イ) 日本に批判的　　　　　3名

・「小日本」などとの発言があった。日本人の残酷さからでなく、日本人が小さいからだろう。
・「小日本」、「日本鬼子」という冗談は言い合った。日本の悪口を言われると同調しないといけない感じがある。

（ロ）特に反応なし　　　　　6名
・何らマイナスの発言はなく、深い印象を与えるほどのインパクトはない。
・日本の悪口もなかった。
・日本への反感はなかった。田舎だったので日本に行く人に日本製品を買うよう頼んでいた。
・クラスで日本の悪口を言うようなことはなかった。
・試験対策にせいいっぱいでそのような余裕はなかった。

（ハ）未回答　　　　　　　　1名

17　教科書に掲載された印象に残っている写真
　　（イ）20代
　　　「百人斬」　9名　　旅順における「虐殺」　4名

　　（ロ）30代
　　　「百人斬」　6名、　旅順における「虐殺」　2名

他に洋服を着た明治天皇、八幡製鉄所、下関条約、軍国主義万歳を叫ぶ青少年、国交正常化、富士山と桜と新幹線などが挙げられた。

18　日本関連の大学入試問題
　　（1）20代

（イ）抗日戦争は重点でない　11名　（参考：文系受験14名）
（ロ）出題内容
- 抗日戦争の年月日、日本の投降の年月日、その意義、影響。明治維新と戊戌の変法。入試で抗日戦争は重点ではない。
- 抗日戦争は重点ではない。明治維新、大化の改新が出題された。
- 抗日戦争は機微なので入試に出ない。
- コツがあり、記述式ならば共産党が誕生してから中国は強くなった。共産党ができる前、清朝は腐敗して無能で、改革派もいたが皇帝制度を維持した上での改革で成功せず、国民党の中華民国は清朝を滅ぼして共和政府を作ったが、帝国主義と癒着し、人民から離れて失敗した。共産党が誕生してから大衆を動員し、帝国主義を打ち負かしたというロジックを書けば良い成績をもらえる。抗日戦争はそれほど強調されているわけではない。明治維新は重点。
- 日清戦争と洋務運動の失敗は大学入試の重点。明治維新で日本は悪いところだけではなく、すばらしいところもあると学んだ。日清戦争と明治維新の方が入試では重点。抗日戦争は主に国民党の失敗が語られ、日本の印象は薄い。
- 抗日戦争は出題されない分野。
- 明治維新、大化の改新。自分の年は抗日戦争は出題されていない。
- 日清戦争の評価、その中国への影響、明治維新と戊戌変法の比較。
- 大化の改新。
- 明治維新、抗日戦争勝利の原因、意義、影響など。
- 受験で日本が占める割合はとても小さい。文系小総合の科目で出題。明治維新と戊戌変法の比較。
- 明治維新、抗日戦争勝利の意義、ポツダム宣言の意義、大化の改新など。
- 抗日戦争は出題されない。明治維新が重点。日中戦争の意義、西安事件の意義、戦勝の意義などは出題された。毎月模試があり、12回模

試があれば抗日戦争の出題は1、2回。
・明治維新の利益と弊害、何が抗日戦争の全面的展開か。

(3) 30代以上
(イ) 抗日戦争は重点でない　7名
　　　　　重点である1名（参考：文系8名）

(ロ) 出題内容
・日清戦争の海戦、影響、人物などの選択問題。記述問題は多くない。明治維新は前向きな評価。戊戌の変法と明治維新の比較の分析問題も。
・抗日戦争は受験の重点ではない。1949年の共産党の勝利が強調された。明治維新の成功と戊戌変法の失敗の比較、日清戦争の影響、清政府の腐敗など。試験問題は選択問題、穴埋め、記述問題があり、歴史的事実以外にその意義や影響、背景などが出題されたが、自らの解釈を挟む余地は無かった。抗日戦争は台児庄の戦いや、百団大戦、淞滬会戦など、共産党と関係のあることが出題された。解放後の歴史も出題は少なく、抗日戦争もそれほど出題されず。大学入試のため歴史を重点的に学んだのは全体の学生の30％ほどの文系の学生。文系でも数学、英語、語文に割く時間が大きく、歴史にかける労力はそれほど大きくない。
・西安事変、盧溝橋事変、ポツダム宣言など。
・歴史は選択性。文系、理系に分かれ、文系を選んだ場合は歴史、地理、政治から一科目を選択。高校では世界史のみしか学ばない。抗日戦争の印象は非常に薄い（40代）。
・抗日戦争における共産党の政策、毛沢東の演説が入試では頻繁に出題された。
・近現代史では抗日戦争は重点だが、出題されたのは主に共産党の功

績、例えば百団大戦、抗日根拠地、平型関会戦等。入試では日本の残虐行為はそれほど出題されない。

19　記憶にある語文、地理、政治の教科書に描かれた日本
  (1) 20代
  (イ) 中学の語文の「藤野先生」　　　　6名
  (ロ) 高校の語文の「一杯のかけそば」　3名　（重複回答あり）
  (ハ) 覚えていない、未回答　　　　　　11名
  ・語文の「藤野先生」、ベチューンに関するもの。語文の方が抗日戦争の作品が多かった気がする。地理には日本の気候、場所、産業、工業などがあった。
  ・中学の語文は日本に関するものはない。語文は高校でも日本に関する作品はない。地理には、日本は資源が少なく、活火山が多いと書かれていた。政治は哲学的なものが多く、日本についての印象はない。
  ・魯迅の「藤野先生」。語文は高校も中学も抗日戦争に関するものが多い。紅軍の長征など共産党を正面から称えたものが多い。
  ・地理は中学の教科書に現代の日本の「経済侵略」が書かれていた。自国を緑化し、他国の木材を輸入していること、水俣病の経験から汚染企業を海外に移転させていること、捕鯨、漁業資源の乱獲など、日本に悪いイメージが描かれていた。藤野先生だけが良い人で、他は悪い人とのイメージがある。当時の日本人は中国人を差別しており、藤野先生だけが良い人。「一杯のかけそば」はなぜ簡単なそばを家族でこんなに大切にするのか不思議。
  ・中学の語文は1つか2つ抗日戦争に関するものがあったが、覚えていない。高校の語文は覚えていない。高校の地理、政治も日本関連の内容はなかった。中学の地理に日本地理があった。地理は高校入試にないので寝ていた。

(2) 30代
(イ) 中学の語文の「藤野先生」　　　　　8名
(ロ) 高校の語文の「一杯のかけそば」　　3名　　（重複回答あり）

・中学の地理の教科書には日本地図が掲載されていたが、「副科」で高校入試でも不要だった。語文には「藤野先生」が掲載されていた。
・中学の教科書では「藤野先生」を覚えている。中学の地理では日本地理をやった。高校の地理には日本は少ない。地震が多いと書かれていたくらい。政治は日本に関するものはない。高校の語文の課外講読の「一杯のかけそば」を覚えている。クラスで劇を演じることになり、蕎麦屋の主人役を演じた。蕎麦をゆでる温かい湯気の感じを覚えている。物語の詳細までは覚えていない。
・中学の地理については受験に出ないのでほとんど覚えていない。語文では魯迅の作品が日本に関係があった。日本の作家は覚えていない。政治についてはすっかり忘れてしまった。
・語文には日本の良い面が、歴史には日本の悪い面が書かれていた。地理と政治には日本に関するものはなかった。語文に「藤野先生」が書かれていた。毛沢東の文書が一部抗日戦争に言及していた。高校の語文の「一杯のかけそば」が印象深い。毛沢東の「別了司徒雷登」が掲載されており、米は敵で、日本は米と奪い合う対象だと思った。日中友好論もそうした米中関係の延長。地理、政治は日本に関するものがなかった。語文の教科書に日本のものを掲載するのは意味がある。「一杯のかけそば」は今でも印象に残っている。日本のイメージは政治家は悪い人、普通の人はいい人、である。「一杯のかけそば」には本当に感動した。語文の教科書の方が対日観への影響は大きい。
・語文の魯迅の作品、抗日戦争の英雄の物語。朝鮮族の地域だったためこれらを朝鮮語で学んだ。地理は高校入試で必要なかったので、あまり覚えていない。一般的な日本地理の内容を学んだと思う。政治科目は、日本に関する内容は特になかった。語文に現代の日本文学を加え

ても良い。当時の教科書には 60 年代までの作品が多かった。「紅高粱」なども 50 年代、60 年代に書かれたもの。
- 中学語文の「藤野先生」、高校語文の「包身工」。地理も政治も記憶に無い。
- 記憶にない。高校地理は日本の森林被覆率が高いと書かれていた。
- 語文に「藤野先生」があった。地理、政治は覚えていない。

20　教科書に書かれていた戦後の日本
(1) 20 代
- 国交正常化以外あまり書かれていない。ODA が記載されていないのは政府の考えだろう。戦後に関する内容を加えるべき。
- 国交正常化が書かれていた。教科書に戦後の日本の民主化を加えるべき。国の民主化運動を刺激する敏感な問題だから書けないのか。
- 戦後の日本は教科書には書かれていない。大学に入って初めて知った。日本の戦後史を加えるべき。経済発展や、ODA など。
- 経済発展の要因を朝鮮戦争とベトナム戦争の特需、戦争賠償の軽減、国外技術の導入、教育重視と学んだ。国交正常化もあった。
- 日本は自国の森林を保護して緑化し、他国の木材を伐採して輸入し、他国の自然を破壊していると指摘されていた。
- 高度経済成長、教育重視、所得倍増計画、政治大国化の野望、財閥解体。冷戦の影響で民主化の不徹底。
- 国交正常化と科学技術、経済発展が書かれていた。戦後の両国の交流や戦後の日本の歩みに関するものが少ない。
- あまり覚えていない。マッカーサーに占領されたこと。田中角栄の訪中、国交正常化。
- 日中国交正常化と勤勉な努力で科学技術を発展させたとあった。あまり印象がない。ODA は日本に来るまで知らなかった。
- 少ない。国交正常化くらい。戦後の民主化が書かれていない。前向き

- な情報が少ない。
- バブルの崩壊と国交正常化が書かれていた。世界において戦後の日本は重要でなく、教科書に必要ない。
- 戦後の日本は、どの科目のどの教科書にも掲載されていなかった。戦後の多極化の項目で日本の経済発展を紹介し、日本も一極を担っていると指摘された。日本との交流や経済発展、謝罪、反省の有無につき記載すべき。
- 国交正常化を学んだとき、父が日本と仕事をしていたからか嬉しかった。日本人が勤勉だとも書かれていた。日本人が小さいころから人に迷惑をかけないよう教育され、勤勉であることを記載するべき。
- 田中角栄は偉大だったとのイメージ。

(2) 30代以上
- 高度経済成長、経済大国化がかかれていた。景気の循環による恐慌など資本主義世界の矛盾とともに描かれていた。
- 教科書に書かれていた日本の戦後に関する記憶はない。平和憲法や民間と政府の闘争、ODAについて記載すべき。
- 教科書には戦後日本が米軍に統治されていたことが記されていた。それ以外は覚えていない。
- 記載はない。記憶には戦争が多い。
- 戦後の日本に関する情報が少ない。日本がどのように戦争を反省したのか、戦後何をしたのか教科書に記載した方がよい。中国人は一度も謝罪したことがないと思っているが、謝罪の有無も記載した方がよい。
- 中国の戦後についてさえ語るのが難しい。中国の戦後をどう見るかという問題もあり、中国の戦後でさえ議論できないのに、日本の戦後をどう見るかという余裕がないのだろう。教科書には中ソ戦争の記述もない。日本のみならず、どの国の戦後も語られていない。日本の戦後

については自分で学んでいった。
- 中国の教科書には日本の戦後に関する情報が少ない。高度経済成長と米国に次ぐ資本主義国であること、国交正常化が書かれていた。日本の戦後をもっと加えるべき。
- 田中角栄の訪中と国交正常化。それ以外は記憶にない。戦後は中国との問題がないから書かれていない。韓国も戦後は書かれていない。戦後は内戦、文化大革命など自ら反省することが多く、他国の戦後まで書く暇がない。
- 日本の経済成長や現代文化を伝えられれば良い。戦後のあゆみの歴史的事実を伝えるべき。

21　教科書は反日的な青少年を育成しているか
（1）20代
（イ）同意する。　　　　　　　11名
- 今の内容では、多くの若者が日本を嫌いになる。今の対日記述は党の正当性を維持するため。
- 教科書のおかげで日本人は怖かったというイメージがある。しかし、反日感情は学歴、経済状況にも関係があり、「反日デモ」に参加したのは農村から来た学歴の低い人たち。日本製品を買うことができないから日本製品ボイコットと言うのでは。
- 共産党は人々の不満を日本へ向かわせているのでは。
- ハルピンの子供たちは教科書を通じて反日的だった。深センの子供たちは東芝のパソコン使い、アニメを見て日本好きで、旅行に行きたいと思っている。
- 日本に関する前向きな内容が少ない。ODAを記載しては。共産党の正当性を強調する態度をやめない限り変わらない。
- 他の国に比べて日本との戦いの量は突出。政治的な必要性からの記述で、人々の民主化を求める動きに対し対外的に視線をそらす効果を

- 狙っている。
- 丸暗記させられた。対日記述は人々の批判を外へ向けるため。
- 原則として日本は悪者に書かれている。細かい点で事実と違うところがあるかもしれないが、日本の犯罪は全体として事実。教科書から日本への恨みが読み取れる。
- 教科書が反日的な青少年を育てていることを懸念。
- 事前に日本が悪い国だという設定があり、歴史的にも悪いことをした国だと書かれている。メディアもわざと日本を悪い国だというように描く。日本について良いことを言うと、良いことがない。

（ロ）同意しない。　　　　　7名
- 共産党の功績が強調され、日本を憎ませるものではない。国民党の消極抗戦、共産党の正統な地位が強調されている。日本の残虐行為の印象は強くない。日本を嫌いだとは思わなかった。村上春樹の小説を読み、日本のアニメの「スラムダンク」をみていた。良い印象の方が強い。
- 歴史的な事実であり、マイナスの内容が掲載されるのは避けられない。
- 教科書を読んで日本に仕返ししろとはおもわなかった。
- 日本を恨ませるような教育ではなかった。国として立ち遅れるべきではないことを強調しているのでは。
- 共産党の偉大さが重点で日本がどれだけ悪いかが目的ではない。教科書で日本が嫌いになったわけではない。靖国神社参拝やテレビの影響。
- 教科書は暗記するだけ。自分の意見は求められない。
- 教科書により反日的な青少年が育成されているとは思わない。自分が小さかった90年代は日中関係も良好で父のビジネスも順調。小さいころから父から良いことを聞いていたので、日本については憧れの気

持ちがあった。

（ハ）何ともいえない。　　　　　2名
- 反日教育ではない。弱いと攻撃されることを教えたい。ODAを掲載しては。意識的に反日を強調している面もある。
- 日本を筆頭にした資本主義国家への反発だろう。

(2) 30代
（イ）限定的だが同意する。　　　　　2名
- 当時の自分は、日本は友好国で仲が良いとのイメージ。教科書は愛党、愛国を意図し、共産党の正当性を強調するもの。日本はそのための添え物で、共産党の功績を強調するために使われている。共産党が今の中国を作ったとの認識に誘導したい。日本の描かれ方は、反日につながる側面がある。
- 教科書は影響力は小さいが、日本によくない印象を持つ。マイナスの誘導がある。

（ロ）同意しない。　　　　　8名
- 教科書で戦争を学んでも様々なルートで日本に関する情報を得ることができ、日本を総合的に理解することができる。必ずしも教科書により反日的な青少年が育成されるとは限らない。
- 日本を恨ませるためでなく、共産党に感謝し、党を愛させるため。
- 教科書が反日の青少年を育成しているとは思わない。
- 歴史教科書に抗日戦争が書かれていたが、自分の対日観に影響しなかった。教科書は共産党が偉いと宣伝しており、わざわざ反日教育を行ったとは思わない。映画が日本人は悪い、残虐だと描いていた。教科書には感情的なものは特にない。歴史は「副科」との扱いで、自分は理系でもあり重視しなかった。歴史なんてどうでもよかった。試験

対策の一環で対日感情には影響がなかった。教科書を含めた学校全体、社会全体、報道の雰囲気を含めて反日教育かどうか判断する必要がある。教科書全体としては、共産党の伝記が多かった。反日教育が行われたとは思わない。教科書が反日の青少年を育成したとは思わない。社会全体の雰囲気で考えるべき。

・反日教育の意味はない。教科書の対日感情への影響は無かったとはいえないが、限定的。

・教科書により反日的な青少年が育成されているとは思わない。特に90年代、自分が受けた教育についてそうは思わない。マスコミの愛国主義教育の影響はあったが、90年代は日本は嫌いではなかった。日本は発展した国で憧れの対象であり、人々は日本でアルバイトしてお金を稼ごうと思っていた。

・教科書で反日的な青少年が育成されたとは思わない。教科書の記載内容はマイナスだが、反日的な報道もなく、試験対策のために学んだ感じが大きい。

・教科書はプラスの面も記載していた。明治維新はすごかった。日本を先進国にしたとのイメージ。ただし、抗日戦争の分量は多く、意識しようとしまいと、印象は強い。

22　教科書への疑問

20代、30代以上ともに全員が疑問を表明。

(1) 20代

・中国人も「南京大虐殺」の30万という数字はないかもしれないことはわかっている。しかし、20万いれば20万を、30万いれば30万を殺したのではないか。自分は教科書を信じている。

・子供のころは教科書の内容を信じていた。細かいところは検証が必要だ。情報ルートが多様化しており、大人になってからは教科書の全てを信じているわけではない。

・教科書は試験対策のためのもので、ネットの方が信頼できる。大人になって沢山の本を読むようになって教科書と現実がずれていると思うようになった。教科書で日本人が怖かったというイメージがある。
・南京の30万の被害者はいなかったのではないか。今は内容に疑問がある。大陸にいる友人は信じているが。
・教科書は子供には影響が大きい。大学に入ってからは、みんな情報統制を突破して、ネット上で他の情報を得ようとしている。
・政府の宣伝だとは大学に入り、外国に来てから思うようになった。教科書のみならず、テレビ、ニュースなども共産党の故意の宣伝の影響を受ける。教科書は自分の価値観には関係ない。受動的に学ぶよう強制されたもの。大学入試の後、クラスの生徒が集まって教科書と練習問題の参考書を一か所に積み上げて、これで終わったもう勉強しなくても済むと、みんなで破り捨てた。それほど試験の圧力は大きい。教科書には慎重さが求められる。対立する意見を注釈で記載するべき。
・教科書は学校に上がってからのもので、共産党の4つの基本点と同じように、抗日戦争もどうせ共産党の理論なので真面目に勉強していない。教科書は共産党が抗日戦争を戦い、国民党は消極的だったと紹介。子供のころは先生がそう教えたので信じていた。社会主義のみが中国を救えると記載されていた。教科書に書かれていることは真実だが、掲載されている内容は選択されている。
・子供のころは信じていた。他に情報を得る手段がなかったため。今は疑っている。しかし、高卒の友人は日本に先入観があり、警戒心がある。教育はこのように心に深く入り込んでいる。教育改革が必要。教育に反感がある。教育内容が変化し、日本に良いイメージを持てれば、日中関係に問題が起こっても状況が違うのでは。
・学生の時は真実だと信じた。南京の被害者30万人、抗日戦争勝利は共産党の功績。大人になってから必ずしも真実ではないと感じる。国内に残っている友人は別。共産党の政権を維持するための教科書。洗

脳されていた。

・大学に入ってから周りは中国の教科書は宣伝にすぎず、誰も信じていないと言っていた。人をだましており、試験のために学んだものである。抗日戦争の記述は共産党の功績を突出させるため。

・歴史事件の原因、背景、その結果を暗記させられた。無味乾燥。若者の考え方を党の求めるイデオロギーに合致するよう求めている。イデオロギー的内容が多く、不信感がある。教科書が悪口を言っても、悪い人ではないとの印象がある。教科書の内容をそれほど信じておらず、試験のために暗記。大学生になってから教科書への不信感はより強くなった。試験突破のために勉強し、試験が終わると忘れてしまうようなものだ。

・中学、高校で学んだあと更に大学でも学ぶ。繰り返し、繰り返し。大学の先生は、みなさんが聞きたいか聞きたくないかにかかわらず、講議をしないと仕方が無いと言っていた。教科書に書かれていることは事実だが、伝える方法が問題。同じ事実でも、どの事実を掲載するかで印象が違う。論争のある内容が記載されているが、論争があるという事実が記載されていない。

・学校で映画「東京裁判」をみたあと、感想文でマスコミの人へのコントロールは恐ろしい。戦時中に政府に統制されたマスコミが、東京の人々を盲目にしてしまったと書いたところ、成績はＢだった。先生から、大学入試のためには、日本はけしからん、戦後は反省もせず警戒すべきである、そうでなければ彼らはまた誤った道を進むだろうと書かないとＡがもらえないと言われた。教科書の内容は真実だろう。愛国主義の必要もある。しかし、少し誇張があるかもしれない。国民党と共産党の矛盾はどちらが正しいか間違いかは決められない。しかし、教科書を信じなければ他の情報源がない。歴史観は共産党の統制のもとにある。日本のODA、日米の歴史、集団的自衛権に関する議論、新憲法を加えるべき。

- 真実かどうか子供の時は考えたことがない。大学に入ってから、共産党を美化し、偏った情報しか掲載していないと思うようになった。日本に対しもう少しプラスの情報も加えては。
- ODAの記載があれば、対日感情はもう少しましになる。一部の学者が教科書を政府の宣伝だと考えている。中国では歴史の影響が大きく、正しい歴史観を堅持することが求められており、そういう教育。ありのままの中国、ありのままの日本を教えるべき。学生の時は教科書は正しいと思っていた。政治の教科書はスローガンしかなく、つまらない。先生は真面目に教えていたが、批判すると生活できなくなるから。
- 学生だったころは真実だと信じた。視野が狭く、情報も少なかった。今は疑問だ。教科書は偏っている。日本に関する情報は行き過ぎ。2007年に香港に旅行し、言論の自由の現状、大陸を批判する本を見た。教科書の日本のマイナスの情報は極端だし、中国の悪いところも指摘すべきだ。入試対策に過ぎない。政治の授業はスローガンに満ちており、試験のために暗記し、余計なことは考えないようにしていた。試験に出るのも既定路線で、陳腐な内容。暗記さえすればよい。歴史教科書に書かれていることは大体が真実だろう。今の教科書は政治的必要性から。国民党の評価が高まったので、日本の残虐行為を強調したのだろう。
- 記述問題は正しい答えが決まっており、自分で自由に解答を書いては点数が取れない。愛国主義教育で、日本は中国を侵略して残虐なことをした、共産党が抗日戦争を戦い英雄となり、国民党はあまり貢献していないと強調。子供の頃は先生のいうことは真理だと思っていた。暗記中心の試験対策教育への疑問。資産のある家は、中国の学校へ行かず、海外留学を準備。愛国主義教育は賛成できないにせよ、黙認するしかない。中国のような環境では、共産党を批判できない。共産党の功績を強調しすぎる。子供に客観的な事実を教えて、客観的な価値

観を養うのが重要。日本の侵略、戦後の平和の歩み、平和憲法、ODA等真実を伝えるべきだ。
- 単に試験対策の道具。真実か真実でないかは考えなかった。とにかく暗記。今では内容を検証しなければならないと思っている。共産党が抗日戦争で主な役割を担ったとしているが、実際には国民党が多くの役割を果たしている。
- すでに模範となる解答があり、自分の解釈を入れる余地はない。模試で日本がなぜ侵略戦争を起こしたかという問があり、地震大国で島国で外部から取り残される恐れがあったためと書いたら、先生から大学の歴史学部に入ってからなら良いが大学入試では点数が取れないと言われた。模範解答は、田中上奏文のように明治維新以降大陸侵略の野望があったこと、日本の軍国化、世界大恐慌を指摘しなければならない。日本の自由民権運動、大正デモクラシーなどは来日後知った。中国の教科書に書かれていないことが衝撃だった。政府の目的はこれか、と思った。真実を伝えていない。教科書は学者が書くべき。学者の様々な解釈を書くべきで政治色がない方がよい。
- 学生の時は教科書に疑問は無かったが、大学に入って以降、抗日戦争を主に戦ったのは国民党だと知った。国民党の将校の死亡者の方が多く、共産党将校の死亡者はたった1名。東北の抗日義勇軍のリーダー楊靖宇も共産党員ではない。東北の工業インフラも日本が建設。毎日が「三光政策」だったわけではない。歴史科目は暗記だけで、自分の意見は求められない。

(ロ) 30代以上
- 教科書では、当時の植民地統治について731部隊や皇民化教育のみが教えられ、当時の実際の生活には触れていない。たとえば東北地方は工業地帯となり、満州国の外で食べていけなくなった人々が、満州国に来て食べていけるようになった。当時東北は工場が多く、雇用が

あった。山東などは貧しく、東北に布を密輸していた。子供に布を何枚も巻き付けて東北に運び、そのまま販売するなどしていた。子供のころの自分には反逆精神はなく、教科書の内容を信じていた。他に情報源がなかったからであろう。今は様々な情報源があり、多様な見方ができるようになっている。歴史科目は主に暗記だった。

・子供のころは単純で、教科書の内容を信じていた。当時は教科書が政府の宣伝だという概念自体がなく、国家、社会、個人は一体であると思っていた。今は教科書は政府の主流な価値観を示すもので、教育を受けた人は一部加工されているかもしれないと思っているだろう。

・教科書は、共産党に感謝し、党を愛させるためのもの。

・教科書は抗日戦争における共産党の功績を多く扱い、国民党の記述は少ないが、実際には共産党は百団大戦しかやっておらず、そのほかの戦役のほとんどは国民党がやった。教科書に魅力がない。積極的に歴史を学ぼうとする気力が出ない。当時の教科書は偏っており、政府は主流思想を宣伝し、人為的に一部の事実を隠している。そして、人為的に歴史的事実に結論を下している。人為的に結論を下すべきではなく、学生にあれこれと論述する内容を強制するべきではない。人為的に選択された歴史教科書にいかなる意義があるのか。教科書の内容は客観的であるべきだ。

・子供であり、党の方針とか宣伝とか思うことはなかった。当時は教科書の重点を覚えるのに一生懸命で、教科書の内容の是非については、高校を卒業して、大学に入ってから、政府の宣伝の要素があると思うようになった。

・政府の宣伝だとは学生の時は意識できなかった。今は宣伝の要素があると思っている。歴史教科書が伝えるのは党の正しい歴史観。

・当時は、教科書は真実だと思っていた。仕方なく学んだもので、大学受験のためのもの。

・子供のころは教科書の真偽について疑ったことはない。試験のために

とにかく丸暗記し、特に疑念を持たなかった。物事の価値観を作るのは教科書ではない。周りの家族、父や老人の言葉の方が心に届く。
- クラスに80名いれば、大学進学は10名、残り10名が専科学校へ進学。60名は進学できない。入試は人生を決めるほどの影響がある。教科書に書かれていることの意義まで考える時間はなく、試験のために勉強するので精いっぱい。子どもの頃は試験対策に精いっぱいで、そのようなことを考えている余裕はなかった。大学に行ってから、なぜ社会主義思想を学ばなければならないのか考える余裕ができた。歴史は当時の事実を復元できれば良いのであり、学生になぜそうなったのか、どのような教訓を得られるのか、どうすればよいのかという方向性を与えるべきではない。それは自ら考えるべきこと。中国は教科書の内容を絶対のものとして教えているが、日本では異なる意見がある場合は注釈で対立意見が記される。中国でもそうするべきである。
- 歴史的事件の意義や影響を暗記。事件の内容は重要でなく、その解釈が重視されている。歴史はつまらない。政治はもっとつまらない。丸暗記。子供のころは真実だと思っていた。社会の雰囲気がそうで、学校教育は真実を伝えていると思っていた。しかし、今は政府の宣伝だとのイメージもある。当時は他の情報を入手できず、今はネットもあり、情報を得ることができる。教科書では日本の本当の姿は伝わらず、戦後の歩み、ODA等が伝わってこない。歴史的事実を伝えるべきで、解釈は必要ない。日本の戦後の歴史の事実を伝えるべきで、解釈は個人が行うべき。国の団結の為に敵を作れ、日本を悪者にし求心力を作り出せ、という力が働いているように思う。

23　教科書の役割

(1) 20代

(イ) 日中関係に関する知識を与えるという役割　　　　11名
- 戦前の状況について理解したければ、充実している。戦後については

理解できない。子供のころテレビで見たイメージを確認し、定着させる役割。
・戦前の日本、日本の侵略の歴史について小さいころから印象づけるもの。30万人という数字も、30万という先入観を持たせている。子供のころ家でテレビなどで得た情報を学校で体系的に知識として学ぶという役割。
・日中間の歴史に関する知識は教科書から得ている。大学入試の為のツール。受動的にではあるが、系統的に日中関係の歴史を理解することができた。対日観に影響はないが、知識を得ると言う一定の役割。
・歴史の理解の基礎を提供。農村ではテレビもネットも無いところも。そういうところでは教科書の影響は大きい。
・日本の侵略の事実を知るのに役立つが、今の日本を理解することはできない。日中関係が改善しても教科書の内容は改善しないかも。共産党の功績を突出させる必要があるのは何も変わっていないから。家でテレビで見て、学校で教科書で確認し、卒業したあとも同じ内容がメディアで繰り返し強調されている。侵略の知識は教科書から、負けても反省しないというイメージはメディアから。
・教科書から日本に対する党の態度をみることができる。報道で見る日本に関する知識を系統的に吸収させる。これをベースに報道などで対日イメージを作る。
・知識を系統的に得るという役割。
・教科書の役割は大きい。子供のころテレビで見たイメージを知識として定着させるもの。
・教科書で若者は体系的な知識を学び、物事の認識を形成し、入試のために暗記する。「憤青」がネットで日本について議論するとき、歴史の教科書を学んだのか、という発言を目にする。潜在意識で日本に対する嫌悪感が育っていく。
・子供には影響が強い。大部分を暗記。思想や価値観に影響あり。子供

のころテレビや映画で見たものを教科書で確認。
・教科書もドラマも報道もトーンは同じ。小さいころ両親とテレビで見て印象をもち、学校で教科書で確認し、その後またテレビや報道で深めていく。教科書の内容は、テレビや映画の内容とあまり変わらない。

(ロ) 試験のツール　2名
・教科書の対日観への影響はない。試験のツール。

(ハ) その他・未回答　7名

(2) 30代以上
(イ) 日中関係に関する知識を与えるという役割　6名
・教科書、学校、試験は学生に方向を示すが、抗日戦争は強調されていない。
・学生に目を開かせ、啓蒙する役割がある。系統的に知識を把握できる。系統的に知識を得るのは、映画やテレビでは無理。
・日本に関する基本的な知識を持たせるという役割、宣伝の効果はあるだろう。知識を定着させるものだが、その知識はごく一部で、政治的な知識。対日観に全く関係ないとはいえないが、自分の場合はほとんど関係がない。
・基礎となる日中の戦争の知識は教科書から得た。受験に必要な解答は教科書にあり、入試で求められる解答も決まっている。戦争でどのくらいの人が死んだのか、日本にいじめられた等、内容を暗記して覚えるのみ。教科書は日本についての最初の印象を作るような印象。日中戦争に関する基本的な知識は確かに教科書からきている。一定の影響力があるといえよう。戦後の歴史については教科書からではない。報道やドラマ、その他の媒体から見ている。

（ロ）試験のツール 2 名
- 教科書は仕方なく学んだもので、大学受験のためのもの。

（ハ）その他 2 名
- 日本について学ぶきっかけにはなるかもしれない。日中の歴史の知識は自分で学んだ。
- 教科書の役割は限定的。しかし、日本に好感は持たない。

23　中学、高校での日本との交流

(1) 20 代

（イ）交流があった　8 名
- 高校は関西外大と姉妹校で日本から講師が派遣されていた。関大付属の高校生が来て 3 日間ホームステイしていった。
- 姉妹校があり相互訪問があった。日本の中学生をホームステイさせた。ペンフレンドも。
- 交流相手が女子高だったので、女子生徒だけが参加。自分は参加していない。
- 隣のクラスが交流しており、自分は直接参加していない。
- 中学の時、青年海外協力隊の日本語の先生がいた。
- 関西大学の留学生が日本興味コースを教えていた。日本アニメが好きだったので参加。日本食、アニメ、ポップスが紹介された。
- 愛媛県の姉妹校があり、サッカーの試合をしていた。こうした交流の方が印象が強い。

（ロ）なし、未回答　12 名

(2) 30 代以上

（イ）なし　7 名

（ロ）あり　3名
- 高校では秋田県の高校と交流があった。直接参加しなかったが、日本の高校生が制服でキャンパスを見学し、礼儀正しかった。綱引きに参加し、日本側が勝った。
- カンフーを学ぶため中学に日本の留学生が来た。冬に手袋もつけず、短パンで気合を入れると言っていた。抗日映画の日本軍が気合を入れるため、冬に裸で冰水に飛び込むシーンと重なった。日本人は変な民族だと思った。
- 小学生の時、姉妹都市交流で先生から「こんにちは」などの片言の日本語を教えてもらった。日本の小学生の前でバイオリンを弾いた。深い交流はなかったので、それほど印象に残っていない。

24　学校で抗日戦争に関する映画を見たか（重複回答を含む）

(1) 20代

（イ）小学校で見た　　　　　　　　9名
- 「劉胡蘭」を見た。
- 「地道戦」、「地雷戦」を見た。つまらなかった。
- 「台児庄戦役」を見たが、あまり覚えていない。
- 「南京大虐殺」を見た。
- 「南京大虐殺」を見て、女子生徒がショックを受けて泣いていた。憤慨し、全身にマシンガンをつけて日本へ行き、日本軍を皆殺しにしたいと思った。

（ロ）中学校で見た　　　　　　　　7名
- 興味なく真面目に見ていない
- 「黄河絶恋」を見た。赤ん坊を殺すシーンで夜眠れなかった。感想文には、歴史を忘れてはならない、国のための貢献できるよう努力すると書いた。

・「黄河絶恋」を見た。女子生徒がラブストーリーに感動して泣いていた。自分たちは興味がなくゲームで遊んでいた。面白くない、見たくもなかった。
・「シンドラーのリスト」と「東京裁判」をみた。クラスの雰囲気は重たく、誰も口を開かなかった。なぜこんなことができるのかと思った。女子生徒が泣いていた。
・「地雷戦」、「地道戦」、「南京大虐殺」、麻薬禁止の映画を見た。興味なかった。周りのクラスメイトもあまり興味なかった。
・「黄河絶恋」を見た。日本軍が赤ん坊を生きたまま石臼で引いた。眠れなかった。

（ハ）高校で見た　　　　　　　　1名
「東京軍事裁判」

（ニ）小中高いずれでも見ていない　4名
・「アヘン戦争」は見た。米の3D映画「TOYS」も。

(2) 30代以上
（イ）小学校で見た　　　　　　　3名
・「地雷戦」、「地道戦」を見た。始業式は映画館であった。校長先生の話に続いて映画を見た。日本人が醜悪に書かれており、子供のころの初歩的なイメージになった。他の愛国主義の題材の映画もあった。子供のころはインターネットはなく、教科書と映画、テレビ報道くらいしか情報源がなかった。
・「南京大虐殺」の映画を見た。1年生でまだ小さかったので理解できず、なぜ見せたのかと思う。全校生徒が6月1日の児童節に見た。田舎だったから他の映画が入手できなかったのではないか。
・「小兵張嘎」、「地道戦」、「地雷戦」を見た。娯楽のようで日本人は滑

稽に描かれていた。

(ロ) 中学校で見た　　　　　　2名
・授業の一環として映画「南京大虐殺」を見た。残虐なシーンもあり、カラーのもので、何があったのか視覚的に理解した。731部隊のドキュメンタリーも見せられたが、よく分からなかった。
・「南京大虐殺」と731部隊。非常に残虐な場面が描かれ、学生への衝撃も大きかった。まだネットもなく、他に情報源もなく、衝撃的で、自分の世界観に影響を与えた。感想文には日本へのマイナスの内容を書いた。

(ハ) 小学校から高校までいずれも見ていない　6名
・中国の建国、共産党がどのように作られたかという映画は見た
・90年代は日中関係は悪くなく、抗日映画の鑑賞会はなかった。
・アヘン戦争は見た。当時は抗日映画は多くなかった。
・解放戦争の「江姐」を見た。抗日戦争ではない。

25　子供の頃抗日映画を家で見たか
(1) 20代
(イ) 家で見た　　　　　　16名
・「地雷戦」、「地道戦」は冒険もののような娯楽。
・日本軍が村で八路軍を探す内容の映画だった。殺人シーンも多くない。滑稽で笑わせる軽い内容だった。731部隊のドキュメンタリーは筒の中が針山でその中に中国人を入れてごろごろ転がしていた。これは刑の道具で、731記念館に展示されている。遺棄化学兵器の被害のあった場所もハルピンから近い。今でも被害を受けている。
・「地道戦」、「地雷戦」は滑稽で気軽に見られるもの。父と見ていた。80年代の731部隊などのドキュメンタリーや90年代の映画は、リア

ルで残酷。

（ロ）見ていない　　　　　　　　1名
・残酷なので両親が見せてくれなかった。

（ハ）未回答　　　　　　　　　　3名

(2) 30代以上
（イ）家で見た　　　　　　　　　8名
・「地雷戦」、「地道戦」、「小兵張嘎」。こうした映画は滑稽で、共産党の英雄行為が描かれ、日本の残虐さの印象は強くない。
・「地道戦」、「地雷戦」を見ていた。毎週土曜日午後は革命映画が放映されていたが、国共内戦が中心。
・数少ない娯楽。日本人は滑稽に描かれており、戦闘シーンはリアルでなく、戦争ごっこ。映画が少なく、夏休みに子供が家で見るように放映したのでは。怖くて眠れないなどはなく、面白かった。日本人は最後は悲惨な状況で死んでいった。
・抗日のテレビドラマや映画もあったが、抗日映画の日本と今の日本はリンクしなかった。当時は、メディア、ドラマ、映画の影響も大きくなかった。抗日の映画はあったが、現実離れしていた。ニュースでも日本についてあまり報道されなかった。
・「地雷戦」、「地道戦」を見た。こうした映画は非常にシンプルで、日本兵が非常に滑稽に描かれていた。90年代は日清戦争のドラマがあり、中国の軍人が日本軍の学校に留学経験があり、日清戦争の会戦の際に留学中に知り合った日本の軍人と戦場で再会するという物語だった。

（ロ）見ていない　　　　　　　　1名

・映画館に行くのは贅沢。子供のころは18インチの白黒テレビで放送も少ない。抗日のドラマや映画が増えたのは最近。8、90年代は新しいものは少なく、古いものを見ていた。増えたのは2000年代以降。

（ハ）未回答　　　　　　　　　　1名

26　テレビや映画で日本にマイナスの感情をもったか
（1）20代
（イ）マイナスの感情をもった　10名
・「南京大虐殺」の映画を見たあと、女子生徒がショックを受けて泣いていた。憤慨し、全身にマシンガンをつけて日本へ行き、日本軍を皆殺しにしたいと思った。
・赤ん坊を槍で突き刺したり、妊婦の腹を裂くような残虐なドラマをみて、子供のころ眠れなかった。このようなドラマが多すぎる。日本人と仲良くなってから考え方が変わってきた。
・「地雷戦」、「地道戦」などの古いものはそうでもないが、新しいものは恐ろしい。残虐なシーンが多く描かれている。
・「王小二放牛」の物語を見て、日本軍は放牧している子供でさえ殺すのだと驚いた。
・抗日映画で日本の国旗を見て不愉快だったので、北京オリンピックの際、日本の国旗を見てやはり不愉快に感じた。国旗は「南京大虐殺」の映画にも出てくるので大変印象深い。
・嫌な感情がわいた。
・今は一日中あちこちで日本にマイナスの報道があり、主要メディアは人々の思考を日本を恨ませるように誘導している。こうしたメディアは社会的に影響が大きく、世論を誘導し、日本を敵視させる。習近平政権になってから、こうした傾向は更に強くなった。
・夜も眠れなかった。

・日本軍が集団で虐殺に来たらどうやって生き延びよう、銃で掃討したのち、息のある人を刀でとどめをさす。どうやったら上手に死体のふりができるか考えていた。

(ロ) そうではない　　　　　8名

・当時、自分はこうした映画を真面目に見なかった。戦争の題材の映画なんて面白くない。ドラマ、映画等は党にコントロールされている。全てのチャネルで日本に良い情報はない。
・学校での映画鑑賞会では、映画を見ずにゲームで遊んでいた。自分は興味が無い。面白くないし、見たくもなかった。

(ハ) 未回答　　　　　　　2名

(2) 30代以上
(イ) マイナスの感情をもった　5名

・感想文には日本へのマイナスの内容を書いた。反日感情は生活と宣伝に充満。学生にあのような残虐な場面を見せるべきではない。あの映画は学生にとって心の負担となり健康を損なう。
・反感をもったが、日本を敵視し、恨むようなことはない。映画が自分の考え方を変えるほどの影響を持っていたわけではない。
・醜悪な日本人のイメージを形成。女子生徒が泣いたなどはない。眠れなかったなどもない。おもしろくないので真面目に見なかった。

(ロ) そうではない　　　　　3名

・抗日のテレビドラマや映画もあったが、抗日映画の日本と今の日本はリンクしなかった。怖くて眠れなかったなどはない。中国軍が最後には勝つので楽しかった。
・日本人の残虐性を描くものではなく、どちらかというと娯楽的なコメ

　　　　ディー。
　　・日本への見方は悪くなったがそれほどでもない。眠れなかったようなこともない。今の20代は新しい抗日ドラマの影響が大きいから対日感情が悪いのではないか。

　　（ハ）未回答　　　　　　　　2名

27　日本の軍人の典型的イメージ（無能で滑稽、髭を生やし、バカバカ、ミシミシ言う）
　　（1）20代
　　（イ）同意する　　　　　　　14名

　　（ロ）同意しない　　　　　　1名
　　・そのイメージは自分の両親以上の世代のもの。

　　（ハ）未回答　　　　　　　　5名

　　（2）30代以上
　　（イ）同意する　　　　　　　8名
　　（ロ）同意しない　　　　　　2名

28　残虐な日本、侵略性の強い日本、変態の日本のイメージ
　　（1）20代
　　（イ）同意する　　　　　　　9名
　　・映画やドラマでは赤ん坊を放り投げて槍で突き刺したり、妊婦の腹を裂くシーンが出る。変態。
　　・人の殺し方が変態。日本人は理解しにくい。恥文化があり、自分の罪を隠したがる。

・変態のイメージは軍人の残虐行為から。
・かつての日本軍は、刀で子供を刺して遊んだという残忍な印象。現在は友好的に付き合っており、経済的結びつきも強く、そういうイメージはない。変態とのイメージは古代の割腹、戦時の殺人、ＡＶ、電車の痴漢。

（ロ）同意しない　　　　　　1名
・今の日本に侵略的とのイメージはない。発展した都市で、自分の生活を追求、侵略の意図などない。一部の政党、シンクタンクは別。変態というイメージはある。電車の人身事故、痴漢、酔っ払い。ストレスが多い。

（ハ）未回答　　　　　　　　10名

(4) 30代以上
（イ）同意する　8名
・残虐な日本、侵略的な日本、殺人の仕方が変態的な日本というイメージは、教科書からではなくのちの報道や映画、ドラマから来ている。

（ロ）未回答　2名

27　学校で実施された映画鑑賞以外の日本に関連する活動
(1) 20代
（イ）なし　　　　　　　　15名
・視察などの活動はなかった。町では5月3日の済南事変の日に警報が鳴らされた。起立して黙とうするとかはせず、大きな音で授業ができないので待っているような感じだった。警報が終わったら授業を再開した。これは小学生の時はなく、2001年ごろから毎年行われた。8月

15日は禁止された花火が一時解禁になった。中学の時に済南事変の日付を刻んだ記念碑ができた。発生日、時間、場所、死んだ人の名前、抗日戦争の意義などが書かれていた。登下校時に毎日通っていた。
・毒ガス戦の被害地だが、記念館の見学はなかった。入試対策で忙しかったからではないか。
・南京に遠足に行ったが、なぜか記念館は行かず、玄武湖にいった。
・自分の学校は行っていないが、他の学校は独山記念館に行ったと聞いている。
・杭州にはそのような施設はない。西湖には日中不再戦の碑があるくらいで、毎年アニメフェスタもあった。対日感情は良い方である。

（ロ）あり　　　　　　　　4名
・「南京大虐殺」記念館を見に行った。ショックだった。対日感情が悪くなった。
・731部隊の遺跡を見学した。
・キャンプで行った東方緑舟の空母の形をした展示館で抗日戦争の資料が展示されていた。
・1995年の戦勝50周年に元軍人の報告会があった。中南海の参謀本部のそばの小学校に通っており、クラスの3分の1が軍人家庭だった。元軍人は八路軍、日本軍の掃討、「三光政策」を紹介した。全体としてつまらなかった。

（ハ）未回答　　　　　　　1名

(2) 30代以上
（イ）なし　　　　　　　　8名
・細菌戦の記念碑も記念館もあるが、参観は実施されず。

・小学生の時は愛国関連施設はなく、中学、高校生の時にできた。平京戦役記念館や周鄧記念館に行った。平京は解放戦争に関するもので、周鄧は抗日戦争に限ったものではないが関連の展示あり。抗日戦争の記念館はない。見学後、感想文を書かされたがつまらないと思っていた。

（ロ）あり　　　　　　　　　1名
・元国民党の兵士で日本軍につかまり殺されそうになり生き残った兵士から体験談をきいた。日本軍の刀は急所をはずれ、日本軍は彼は死んだと思い現場を離れ、生き残った。その時の傷跡がまだ残っていた。全校生徒、他校の生徒もホールに集まって体験談を聞いた。彼は日本への恨みでなく、戦争の悲惨さを伝えていた。当時自分は4、5年生。

（ハ）未回答　　　　　　　　1名

28　日本のアニメ、ドラマ、ポップスなど日本文化が好きか
（1）20代
（イ）好き　　　　　　　　　17名
・小学生の時は寄宿生で、先生が夜に教室で「星闘士星也」を見せてくれた。
・アニメはそもそもみない。父がとった日本の写真をみていた。日本の人形も好き。祖父も日本から新車を輸入。
・小説の「陰陽師」は高校の時、図書館で繰り返し読んだ。
・大学2年より前は日本を嫌いだが、日本のアニメを見ていた。
・日本のアニメやドラマを好きなクラスメートは多かった。
・戦国時代のテレビゲームで遊んでいた。日本のアニメで日本に好感を持った。同級生に玉置浩二が好きな学生もいた。彼らからCDを借りて自分も好きになった。日本文化、旅行に興味があった。特に戦国時

代がおもしろい。「白岩松が日本を見る」との番組を見て、日本に関する本を買うようになった。
・2000年以降は日本のアニメはテレビから消えた。

挙がった具体例：スラムダンク、桜の花道、コナン、どらえもん、ちびまるこちゃん、ウルトラマン、酒井法子、ドラゴンボール、名探偵コナン、NARUTO、聖闘士星也、村上春樹、井上靖、山岡荘八、code geass、claymore、太宰治、村上龍、ノルウェイの森、セーラームーン、にんたま乱太郎、ワンピース、東京ラブストーリー、魔女の条件

（ロ）そうでもない　　　　　1名
（ハ）未回答　　　　　　　　2名

(2) 30代
（イ）好き　　　　　　　　　10名
・90年代は日本のドラマが多く放送され、日本に対する批判的な報道も少ない。花の子ルンルン、一休さん、鉄腕アトム、ドラえもん。
・日本の家電が歓迎され、松下のカラーテレビが憧れであり、CCTVではドラえもんが放送されていた。日本製品ボイコットというような雰囲気がなかった。
・週に1回白黒で放送されるのを楽しみにしていた。
・日本の文学やアニメ、ドラマの方がおもしろかった。90年代は東京ラブストーリーやいたずらなキスが放映されていた。民間は友好という感じがした。セーラームーンなどを見た。日本人はなんでも真面目で頑張るとの印象。
・日本のテレビゲームをするために、昼休みに友達と学校を抜け出した。
・クラスメイトはみんなアニメが大好きで、これらのアニメを通じて日

本を理解していた。
- 毎日「燃えろアタック」を見ていたし、山口百恵や高倉健のドラマもやっていた。イメージもよく、清潔な国とのイメージ

挙がった具体例：恐竜戦隊コセイドン　東京ラブストーリー、君よ憤怒の川を渡れ、おしん、一休さん、鉄腕アトム、花の子ルンルン、ドラえもん、ドラゴンボール、スラムダンク、星闘士星矢、ウルトラマン、セーラームーン、燃えろアタック、キャプテン翼、コセイドン、川端康成、水上勉、大江健三郎、村上春樹、高倉健、山口百恵、赤い疑惑、姿三四郎

29　アニメ等の日本文化により、日本への悪いイメージは薄くなった。

　(1) 20代

　（イ）同意する　　　　　　　　　　17名
- 日本が戦争で残虐なことをしたと学んだが、自分が経験したことでもなく、戦争の歴史を学んでも実感できなかった。「南京大虐殺」も単なる知識。日本好きは変えられず。

　（ロ）同意しない　　　　　　　　　0名

　（ハ）未回答　　　　　　　　　　　3名

　(2) 30代

　（イ）同意する　　　　　　　　　　10名
- 昼間は学校で教科書を学び、放課後は毎日クラスメイトと日本の漫画を見ていた。当時日本への反感は強くなかった。
- 学校で日中戦争について学んでも、日本のアニメが好きで、日本にもいいものがあると思い、侵略した日本と今の日本は別だとの印象。
- 学校で日中戦争について学んでも、中学の時は帰宅すればスラムダン

クをみていた。友人とそればかり夢中で見ていた。

30 父は日本に批判的か

(1) 20代

(イ) 批判的でない　　　　　　　　　　12名

- ニュースを見て反日教育だ、自分でどう解釈するか考えるよう指摘した。
- 最初は良くない印象があったようだが、日本で仕事をして日本に対する見方が変わったと言っていた。
- 日本企業と協力し、頻繁に日本に出張していた。信用できるし、商売しやすいと言っていた。自分は、父が日本と仕事をしているからか、日中関係が良いことを望んでいた。
- 日本の家電製品がとても良いと言っていた。
- 出張で日本に行き、一人で鎌倉に行った際、道がわからなかったが、日本人に親切にしてもらったことを今でも印象深く語っている。
- 出張で訪日し、ラジオをお土産に買ってきてくれた。日本への印象は良い。でも、父方親族は軍人で、日本を悪く言う。日本人は悪い人たちで、中国人をたくさん殺したと聞かされた。
- 父は環境系の会社に勤めており、日本の技術をよく知っていた。日本のスーツを持っていた。

(ロ) 批判的　　　　　　　　　　3名

- 報道を信じている。
- しばらく滞在するのは良いが、結婚も永住もだめだと言っている。

(ハ) 特に語らず　　　　　　　　　　5名

- 父は文化大革命の記憶が強く、政治的な話をしなかった。

(2) 30 代以上

　（イ）批判的でない　　　　　　　　　　8 名

- 蘇州の村は日本に占領された。父はまだ小さい時で、蘇州の方言の子供 xirhai というニックネームをつけられて遊んでもらった。蘇州占領中、流血の事態はなかったと父から聞いた。
- 両親は日本について語ったことはない。抗日ドラマや映画を見るのが好きだが、日本を嫌いではない。高倉健や山口百恵の映画も好きだ。
- 共産党を好きではなく、日本に親戚がおり、日本の話を聞いていたので、出国することに反対しなかった。
- 両親は日本のドラマで山口百恵やおしんを見ていたので、日本に良いイメージを持っている。
- 父は、80 年代に日本語を学んだことがある。戦争のせいで日本が良くないとの意識は特になかった。父は普通の労働者で 80 年代はじめは日中友好の雰囲気があり、日本のドラマも映画も人気があった。父は興味をもち、仕事で使うわけではないが自ら教材を買い、学校を探して基礎的な日本語を学んだ。
- 国交正常化ののち、日本の映画を見て良い印象を持っていた。

　（ロ）批判的　　　　　　　　　　　　　0 名

　（ハ）特に語らず　　　　　　　　　　　2 名

- 両親から日本についての話を聞いたことがない。

31　母は日本に批判的か

　(1) 20 代

　（イ）批判的でない　　　　　　　　　　6 名

- 母は日本に好感を持っている。親しい友人が日本で長年生活しており、山口百恵、「サインはＶ」を見ていた。

・日本企業のKOSEIに勤めており、日本への好感度が高かった。

　（ロ）批判的　　　　　　　　　　　7名
　（ハ）特に語らず　　　　　　　　　7名

(2) 30代以上
（イ）批判的でない　　　　　　　　　8名
　・母は、戦争中二階建ての家に住んでおり、日本兵が二階に来て外を見張っていた。銃を持っていたが、危害を加えなかったと語ってくれた。

　（ロ）批判的　　　　　　　　　　　0名

　（ハ）特に語らず　　　　　　　　　2名

32　祖父母から聞いた話（祖父母が複数いるため複数回答あり）
(1) 20代
（イ）直接経験した戦争中の日本軍の残虐行為　　6名
・空爆の際、爆弾を避けるため水の中に身を伏せた。
・祖母が、夜中に日本軍が来たので村人と一緒に隠れ、人を殺し、物を略奪するのをみた。祖母は日本留学には反対せず。
・村の人たちと一緒に隠れた。女性を連れていき、人を殺し、首を切っていた。
・村の人たちが隠れて食料や女の人が奪われた。日本に対してマイナスの意見を持っている。共産党を無条件に支持している。
・母方の曾祖母と曾祖父は南京から避難中に村が掃討にあい、日本軍が井戸に毒を投げ込んでその井戸水を飲んで死んだ。
・曾祖父は日本軍に連行され強制労働させられて死んだ。

（ロ）日本軍に遭遇したが、残虐行為はなかった　　　6名
・日本が南京を攻めたとき上海に避難していたと聞いた。
・日本軍は馬に乗りきちんと隊列を組んで行進していたと聞いた。
・日本軍から食べ物をもらった、いい人だったと聞いた。
・祖母は少し爆撃があったがあとは普通の生活をしていたと言っていた。
・曾祖母は悪いこと、人殺しをするように見えない、飴をもらったと言っていた。

（ハ）直接経験していないが、日本には反感がある　　　2名

（ニ）直接経験しておらず、日本に反感はない　　　1名

（ホ）特に語らず　　　8名

(2) 30代以上

（イ）直接経験した日本軍の残虐行為　　　1名
・海南島が日本に占領されてから、人々に労働させ、ビルを建設させた。指示に従わないと殴り、銃殺した。日本軍が来たとき、村人と洞窟に隠れていたと聞いた。

（ロ）日本軍に遭遇したが、残虐行為はなかった　　　5名
・祖母の弟は傀儡政権の憲兵だった。祖母は子供のころ日本軍から物をもらった、いいこともした、優しい面もあったと語った。映画の中の日本軍と違う印象だ。
・舅が機械工場で働いているが、日本の技術を高く評価。日本のエンジニアとも交流。独学でテレビ講座を通じて日本語を勉強した。祖母は日照出身で日本軍は飴をくれた、殺人はなかったと言っていた。

・日本軍が南京へ進軍する時通過したが、残酷なことはなかった。伯父は村人と農村から少し離れた河辺に避難したが、流れ弾に当たり、今でも体に弾が残っている。日本を恨んでいないと言っている。
・祖母は1940年代前半に瀋陽に住んでいたが、大きな戦闘はなく、戦争中日本人は都市に集中し、あまり交流はなく、悪いことは起こらなかった。日本に対しあまりいいイメージはないが、市街地にソ連の戦車が入ってきた印象の方が強い。ソ連兵が酔っぱらって鍋で揚げている油条を手で取り出して食べたと言っていた。

(ヘ) 特に語らず　4名
・祖父母は日本人と直接接したのだろうが、日本人についてあまり語らなかった。近所の老人からは開拓団の話を聞いた。日本軍からジャガイモをもらったという話や、日本人は清潔感があったという話も聞いた。
・早くに亡くなったため。
・日本軍が来なかったため。

33　テレビ、映画、ネット、周りの人の発言と比べた教科書の影響力
(1) 20代
(イ) 文系 (14名)
(a) 教科書の影響の方が大きい　　　　　　　　　　2名
・テレビ、メディアよりも教科書の影響が大きい。良い大学に行くため教科書を使って受験勉強した。予習、授業、復習を通じて集中して学ぶ。
・大学入試の準備でほとんどの時間がとられる。教科書の影響は大きい。

(b) テレビ、映画、ネットなどの方が大きい。　　　4名

・普段の生活の中で普通にテレビ番組に接している。生活の中で日本がどれほど残虐かというものに触れてきた。幼稚園の子供に聞いても日本について悪いことばかり言うのでは。テレビでは24時間抗日に関するものが放映されている。特に8月15日。宣伝部の指示か。
・教科書は党の正統性を強調し、対日観への影響は大きくない。宣伝の要素が強い。今の日本についてはテレビや映画、アニメから、真実の日本を理解しようとしている。教科書は対日観の形成にとりそれほど重要でない。試験突破のために勉強し、試験が終わると忘れてしまう。日本を嫌いだとの印象は、報道、ネット上の反日的内容、日中の外交的衝突から。
・報道も教科書もトーンは同じ。テレビや映画の方が影響は大きい。四川大地震の際の緊急援助隊の報道が印象深い。尖閣や靖国に関する政府の宣伝が国民を駆り立てている。
・報道の方が影響は大きい。教科書は対日感情に影響なし。自分の世界観の一部にはならない。

(c) 受験のツールに過ぎない（重複回答あり）　　　4名

(d) 教科書の影響はない　　　1名
・教科書も抗日映画もドラマも影響ない。メディアもプロパガンダで人の心を感動させない。情報としては知っている。

(e) 同じくらい　　　7名
・教科書と報道は党にコントロールされている。日本に良い情報はない。何か問題があれば一日中報道している。
・教科書は試験のツールとして暗記した。日本の総理の靖国参拝で中国の報道が過熱しているが、報道内容は教科書の日本の侵略に関するものと同じ。教科書をもう一度取り出し読み直しているようなもの。

・日本の侵略が強調されているとの印象はテレビから来るもの。記念日には学校では言及はないが、テレビでは一日中放送されている。対日観への影響は教科書とメディアが半々くらい。戦前の歴史の知識は教科書から、戦後の知識は報道から。メディアの報道内容は戦前については教科書の内容とほぼ同じ。子供のころは教科書の影響が大きく、子供のころ対日観の多くは教科書から。朝7時に登校し夜8時半まで授業と復修で、昼間の太陽をみたことがない。受験勉強は15％くらいが歴史。

・教科書は青少年への影響大。大学入試のために教科書に多くの時間を割く。力も入れる。教科書、マスコミ、映画などが組み合わさって対日感情を形成。マスコミや映画も党の主流価値観に合うもの。正しい歴史観に合致するもの。マスコミが日本を敵視し、ずっと日本に関するマイナスの内容を報道。世論が誘導され、歴史に関心のない青少年も日本を敵視してしまう。習近平政権以降は特にそう。人民日報と同じトーン。教科書も同じ。

・中高生の時はテレビの影響で「憤青」になり、日本を嫌っていた。独立した思考ができず、外部で流れる情報をそのまま信じた。大衆に迎合する心理があり、日本のことを悪く言うと、一緒に悪口を言う傾向があった。メディア、テレビは人々の感情に直接、日本が残酷だという意識を植え付けるが、印象が残るのは2、3日のこと。教科書のように物事の価値観は形成しない。テレビで聞いた日本語は、北朝鮮の言葉のように恐ろしかった。

（ロ）大学入試の歴史を受験せず（理系・日本留学）（6名）

(a) 教科書の影響の方が大きい　　　　　　　　　0名

(b) テレビ、映画、ネットなどの方が大きい。　　　5名
・子供のころ日本は悪いことをした国との感覚。映画などから刺激を受

けて、主人公のように感情移入し、仕返ししろ、と思った。学校では真面目に勉強せず、教科書は聞き流していた。教科書のせいで必ずしも反日の感情を持つわけではない。教科書は生活の一部にすぎず、一般の生活の中で周りの人、映画やテレビ、ネットの影響の方が大きい。

・テレビには抗日戦争に関するものが多く、こちらの方が影響力は大きい。

・戦前のことはテレビの内容は教科書の内容と同じ。戦後についてはテレビは教科書より影響大。日中関係が良いときは日本の良い情報を、悪い時は悪い情報を流す。靖国についても歴史的経緯を説明し、国民の感情を誘導している。

・教科書は対日感情に対して大きな影響はない。入試のために暗記させられたもので、学ぶよう強制されたもの。影響力はドラマ、メディア、映画に比べて小さい。メディアやドラマや映画は自分で選んで見るもの。二国間に何か事件があると、日本が過去に何をしたか、如何なる災いがもたらされたのか大量に報道される。教科書は自分の価値観には関係ない。受動的に学ぶよう強制されたもの。価値観の形成は周りの人からの影響も大きい。

(c) 受験のツールに過ぎない（重複回答あり）　　1名

(d) 教科書の影響はない　　0名

(e) 同じくらい　　1名
・価値観を形成する時期に触れるもので、両方とも影響大。

(2) 30代以上
(a) テレビ、映画、ネットなどの方が大きい　　10名

- 教科書の対日観への影響はとても少ない。教科書の印象もあまり残っていない。教科書はあまり重要ではない（40代）。
- メディアや家の人の話の方が対日感情への影響は大きい。メディアは国による宣伝で世論を導いている。靖国神社参拝で世論を刺激し、史実の発掘がはじまり、つみあがっていく。こうした政治的宣伝により日本が好きではないという感覚が形成され、政治家の発言で「百人斬」の写真がメディアに掲載され、このような報道が多くなると日本は残虐だとのイメージが形成されていく。80年代に靖国参拝や教科書問題の影響で、新聞やテレビの政治的宣伝が多くなった。一日中あちこちで批判的宣伝がなされていた。日本に対する悪い印象は、教科書からではなく、こうした報道からきたものだ（40代）。
- 日本へのマイナスの感情は教科書以外から来た。音楽の授業では抗日の歌を歌った。たとえば、「大刀行進曲」、「黄河大合唱」、「松花江上」など。教科書の対日感情への影響は大きくない。試験のために学んだ。影響があるのは社会的な宣伝。自分の周りの人の発言と社会的な宣伝の方が影響は大きい。報道、映画、テレビ、インターネットと比べて、教科書は最も影響力が小さい。試験のために受動的に、強制されて学ぶものだ。内容にも興味はなく、政府の考えを強要している。
- 報道やドラマ、映画、ネット、社会的雰囲気、周りの人の意見の方が影響が大きい。教科書の内容はすぐに忘れてしまい、自分の心に触れなかった。家族に抗日戦争で亡くなった人がいれば違うのかもしれない。
- 政治的報道により、日中の問題がクローズアップされ、日本の好き嫌いが分かれていくのではないか。教科書は対日観への影響はあまりない。教科書には日本に関する内容も多くない。しかし、教科書を通じて日本の作家を理解した。歴史の教科書は対日観に全く影響ない。つまらないもので年表の暗記。
- ドラマ、メディア、映画、自分で選んでみたもの、学んだものの方が

影響が大きい。CCTV の日本語講座をよく見ていたし、日本に滞在したことのある親戚からは、90 年代の神戸の震災や、不法滞在したら強制労働させられて、後に強制退去させられると聞き、自分なりの日本のイメージを持っていた。教科書の影響力は限られたものである。教科書は仕方なく学んだもので、大学受験のためのもの。

・教科書は対日感情に対して特に大きな影響はない。ニュース、ドラマ、映画、新聞、インターネットに比べて教科書の影響は大きくない。テレビゲームやアニメ、ドラマから日本を見ていた。教科書を通じて見ているわけではない。報道に触れ、日本のドラマ、アニメを好んで見る。メディアの報道に誘導され、日本を良くないと思うのかもしれない。報道の戦争に関する内容と教科書の方向性は一致。

・高校生になると自らの判断能力もあり、教科書やこうした抗日映画で日本への印象が悪くなるわけではない。中国人は現実的で、経済的視点もある。日本の映画や製品も好まれていた。メディア、ドラマの影響に比べると、教科書の対日観への影響は小さい。メディア、ドラマは娯楽でもある。

・日本に対する悪いイメージは教科書からというより映画から。教科書の対日感情への影響は 3 割くらい。映画やドラマは断片的だが、教科書からは歴史の知識を系統立てて得ることができる。社会の雰囲気、テレビ、新聞、ドラマや映画、ネットの影響も大きい。当時は報道でも強い日本批判はなく、日中関係は良好。対中 ODA も多く、日本に対してマイナスの政治的意識はなかった。

　（b）受験のツールに過ぎない。（複数回答あり）　　　　4 名

34　日本に対しプラス、マイナス両方の感情がある。プラスはアニメ、ドラマ、映画、日本製品などの現代の日本文化、マイナスは侵略戦争をした日本。（全員同意）

・抗日戦争というと、ひげを生やし、ばかやろ、メシメシと言い、失敗ばかりするバカな日本人のイメージが浮かぶ。昔、中国から学んだ国が、強くなって中国を侵略し、負けても反省しないとのイメージがある。村上春樹の小説や映画のラブレターも人気。政府が宣伝し、「釣魚島問題」や靖国問題で国民を駆り立てている。中国人の中で日本へのイメージは二面性がある。
・かつて中国を侵略した国という印象と、進んだ文化、技術の国という正負両方の印象がある。
・侵略した悪い国というイメージと、アニメ、ドラマ、先進技術の日本という良いイメージの両方がある。一般的に過去の侵略は気にせず、日本製品を使っている。日本人は変態とのイメージもある。獣でも及ばないと報道されている。真実は、日本人は良い人、軍人が悪い人、戦争に反対する人もいた、ということ。
・アニメ、ドラマ、先進家電の国という良いイメージと、中国を侵略した国という悪いイメージの二面性がある。子供のころは矛盾していると思わず、試験対策のための教科書の内容と、アニメ、ドラマの日本を別に考えていた。
・侵略した日本と今の日本は別という印象があった。

あとがき

　「中国の教科書に描かれた日本」との研究課題に対し、どれだけ迫ることができただろうか。本書を通じて中国の知識人達の歴史資料に基く実証的な歴史学を構築するための努力及び、中国国内で教科書について様々な議論があり、中国共産党内の意見も一枚岩ではないとの現状を御理解頂ければ、この上ない喜びである。また、未熟な筆者が気づいていない新たな問題点についてもご指摘頂ければ幸いである。

　また、中国の教科書における他国に関する記述との比較、各地の語文、地理、政治の教科書の対日記述ついては、筆者の力不足もあり本書では触れることができなかった。今後の課題としたい。

　筆者に本研究のきっかけを与えたは、2005年から2006年にかけて日本で起こった中国の歴史教科書に関する議論である。当時、中国において「反日デモ」が発生し、日本では中国の歴史教育が問題視された。その後、国会で中国の歴史教育に関する議論が行われ、当時の町村信孝外務大臣が中国の教科書を調査する必要性を指摘していた。そして、町村信孝大臣のイニシアチブにより、2006年から日中歴史共同研究が立ち上げられ、歴史認識に関する議論は、同共同研究に委ねられた。

　中国の教科書に日本がどのように描かれているかについては様々な先行研究があるが、年代別、科目別に扱った研究が少なく、全体像を明らかにしたい。これが本研究の出発点だった。本書が、日中の歴史認識に関する議論を深めるための参考資料として役立つことを願っている。

　本書を完成させるにあたり、早稲田大学の天児慧先生と劉傑先生からご指導頂いた。天児先生は試行錯誤する筆者を温かく導いて下さった。また、できるだけ多くの中国研究を志す後進に機会を与え、育てようとして下さって

いるその誠実な姿勢に筆者は大変感銘を受けている。また劉傑先生からは、中国の歴史学界に起こっている大きな変化を背景に教科書の対日記述の変遷を分析すべきとの大変重要なご指摘を頂き、筆者を「教育の『革命史観』から『文明史観』への転換」との結論へと導いて下さった。ここで、両先生に改めて感謝申し上げたい。同時に、天児ゼミ、劉ゼミに属する友人たち、また忙しい中時間を割いてインタビューに協力してくれた中国の友人たち、中国から貴重な書籍を購入して送ってくれた友人たちにも大変感謝している。

そして、これまで職場においても多くの先輩、同僚、友人たちに支えられてきた。こうした学術論文を完成することができたのは、職場において多くの貴重な機会を与えていただき、中国を分析する能力を鍛えて頂いたからに他ならない。また、現在も未就学児の育児をしながらという時間的制約のある中で、同僚から支えられ、助けられて何とか勤めさせて頂いている。

本書は、『早稲田現代中国研究叢書』として刊行していただいており、早稲田大学現代中国研究所に心より感謝申し上げある、また、出版にあたり、国際書院の石井彰社長からも多大なご支援をいただいた。改めて感謝申し上げる。

そして、本研究を始めるに当たり背中を押し、家事と育児を共に分担してくれた夫・拓がいたからこそ、本書を完成させることができた。また、夫はコンクリート工学という全く異なる分野の研究者であるが、学術研究の先輩として様々な相談に乗ってくれた。

また、息子と過ごす時間の中で、この子が大人になった時も、日本と中国が良い関係でいられるよう頑張らなければ、と決意を新たにしていた。本書の出版を力強くサポートしてくれた松田・田中両家の両親にも心から感謝したい。皆の支えがなければ、やり遂げることは難しかったと思う。本当にありがとう。

愛する息子の時代には、日中両国が成熟した関係へと成長していること、本書が両国の相互理解の一助となることを願って。本書を今まで私を支えてくれた日中両国の全ての人に捧げたい。

最後に、本書は筆者が勤務する組織の見解を示すものではなく、筆者個人、すなわち早稲田大学社会科学研究科博士課程に在籍する一学生の学術研究の成果であることを強調させていただく。

2016 年 9 月 29 日

　　　　　　　　　　　　　　　　　　　　　　日中国交正常化記念日の夜に

索 引

あ 行

愛国主義教育　9, 10, 11, 13, 16, 17, 21, 35, 36, 41, 43, 50, 131, 201, 226, 312, 315
芥川龍之介　75
アニメ　94, 220, 221, 222, 225, 298, 309, 310, 321, 330, 331, 332, 333, 339, 343, 344, 347
阿累　75
アンタイドローン　94, 96
安保理常任理事国　11, 152, 171, 172, 183
慰安婦　19, 165, 166
遺棄化学兵器　151, 152, 153, 189, 324
石原慎太郎　77, 132
一標多本　31, 33
一綱一本　31
一杯のかけそば　81, 213, 305, 306
英領ビルマ　48, 121, 124, 128, 129, 149, 177
江藤名保子　117
延安　114, 116, 120, 122, 123, 128, 130, 132, 136, 138, 141, 143, 145, 150, 152, 177
袁偉時　35
炎黄春秋　238
袁貴仁　15
王斯徳　234
汪精衛　114, 120, 128, 136, 137, 143, 144, 151, 166, 179, 190, 256
王雪萍　18, 20, 21
ODA　20, 92, 93, 94, 95, 132, 216, 307, 308, 309, 311, 314, 315, 316, 318
大平正芳　181, 182, 196
奥野誠亮　132

か 行

温家宝　15
階級闘争　41, 42, 43, 79, 132, 162, 184, 185, 235
海部俊樹　133
夏衍　79, 82
花園口　114, 118, 119, 124, 132, 165
革命史観　34, 35, 36, 41, 45, 46, 62, 183, 184, 185, 198, 231, 236, 237, 240
岳麓書社　183, 184, 185, 186, 188, 189, 190, 191, 192, 193, 194, 195, 197, 205, 210, 244, 250, 251, 286, 293
課程教材研究所　34, 42, 44, 45, 73, 117, 124, 125, 131, 161, 162
課程標準　13, 15, 19, 33, 34, 36, 45, 46, 58, 59, 60, 62, 64, 68, 70, 71, 72, 73, 85, 86, 91, 97, 98, 99, 139, 141, 147, 151, 153, 161, 162, 183, 184, 185, 189, 196, 197, 198, 202, 205, 210, 217, 226, 231, 232, 233, 234, 235, 237, 238, 239, 240, 243, 244, 249, 251, 253, 261, 262, 263
華東師範大学　33, 173, 233, 234
華北事変　135, 142, 148, 243, 247, 248, 249, 251
川島真　11
川端康成　81, 333
環境　13, 63, 68, 92, 98
環境保護　64, 65, 67, 70, 95
皖南事変　115, 122, 129, 130, 137, 144, 150, 166

菊池一隆　163
教学大綱　12,14,31,33,34,41,42,43,44,45,
　　46,58,62,63,71,72,73,86,96,97,141,
　　147,153,163,164,165,166,168,179,
　　185,189,191,196,197,198,202,205,
　　217,239,243,244,245,248,251,261
強制連行　47,60,121,129,131,165
清岡卓行　81
漁業乱獲　98,99,214,299
近現代史教育　10,12,13,16,43,48,96,97,
　　239
近代現代史　43,57,58,96,134,135,139,
　　141,142,146,166,189,191,205,245,
　　286,299
栗良平　81,213
軍拡　99,135,142,182,196
軍国主義　19,20,21,57,58,125,151,164,
　　168,169,170,171,182,214,253,302
建国以降の若干の歴史問題に関する決議
　　117,266
検定制　31,32,34,42,161,239
憲法　20,59,87,123,131,169,171,172,173,
　　308,314,316
江沢民　10,12,14,17,22,43,44,63,71,85,
　　96,97,134,239
高度経済成長　92,170,172,182,193,195,
　　216,307,308
抗日根拠地　114,115,116,117,119,120,
　　122,123,127,128,130,132,134,135,
　　136,137,138,140,141,143,144,145,
　　148,149,150,151,165,166,176,187,
　　213,305
抗日民族統一戦線　113,118,124,127,135,
　　140,142,148,150,164,175,179,187,

　　190,244,247,248,250,251
後方根拠地　135,165,176,179,188,190
後方戦場　165,176,177,187,189,190,191,
　　197,263
胡喬木　110,134
胡錦濤　14,15,146,151,237,238
国定教科書　31,162,185,198,245
国交正常化　47,56,168,172,176,179,181,
　　182,183,193,194,195,196,197,198,
　　214,216,237,302,307,308,309,335

さ　行

財閥解体　95,99,169,170,172,237,307
残虐行為　19,47,48,50,56,60,62,95,97,98,
　　99,114,125,131,132,133,139,140,141,
　　146,151,153,164,165,179,185,188,
　　191,192,197,207,211,212,216,225,
　　294,297,299,305,310,315,329,336,337
三権分立　92,95
三光政策　47,48,56,60,138,141,145,165,
　　190,191,208,209,223,289,291,316,330
サンフランシスコ講和条約　169,170,
　　172
志賀直哉　82
資産階級　26,62,92,93,95,123,131,150,
　　151,170,172,173,184,185,237,240,
　　259,260
社会主義現代化　12,13,14,31,42,43,46,
　　72,85,126
社会主義政治文明　184,185,237,240
習近平　15,16,238,252,254,255,326,340
朱漢国　33,183,253
聶栄臻　114,120,128,176,177,179
蒋介石　47,48,49,60,113,114,115,116,

明治維新　10, 52, 53, 55, 56, 57, 59, 62, 97, 98, 99, 146, 158, 163, 169, 170, 171, 172, 195, 212, 213, 225, 232, 237, 293, 294, 303, 304, 312, 316

毛沢東　13, 41, 85, 86, 114, 115, 116, 119, 120, 122, 123, 127, 130, 131, 136, 138, 139, 141, 143, 145, 150, 176, 177, 178, 179, 181, 188, 196, 209, 213, 247, 255, 256, 260, 261, 291, 304, 306

や　行

靖国神社　18, 58, 125, 132, 168, 172, 310, 342

唯物主義　13, 36, 41, 42, 43, 44, 45, 46, 72, 86, 163, 184, 260

楊靖宇　128, 223, 246, 252, 316

四行倉庫　114, 117, 119, 127, 135, 142, 148, 175

ら　行

李偉科　34, 133

陸蠡　82

歴史教科書問題　20, 35, 125, 132, 168, 172

歴史虚無主義　254, 255, 256, 257, 260, 263

歴史認識問題　19, 21, 58, 98, 124, 125, 126, 132, 147, 152, 153, 168, 169, 173, 180, 232

盧溝橋事変　113, 116, 118, 119, 124, 127, 135, 137, 140, 142, 144, 146, 148, 150, 179, 190, 191, 243, 304

魯迅　75, 79, 213, 305, 306

わ　行

和平演変　10, 44, 90, 96, 98, 133, 211, 294

索引 351

118, 119, 120, 122, 127, 129, 130, 136, 137, 142, 143, 144, 150, 164, 165, 166, 175, 188, 189, 190, 191, 243, 245, 246, 247, 248, 249, 250, 251, 257, 258, 259, 260, 261, 262, 263

聶華苓　76

正面戦場　117, 120, 124, 125, 127, 131, 132, 135, 137, 142, 143, 144, 146, 151, 153, 165, 176, 177, 179, 187, 188, 189, 190, 191, 197, 237, 263

12・9運動　247, 248, 249, 250, 251, 252

聶幼犁　233

新幹線　54, 56, 65, 171, 195, 214, 302

人治から法治へ　184, 185, 237, 239, 240, 262

人民教育出版社　31, 32, 33, 34, 41, 58, 63, 73, 97, 113, 132, 133, 147, 153, 154, 163, 166, 174, 180, 181, 183, 185, 188, 189, 193, 194, 195, 196, 197, 198, 205, 210, 232, 244, 245, 248, 249, 250, 286, 293

人民出版社　183, 184, 185, 186, 188, 189, 191, 193, 194, 197, 244, 245, 250, 253

西安事変　164, 211, 244, 248, 251, 293, 304

政治大国　20, 52, 53, 54, 56, 58, 94, 97, 99, 152, 168, 169, 182, 183, 193, 196, 307

尖閣　47, 56, 70, 98, 339

戦後　11, 18, 19, 20, 22, 52, 53, 54, 56, 58, 64, 87, 88, 89, 90, 92, 94, 95, 97, 99, 147, 152, 153, 161, 163, 165, 166, 167, 168, 169, 170, 172, 173, 179, 180, 181, 182, 183, 184, 185, 189, 192, 193, 194, 195, 196, 197, 198, 216, 221, 222, 223, 237, 294, 300, 307, 308, 309, 314, 316, 318, 320, 340, 341

蘇智良　162, 166

孫犁　76

た 行

第三次国共合作　118, 124, 125, 126, 153

第三世界　117, 126, 133, 152, 232

台児庄　114, 117, 119, 127, 135, 140, 141, 142, 148, 165, 176, 187, 190, 218, 294, 304, 322

第二次国共合作　124, 125, 135, 142, 175, 190

第二の経済大国　167, 169, 171, 172, 182, 193, 195

太平洋戦争　56, 57, 128, 137, 165, 177, 178, 179, 188, 190, 191

戴望舒　76

田中角栄　168, 172, 181, 182, 183, 193, 194, 195, 196, 197, 307, 308, 309

田中上奏文　58, 146, 187, 189, 197, 245, 248, 253, 316

端木蕻良　76

陳安宝　124

中央党校　33, 239, 254

中国教育部　33, 34, 110, 163, 183, 185, 234, 240, 243, 252

中流砥柱　123, 124, 130, 132, 146, 152, 153, 226, 252, 256, 262, 263

張学良　164, 245, 248, 250, 251, 258, 259

張寒暉　76

張自忠　121, 124, 129, 137, 144, 187

壺井栄　81

坪内逍遥　75

帝国主義国　47, 52, 53, 55, 56, 57, 74, 75, 89, 90, 116, 123

天安門事件　10, 43, 44, 90, 93, 96, 132, 133,

254, 289
田間　75
東亜新秩序　136, 139, 143
東京五輪　170, 172, 173
鄧小平　10, 12, 73, 86, 261, 295
党中央党史研究室　163, 256
党中央文献研究室　33, 239, 255
冬明　77
毒ガス　47, 95, 121, 129, 138, 144, 145, 149, 165, 186, 190, 191, 219, 330

な 行

中曽根康弘　125, 132, 182
731部隊　19, 121, 125, 148, 165, 190, 291, 293, 316, 324
南京大虐殺　11, 19, 47, 56, 58, 60, 62, 76, 77, 114, 118, 125, 127, 131, 132, 139, 140, 141, 165, 168, 175, 179, 185, 186, 188, 191, 207, 208, 209, 210, 211, 214, 215, 218, 219, 220, 225, 238, 239, 255, 288, 289, 290, 291, 293, 294, 295, 297, 298, 299, 301, 312, 322, 323, 324, 326, 330, 333
日米安保条約　170, 171, 172, 180
日中共同声明　168, 182, 183, 193, 194, 195, 196, 197, 237
日中平和友好条約　183, 196, 237
日中歴史共同研究　11, 17, 50, 146
農地改革　95, 169, 172

は 行

巴金　82
バブル崩壊　193, 194
反日教育　9, 11, 19, 50, 201, 217, 226, 311, 312, 334

反日デモ　20, 309
反ファシズム戦争　121, 123, 125, 126, 129, 131, 134, 135, 139, 142, 145, 146, 149, 151, 165, 178, 188, 189, 191, 197, 250, 252, 253, 262, 263
百団大戦　115, 121, 130, 138, 140, 141, 145, 149, 166, 176, 179, 187, 190, 191, 211, 213, 224, 256, 290, 294, 304, 305, 317
百人斬　127, 140, 211, 214, 288, 295, 297, 302, 392
氷心　79
ファシズム国家　52, 53, 55, 56, 57, 59, 97
藤野先生　75, 213, 305, 306, 307
文化大革命　9, 62, 117, 184, 209, 255, 309, 334
文明史観　34, 35, 45, 59, 62, 98, 161, 162, 163, 164, 166, 183, 184, 198, 231, 237, 238, 239, 240, 255, 260, 262, 263
北京五輪　173
北京師範大学　32, 33, 183, 253
防災　63, 64, 70, 98, 99, 237
茅盾　75, 79
彭徳懐　138, 141, 145, 149, 165, 166, 176, 187, 190, 256

ま 行

満州事変　47, 56, 133, 147, 148, 189, 243, 244, 248, 249, 250, 251, 252, 253, 258, 259, 260, 262
水上勉　75, 82, 333
民主化　19, 20, 168, 171, 172, 195, 198, 216, 255, 289, 307, 309
民主改革　169, 170, 172, 173, 182, 183, 195, 196, 197

国際政治

五石敬路編
東アジアにおける都市の貧困
87791-214-7　C3031　　　　　　A5判　264頁　2,800円

[東京市政調査会都市問題研究叢書⑭] 自立を促す福祉の仕組みを考慮しつつ中国・上海に注目しその貧困と社会保障のあり方を論じ、稼働層と非稼働層の違いに着目しつつ日本、韓国、台湾における貧困問題および社会保障の特徴と有効性について分析する。　　　　　　　　　　(2010.12)

五石敬路編
東アジアにおける都市の高齢化問題
――その対策と課題
87791-223-9　C3021　　　　　　A5判　203頁　2,800円

[東京市政調査会都市問題研究叢書⑮] 高齢化問題にかかわり都市行政、介護の課題、所得分配に及ぼす影響、税法との関連さらに少子高齢化などの対策、中国における戸籍人口・常住人口の高齢化、流動革命と都市「郡祖」現象など事例研究をとおして論ずる。　　　　　　　　　　(2011.12)

五石敬路編
東アジアにおけるソフトエネルギーへの転換
87791-251-2　C3033　　　　　　A5判　233頁　3,200円

[東京都市研究所都市問題研究叢書⑯] 新エネルギー問題を共通テーマに、日本からは原発問題から自然エネルギーへの模索を、韓国では温暖化防止の観点から、中国は産業化に伴う環境問題に焦点を当て論じている。　　　　　　　　　(2013.7)

宇野重昭
北東アジア学への道
87791-238-3　C3031　¥4600E　A5判　395頁　4,600円

[北東アジア学創成シリーズ①] 北東アジアという表現は「地域」に表出される世界史的課題を改めて捉え直そうとする知的作業である。その上で北東アジアの現実的課題を浮き彫りにするきわめて現代的作業なのである。　　　　　(2012.10)

福原裕二
北東アジアと朝鮮半島研究
87791-270-3　C3031　¥4600E　A5判　267頁　4,600円

[北東アジア学創成シリーズ②] グローバル化した世界状況にあって普遍性を追究する立場から、「朝鮮半島問題」としての韓国・北朝鮮における秩序構想・統一・民族主義を論じ、竹島／独島問題を通して課題解決への展望を模索する。　(2015.7)

松村史紀・森川裕二・徐顕芬編
東アジアにおける二つの「戦後」
87791-225-3　C3031　　　　　　A5判　285頁　2,800円

[WICCS 1] 総力戦および冷戦という二つの戦後が東アジア地域につくり上げた構造を、アジア太平洋国家としての米・ロ・中・日をはじめとした東アジアの政策変容を追究し国際政治学の原点に立ち返って考察した。　　　　　　(2012.3)

鈴木隆・田中周編
転換期中国の政治と社会集団
87791-253-6　C3031　　　　　　A5判　255頁　2,800円

[WICCS 2] エリートと大衆、都市と農村の断層などを抱えながら、中国は劇的変化を続けている。本書ではさまざまな専門領域・問題意識から集団の変化の実態を明らかにしながら、社会の側から国家・社会関係の変容を考察する。　(2013.10)

中兼和津次編
中国経済はどう変わったか
――改革開放以後の経済制度と政策を評価する
87791-255-0　C3033　　　　　　A5判　467頁　4,800円

[WICCS 3] 市場制度・多重所有制への転換による高度成長によって、経済制度・政策、社会組織、政治体制はどのような変化をし、そうした政策・制度の新展開をどう評価すればよいのか。本書はその本質に迫る。　　　　　　　　　(2014.2)

新保敦子編
中国エスニック・マイノリティの家族
――変容と文化継承をめぐって
87791-259-8　C3036　　　　　　A5判　285頁　2,800円

[WICCS 4] 中国におけるモンゴル族、回族、朝鮮族、カザフ族、土族など少数民族における民族文化の伝承あるいは断絶といった実態を教育学の視点から実証的に検証した。アンケート調査、口述史をもとにした調査・研究である。　(2014.6)

国際政治

宇野重昭編
北東アジア地域協力の可能性
87791-199-7　C3031　　　　A5判　273頁　3,800円

日中の研究者により、「グローバライゼーション下の『北東アジア地域協力の可能性』を模索する」。「歴史認識問題」認識の重要性を確認し、アメリカの存在を捉えつつ「国際公共政策空間の構築の可能性」を探る。　　　　　　　　　　　　(2009.10)

飯田泰三・李暁東編
転形期における中国と日本
——その苦悩と展望
87791-237-6　C3031　￥3400E　A5判　321頁　3,400円

東アジアにおける近代的国際秩序を問い直し、中国の市場主義の奔流・日本の高度成長の挫折、この現実から議論を掘り起こし「共同体」を展望しつつ、日中それぞれの課題解決のための議論がリアルに展開される。　　　　　　　　　　(2012.10)

環日本海学会編
北東アジア事典
87791-164-2　C3031　　　　A5判　325頁　3,000円

国際関係、安全保障、共同体秩序論、朝鮮半島をめぐる課題、歴史問題とその清算、日本外交、学術交流、局地経済圏構想、市場経済化と移行経済、人の移動と移民集団、文化・スポーツ交流など現代北東アジアが一望できる。　　　　　(2006.10)

飯田泰三編
北東アジアの地域交流
——古代から現代、そして未来へ
87791-268-0　C3031　￥3800E　A5判　299頁　3,800円

文明論的論争・歴史認識など、歴史と現在について具体的知恵が創出されてくる具体的事例から学びつつ、グローバル・ヒストリーとしての現在・未来への鍵を見出し、北東アジアの今後の協力・発展の道をさぐる。　　　　　　　　　(2015.7)

宇野重昭・江口伸吾・李暁東編
中国式発展の独自性と普遍性
——「中国模式」の提起をめぐって——
87791-273-4　C3031　￥3800E　A5判　391頁　3,800円

国家と市民社会および市場経済と格差といった視角から、「中国模式論」の独自性・普遍性を探究する。人民を組織して当事者にできるのか、さらに国際秩序との相互作用によってどのように荒波を乗り切るのか。　　　　　　　　　　(2016.3)

新藤宗幸監修、五石敬路編
東アジア大都市のグローバル化と二極分化
87791-163-4　C3031　　　　A5判　237頁　3,200円

[東京市政調査会都市問題研究叢書⑩]　東京、ソウル、香港、上海を素材に低所得住民個々人の生活実態に着目し、二極分化に至る多様性の追究をとおして、グローバル化というものが東アジアに与える影響だけでなく本書は、世界が二極分化する警鐘を乱打する。　　　　　　　　(2006.10)

三宅博史・五石敬路編
膨張する東アジアの大都市
——その成長と管理
87791-174-4　C3031　　　　A5判　291頁　3,600円

[東京市政調査会都市問題研究叢書⑪]　東アジアの大都市での人口変動の推移、不動産価格の変動などによる住民生活への影響を検討し、政府・自治体による対応を整理する。さらにインナーエリアの実態、環境改善、コミュニティーの対応などを課題として提起する。　　　　　　(2007.11)

五石敬路編
東アジアにおける公営企業改革
87791-187-4　C3031　　　　A5判　345頁　3,800円

[東京市政調査会都市問題研究叢書⑫]　水不足が深刻化されはじめた今日、本書では水道事業における中国・韓国・プノンペン・マニラ・日本での改革の変遷を主に扱いながら、近年登場した民営化論とのかかわりで、公営企業の今後の展開を追究する。　　　　　　　　　　　　　(2008.9)

五石敬路編
東アジアの大都市における環境政策
87791-200-0　C3031　　　　A5判　281頁　3,800円

[東京市政調査会都市問題研究叢書⑬]　住宅、食べ物、リサイクル、景観といった課題に、それぞれ利害関係を持ちながら地域住民や自治体が法的・制度的・財政的にどのように対応しようとしているのか、東京、ソウル、上海などを事例に論ずる。　　　　　　　　　　　　　　(2009.10)

国際政治

江口伸吾
中国農村における社会変動と統治構造
―改革・開放期の市場経済化を契機として
87791-156-1　C3031　　　　A5判　267頁　5,200円

改革・開放期における市場経済化を契機とする農村地域の社会変動に対応して、基層政権が下位の社会集団、利益集団といかなる関係を再構築しつつあるかを跡づけ、農村地域の統治構造の再編のゆくへを考察する。
(2006.3)

張　紹鐸
国連中国代表権問題をめぐる国際関係（1961-1971）
87791-175-1　C3031　　　　A5判　303頁　5,400円

東西冷戦、中ソ対立、ベトナム戦争、アフリカ新興諸国の登場などを歴史的背景としながら、蒋介石外交の二面性に隠された一貫性に対し、アメリカ外交政策の決定過程を貴重な一次資料にもとづいて跡付けた。
(2007.12)

宇野重昭・別枝行夫・福原裕二編
日本・中国からみた朝鮮半島問題
87791-169-3　C1031　　　　A5判　303頁　3,200円

課題を歴史的・世界的視野からとらえ、軍事的視点より政治的視点を重視し、理念的方向を内在させるよう努めた本書は大胆な問題提起をおこなっており、こんごの朝鮮半島問題解決へ向けて重要なシグナルを送る。
(2007.3)

宇野重昭／増田祐司編
北東アジア地域研究序説
87791-098-0　C3031　　　　A5判　429頁　4,500円

北東アジア地域の経済開発と国際協力の促進を目ざし、出雲・石見のくにから発信する本書は、全局面でのデモクラシーを力説し社会科学を中心に人文・自然諸科学の総合を実践的に指向する北東アジア地域研究序説である。
(2000.3)

増田祐司編
21世紀の北東アジアと世界
87791-107-3　C3031　　　　A5判　265頁　3,200円

北東アジアにおける国際関係の構造、世界経済、経済開発と中国、豆満江開発の事例研究さらに市民交流・文化交流などを論じ、21世紀における北東アジアの地域開発と国際協力の具体的可能性を探る。
(2001.3)

宇野重昭編
北東アジア研究と開発研究
87791-116-2　C3031　　　　A5判　581頁　5,800円

北東アジア研究、中国研究、開発研究、国際関係・国際コミュニケーション研究といった角度から、本書ではグローバリゼーションの開放性とローカリゼーションの固有性との調和・統合の姿を追究する。
(2001.6)

宇野重昭編
北東アジアにおける中国と日本
87791-121-9　C3031　　　　A5判　273頁　3,500円

日本、中国それぞれのナショナル・アイデンティティ及び北東アジアを中心とした国際的責務を再認識する観点から日中間を、世界史・人類史の一環として位置づけることが重要となる視点を様々な角度から提示する。
(2003.3)

宇野重昭／勝村哲也／今岡日出紀編
海洋資源開発とオーシャン・ガバナンス
―日本海隣接海域における環境
87791-136-7　C1031　　　　A5判　295頁　3,400円

海の環境破壊が進む今日、本書では「オーシャン・ガバナンス」として自然科学はもとより社会科学の諸分野も含め、課題をトータルに取り上げ、人間と海との共存という変わらない人類のテーマを追究する。
(2004.6)

宇野重昭・唐　燕霞編
転機に立つ日中関係とアメリカ
87791-183-3　C3032　　　　A5判　375頁　3,800円

中国の台頭により、北東アジアにおける旧来からの諸問題に加え、新たな諸課題が提起され再構成を迫られている今日の事態を見すえ、アメリカの光と影の存在を取り込んだ日中関係再構築の研究である。
(2008.5)

国際政治

大賀 哲編
北東アジアの市民社会
―投企と紐帯
87791-246-8　C1031　¥2800E　　　A5判　233頁　2,800円

日本・中国・韓国・台湾などの事例研究を通して、国家の枠内における市民社会形成と国家を超えた北東アジアにおけるトランスナショナルな市民社会との相互作用を検討し、「アジア市民社会論」を展開する。　　　　　　　　　　(2013.5)

今田奈帆美
大国の不安、同盟国の影響力
―ベルリン危機をめぐる米独関係
87791-245-1　C3031　　　　　　　A5判　267頁　5,600円

大国と同盟関係にある相対的弱小国が一定の条件の下で大国の外交政策に影響力を持つことを、冷戦下でのベルリン危機をめぐる米独関係を1次、2次、3次にわたる経緯をつぶさに追って検証する。　　　　　　　　　　　　　　　　(2013.5)

本多美樹
国連による経済制裁と人道上の諸問題
―「スマート・サンクション」の模索
87791-252-9　C3031　　　　　　　A5判　319頁　5,600円

国連が、集団的安全保障の具体的な手段である「非軍事的措置」、とりわけ経済制裁を発動し継続して科していく際にどのようなモラルを維持し、国際社会に共通する脅威に取り組んでいくのか、その過程を考察する。　　　　　　(2013.9)

岩佐茂・金泰明編
21世紀の思想的課題
―転換期の価値意識
87791-249-9　C1031　　　　　　　A5判　427頁　6,000円

近世、近代から現代にかけての世界の歴史を、こんにち、グローバルな転換期を迎えている世界の思想的な挑戦と捉え、日本、中国の哲学研究者が総力をあげて応える手がかりを見出す試みである。　　　　　　　　　　　　　　　　(2013.10)

鈴木規夫編
イメージング・チャイナ
―印象中国の政治学
87791-257-4　C3031　　　　　　　A5判　245頁　3,200円

〈中国〉は未だ揺らいだ対象である。21世紀においてこの〈中国〉というこの名辞がどのようなイメージに変容していくのか。本書では、「印象中国」から視覚資料・非文字資料への分析・批判理論構築の必要性を追究する。　　(2014.4)

永井義人
国家間対立に直面する地方自治体の国際政策
―山陰地方における地方間国際交流を事例として
87791-256-7　C3031　　　　　　　A5判　199頁　4,800円

北朝鮮江原道元山市との友好都市協定に基づく経済交流をおこなっていた鳥取県、境港市における国際政策・政策決定過程をつぶさに見るとき、国家間対立を乗り越えるひとつの道筋とその方向性を示唆している。　　　　　　(2014.4)

武者小路公秀
国際社会科学講義：
文明間対話の作法
87791-264-2　C1031　¥2500E　　　A5判　347頁　2,500円

現代世界の問題群・存在論的課題の解明のために「螺旋的戦略」を提起する。技術官僚的パラダイム偏向を正し、形式論理学を超えた真理を求めるパラダイム間の対話、声なき声を聞きここに新しいフロンティアを開く。　　　(2015.2)

鈴木規夫編
エネルギーと環境の政治経済学：
「エネルギー転換」へいたるドイツの道
87791-266-4　C3031　¥4600E　　　A5判　424頁　4,600円

ドイツのエネルギー政策の転換を生み出すに至る第二次世界大戦後の政治的・経済的・法制的・社会的プロセスを分析し、再生可能エネルギーの供給体制確保を中心に、将来エネルギーの全体像を明らかにする。　　　　　　(2015.11)

宇野重昭／鹿錫俊編
中国における共同体の再編と内発的自治の試み
―江蘇省における実地調査から
87791-148-0　C3031　　　　　　　A5判　277頁　2,800円

現代中国における権力操作との関係のなかで、民衆による自治・コミュニティというものの自発的・内発性がどのように成長しているか、合同調査チームによる江蘇省における実地調査を通して追跡する。　　　　　　　　　　(2004.6)

国際政治

鈴木　隆
東アジア統合の国際政治経済学
— ASEAN 地域主義から自立的発展モデルへ
87791-212-3　C3031　　　　　A5判　391頁　5,600円

国際システム下における途上国の発展過程、とりわけ ASEAN を中心に国家・地域・国際システムの三つのリンケージ手法を用いて分析し、「覇権と周辺」構造への挑戦でもある東アジア統合の可能性を追う。
(2011.2.)

金　永完
中国における「一国二制度」とその法的展開
―香港、マカオ、台湾問題と中国の統合
87791-217-8　C3031　　　　　A5判 000頁　5,600円

北京政府の「「一国二制度」論について、香港、マカオ問題の解決の道筋をたどりつつ、法的諸問題に軸足を置き、国際法・歴史学・政治学・国際関係学・哲学的な視点から文献・比較分析をおこない解決策を模索する。
(2011.3.)

宮本光雄先生
覇権と自立
―世界秩序変動期における欧州とアメリカ
87791-219-2　C3031　　　　　A5判　377頁　5,600円

発展途上諸国の経済発展および発言権の増大という条件のなかで欧州諸国では欧米間の均衡回復が求められており、「均衡と統合」、「法の支配」を柱とした「全人類が公正に遇され」る世界秩序を求める模索が続いている。
(2011.3)

鈴木規夫
光の政治哲学
―スフラワルディーとモダン
87791-183-6　C3031　　　　　A5判　327頁　5,200円

改革・開放期における市場経済化を契機とする農村地域の社会変動に対応して、基層政権が下位の社会集団、利益集団といかなる関係を再構築しつつあるかを跡づけ、農村地域の統治構造の再編のゆくへを考察する。
(2006.3)

鈴木規夫
現代イスラーム現象
87791-189-8　C1031　　　　　A5判　239頁　3,200円

1967年の第三次中東戦争から米軍によるバグダッド占領までの40年に及ぶ「サイクル収束期」の位置づけを含め、20世紀後半の〈イスラーム現象〉が遺した現代世界における被抑圧者解放への理論的諸課題を探る。
(2009.3)

森川裕二
東アジア地域形成の新たな政治力学
―リージョナリズムの空間論的分析
87791-227-7　C3031　　　　　A5判　　頁　5,400円

東アジア共同体を遠望することはできるのか。方法論的理論の探求、定量研究、事例研究をとおして地域形成と地域主義がどのような関係をもつのか、地域協力によって積み上げられてきたこの地域の国際関係論を探求する。
(2012.5)

水田愼一
紛争後平和構築と民主主義
87791-229-1　C3031　　　　　A5判　289頁　4,800円

世界各地では絶えず紛争が発生している。紛争後における平和構築・民主主義の実現の道筋を、敵対関係の変化・国際社会の介入などの分析をとおして司法制度・治安制度・政治・選挙制度といった角度から探究する。
(2012.5)

上杉勇司・藤重博美・吉崎知典編
平和構築における治安部門改革
87791-231-4　C3031　￥2800E　A5判　225頁　2,800円

内外の安全保障、国内の開発を射程に入れた紛争後国家再生の平和支援活動の工程表を展望した「治安部門改革」における理論と実践の矛盾を率直に語り、鋭い問題提起をおこないつつ平和構築を追求した。
(2012.8)

野崎孝弘
安全保障の政治学
―表象的次元から見る国際関係
87791-235-2　C3031　　　　　A5判　249頁　5,000円

横領行為や悪用に対抗する意志を持たない「人間の安全保障」。表象分析によって特定の表象や学術的言説が現行の権力関係や支配的な実践系を正当化し、常態化している姿を本書は白日の下にさらす。
(2012.9)

著者略歴

松田麻美子（MATSUDA MAMIKO）

早稲田大学大学院社会科学研究科博士課程在学中　修士（国際関係学、中国戯曲文学）

外務省　課長補佐

1974 年　大阪生まれ。

1995 年　中国北京師範大学に語学留学

1998 年　神戸大学国際文化学部卒業後、外務省入省（中国語専門職）

2002 年　中国戯曲学院大学院修士課程修了（中国戯曲文学）

2015 年　早稲田大学大学院アジア太平洋研究科修士課程修了（国際関係学）

2015 年　早稲田大学大学院社会科学研究科博士課程入学

早稲田現代中国研究叢書 5
中国の教科書に描かれた日本
教育の「革命史観」から「文明史観」への転換

著者　松田麻美子

2017 年 3 月 15 日初版第 1 刷発行

・発行者──石井　彰　　　　　・発行所

印刷・製本／株式会社 新協

ⓒ 2017 by
Mamiko Matsuda
早稲田大学現代中国研究所

（定価＝本体価格 3,800 円＋税）

ISBN978-4-87791-280-2 C3031 Printed in Japaqn

KOKUSAI SHOIN Co., Ltd.
3-32-6, HONGO, BUNKYO-KU, TOKYO, JAPAN.
株式会社 **国際書院**
〒113-0033 東京都文京区本郷3-32-6-1001
TEL 03-5684-5803　　FAX 03-5684-2610
Eメール：kokusai@aa.bcom.ne.jp
http://www.kokusai-shoin.co.jp

本書の内容の一部あるいは全部を無断で複写複製（コピー）することは法律でみとめられた場合を除き、著作者および出版社の権利の侵害となりますので、その場合にはあらかじめ小社あて許諾を求めてください。